I TASCABILI BALDINI&CASTOLDI

Walter Bonatti

I miei ricordi

Scalate al limite del possibile

SECONDA EDIZIONE

ISBN 978-88-6852-063-2

ART DIRECTOR Mara Scanavino
GRAPHIC DESIGNER Alberto Lameri
IN COPERTINA: Superamento di un seracco con un salto (anni Sessanta)

www.baldinicastoldi.it
info@baldinicastoldi.it
BaldiniCastoldi
BaldiniCastoldi
baldinicastoldi
baldinicastoldi

Indice

Nota introduttiva 7

Gli inizi (1948) 9

La parete Est del Grand Capucin (1951) 13

Pareti Nord di Lavaredo, invernali (1953) 25

K2, bivacco nella tormenta (1954) 39

Solo, sul «Pilastro Bonatti» del Dru (1955) 57

Sulle montagne australi (1958) 69

La conquista del «G4» (1958) 89

Da «G4» (1959) 93
di Fosco Maraini

Sul Pilastro Rosso di Brouillard (1959) 99

La grande tragedia del Pilone Centrale (1961) 109

Nell'imbuto del Pilier d'Angle (1962) 137

Sulla Nord delle Grandes Jorasses, d'inverno (1963) 151

Parete Nord del Cervino, d'inverno e da solo (1965) 173

Una medaglia che pesa (1965) 189

Una solitudine di gelo (1971) 195

Alpinismo (1965) 207

Da «Magia del Monte Bianco» (1984) 213

L'ultima mia avventura in Patagonia (1986) 227

Convegno Internazionale (1989) 261

Da «Montagne di una vita» (1996) 279

«In vetta» (1998) 287
da «Il Sole 24 Ore»

Risposta a una provocatoria polemica (1999) 291

Un passo di una mia conferenza (1999) 295

L'incanto delle emozioni (1999) 299

Riflessioni (1965-2000) 301

Estrapolazioni da «K2 – La verità 1954-2004» (2005) 323

Estrapolazioni da «K2 una storia finita» (2008) 391

Nota introduttiva

Questo volume antologico, benché in parte necessariamente riassuntivo, è una vasta riesposizione di quanto, attinente al mondo della montagna, ho scritto in differenti epoche su libri, riviste e quotidiani, oppure esposto in particolari conferenze. In queste pagine ritroviamo quindi raccontate, in ordine cronologico, le mie scalate più significative compiute negli anni Cinquanta e Sessanta. Sono testimonianze di imprese estreme, da cui ogni volta ne è emerso un intreccio, direi quasi un ordito di forti motivazioni ed emozioni, che vissute come momenti di riflessione hanno molto giovato al mio processo caratteriale. Pertanto risulta che la pratica della montagna, se vissuta in un certo modo, è interiormente tra le più formative.

Fin dall'inizio la montagna è stata l'ambiente più congeniale alla mia formazione sia fisica sia mentale. Mi ha consentito di soddisfare il bisogno innato che ha ogni uomo di misurarsi e di provarsi, di conoscere e di sapere.

Nella mia vita di scalatore ho sempre obbedito alle emozioni, all'impulso creativo e contemplativo, ma fu soprattutto praticando l'alpinismo solitario che ho potuto entrare in sintonia con la Grande Natura, e ancor più ho focalizzato i miei perché e i miei limiti.

L'affrontare in solitudine la natura più severa mi ha abituato innanzitutto a prendere da solo le mie decisioni, mi ha insegnato a misurarle con il mio metro e a pagarle, giustamente, sulla mia pelle.

L'azione mi ha portato a sognare, a temere, a esaltarmi, ed era ancora l'azione il più delle volte che scaturiva dal sogno e dalla mia sensibilità. È proprio grazie a questi preliminari se ho potuto compiere ogni volta un viaggio affascinante dentro me stesso per meglio scrutarmi, capirmi, e anche per comprendere maggiormente gli altri e il mondo attorno a me.

Il valore di una montagna, e dunque della sua scalata, è costituito a mio avviso dalla somma di elementi diversi e tutti importanti: l'estetico, lo storico, l'etico. Non potrei mai separare questi tre fattori né prescindere da essi, poiché stanno alla base della mia concezione della montagna.

Le montagne, infine, non sono che il riflesso del nostro spirito, hanno quindi il valore dell'uomo che le ama e vi si misura, altrimenti non rimangono che sterili mucchi di pietre.

Adesso io conosco meglio me stesso e ciò che ho fatto. So quello che voglio da me e dagli altri. Ho più chiaro in cuor mio che delle mete regalate non hanno valore, poiché vanno prima sognate e poi guadagnate. Questa è la mia conclusione, al di là delle vette raggiunte, dei luoghi esplorati, dei successi ottenuti.

Gli inizi (1948)

Quando ancora ero bambino, con un pretesto qualsiasi mi allontanavo dalla casa degli zii, nel periodo delle vacanze scolastiche, per arrivare fin là dove riuscivo a seguire il volo delle aquile. Proprio così, a quei tempi nei cieli della bergamasca volavano ancora le aquile, e una coppia di questi rapaci aveva scelto per nido una roccia della Corna Bressa, un greppo da poco, sul versante di Vertova in valle Seriana.

Vivevo ancora a Monza negli anni successivi al secondo conflitto mondiale. Erano tempi duri quelli, anche per un ragazzo che stava giusto allora affacciandosi alla vita in un mondo disfatto e ancora senza prospettive. Qualche gita domenicale sui monti, nelle vicinanze, distraeva dalla triste realtà; e non voglio dire che rafforzasse fisicamente poiché per questo provvedeva già un lavoro giornaliero che tendeva i muscoli e piegava di fatica. È in questi anni dunque che conobbi il monte Grigna come escursionista e, sebbene marciassi soltanto lungo sentieri, non potevo sottrarmi al fascino delle guglie e delle creste svettanti, su cui ammiravo con invidia le cordate di scalatori. Stavo per ore intere a osservare quei fortunati e cercavo poi di imitarli sui massi rocciosi lì accanto, a pochi metri dal suolo.

Un giorno, il mio amico abituale si portò nello zaino la corda a cui sua madre appendeva la biancheria ad asciugare. Quella fu la prima volta che mi legai in cordata, e cercai di mettere in pratica, sugli stessi pietroni, quanto avevo visivamente appreso dagli altri, a loro insaputa.

Una scalata vera e propria però sarebbe seguita da lì a poco, per merito di un simpatico tipo di nome Elia, col quale in seguito diverremo amici. Quel giorno ai piedi del Nibbio, un alto torrione che si eleva ai piedi della Grigna, Elia aveva sorpreso il mio sguardo, rapito dalle evoluzioni di un paio di cordate impegnate lassù. Certamente dovetti intenerirlo – ancora gliene sono grato – perché mi si avvicinò, bardato di tutto punto, e con aria esperta mi disse: «Ti piacerebbe provarci?» «Non desidero di meglio», fu la mia risposta, e cinque minuti dopo già rimontavamo di corsa il sentiero che conduce alla base del pinnacolo chiamato Campaniletto. Ci legammo in cordata, con la sua corda, vera stavolta, e dopo avermi impartito alcune istruzioni Elia affrontò l'attacco. Fatti però due metri, l'amico parve arenarsi. Lo vidi tendersi verso l'alto, flettersi da una parte, piegarsi dall'altra, raggomitolarsi, tendersi di nuovo, ripetutamente; ma era sempre lì, a due metri dal suolo, e io muto a guardarlo. Si decise infine a tornare indietro. «Ho le suole che scivolano», disse a giustificarsi, poi aggiunse: «Tenterò più a sinistra!» Ripeté le mosse di prima senza però ottenere risultati migliori, malgrado questa volta lo avessi sospinto e sorretto con tutta l'intensità del mio pensiero. Forza, dicevo mentalmente, sali, o sfumerà la mia prima scalata. Finì per discendere ancora al punto di partenza. Ero decisamente deluso e già stavo per rassegnarmi quando incredibilmente se ne uscì, quell'incosciente lusingatore: «Dai, provaci tu che hai gli scarponi». Calzavo infatti un paio di vistosi scarponi dalle punte squadrate, frusti residuati di guerra, tenuti saldi alla caviglia da una larga cintura di cuoio. Li avevo acquistati a poche lire su una bancarella. Pensai: se non è passato Elia con le speciali pedule da scalatore, come potrò riuscirvi io senza una corda che mi assicuri dall'alto? Malgrado ciò era tale la voglia di provare che presi per davvero il suo posto. Non so come, ma superai quel difficile passaggio iniziale. Ebbi subito la sensazione di trovarmi al centro di un sogno esaltante. Assicurato dall'alto, Elia mi raggiunse in capo alla sfilata di corda, ma al momento di cedergli il comando della cordata concluse: «Bravo, continua pure tu fino alla cima!» E fino alla cima io continuai. Questo fu il mio primo impatto con una vera parete di roccia.

Era l'agosto 1948 e quella prima arrampicata sul Campaniletto mi aveva galvanizzato. Seguirono altre scalate sulle guglie della Grigna, molte, quante se ne possono realizzare dall'alba al tramonto di una domenica per tutte le domeniche che seguirono.

Ormai mi sentivo votato anima e corpo alle rocce, agli strapiombi, all'intima gioia che si prova dominando le proprie debolezze nella lotta che impegna ai limiti delle possibilità, provando anche la soddisfazione di riuscire a passare là dove altri ripiegavano. Stavo dunque scoprendo l'avventura, ricca come tale di tutte le componenti che esaltano e migliorano l'uomo. Stavo scoprendo, soprattutto, il mio modo di essere.

L'impegno delle scalate che decidevo di fare si rapportava naturalmente all'esperienza che via via aumentava, per questo ero passato attraverso la selettività delle guglie della Grigna, sistematicamente dalle più facili alle più difficili. Fu un breve ma intenso periodo che mi portò, già nella successiva estate 1949, a misurarmi su grandi e severe cime alpine che portavano nomi prestigiosi: direttissima sulla parete Sud-ovest del Croz dell'Altissimo (Dolomiti), parete Nord-ovest del Badile (Alpi centrali), parete Ovest dell'Aiguille Noire de Peuterey e sperone nord della punta Walker sulle Grandes Jorasses (entrambe sulla catena del Monte Bianco). Un poker di successi nel bagaglio di un ragazzo di diciannove anni, quanti ne avevo io allora, a meno di un anno dalla sua prima timida, buffa scalata con Elia sul Campaniletto.

La parete Est del Grand Capucin (1951)

Il sole, ormai prossimo allo zenit, aveva reso l'aria soffocante quel giorno d'agosto 1949 sulla Mer de Glace, e la mia attenzione era tutta per quel sospirato Colle del Gigante che sembrava irraggiungibile. Arrancavo faticosamente sulla neve abbagliante, stordito dal caldo; forse non mi sarei neanche accorto del paesaggio che mi stava intorno se a scuotermi non fosse giunto improvviso un boato tremendo: un'enorme frana di ghiaccio e roccia rovinava giù da un tetro canalone del Mont Blanc du Tacul.

Era tornata la calma, ma il mio sguardo era ancora là su quel complesso di guglie dove spiccava un superbo pilastro rosso dominante la scena. La sua verticalità era assoluta, sconcertante; la sola idea di immaginarsi appesi lassù dava quasi il capogiro. Ricordo che uno dei miei primi pensieri fu di chiedermi se qualcuno avesse mai osato scalare quella guglia, di cui ignoravo ancora il nome. Infatti era la prima volta che mi trovavo in quella zona del Monte Bianco.

Passarono alcuni mesi finché un giorno un amico mi parlò dell'esistenza di un grande problema alpinistico rimasto insoluto. Le sue descrizioni coincidevano perfettamente con la stupenda guglia rossa che tanto aveva colpito la mia immaginazione in quell'afosa giornata estiva del 1949. Così dunque feci la conoscenza con il Grand Capucin e la sua formidabile parete Est.

La cosa fin dal principio mi affascinò moltissimo. Era un mio sogno quello di raggiungere una cima per una via tutta mia, voluta e tracciata soltanto dalla mia logica, seppure con un compagno legato alla mia corda. Non avevo ancora provato l'emozione di misurarmi con una grande parete vergine, e questa era senz'altro la buona occasione.

È così che all'alba del 24 luglio 1950, con un amico legato alla mia corda, superiamo la crepaccia del ghiacciaio abbordando le rocce della parete Est del Grand Capucin. Attacchiamo su diritti per la grande fessura centrale le cui difficoltà, come previsto, sono subito notevoli. L'ambiente è il più impressionante che io abbia mai conosciuto fino a oggi, e trovarcisi dentro, appesi, intimorisce per davvero. È da ieri pomeriggio che sto vivendo questo logorante stato d'animo, nato fin dal primo momento in cui eravamo giunti in esplorazione alla base del Grand Capucin. Proprio là sotto ci era giunto acuto e lontano il verso di una cornacchia che però non riuscivamo a vedere. Già avevamo accantonato l'idea di scovarla quando, naso all'insù per studiare la via, ecco un puntino nero roteare sotto il primo dei grandi tetti sporgenti. Quella specie di moscerino era naturalmente l'introvabile cornacchia che girava in tondo, appena all'altezza del primo terzo di parete. Bastò quell'immagine, quale elemento comparativo, a restituire le reali dimensioni di una simile parete, che adesso appariva ben più vasta e assai meno a portata di mano di quanto non fosse sembrata a prima vista. Tale scoperta aveva naturalmente aumentato in noi il rispetto per il Grand Capucin, e per questo oggi l'affrontiamo con aumentata soggezione.

Salite poche decine di metri prendono il via una serie di temporali e di precipitazioni nevose che dureranno per un giorno e mezzo, costringendoci a scappare via a corda-doppia. Come se il bivacco della scorsa notte non ci fosse bastato, una volta arrivati sul ghiacciaio pernottiamo nuovamente all'aperto, sul Col Flambeau, a soli cinque minuti dal rifugio Torino. Primo perché il cielo è ritornato limpido e la luna risplende lucentissima tra le stelle in un paesaggio irreale; secondo perché il nostro portafoglio è vuoto.

Venti giorni più tardi, il 13 agosto, sono nuovamente ai piedi del Grand Capucin e questa volta con il torinese Luciano Ghigo. L'estate quest'anno è particolarmente burrascosa, il nostro pessimismo iniziale trova conferma la sera stessa, appena dopo esserci sistemati per il bivacco: nevica a larghe falde, senza un alito di vento. Ancora una volta l'inizio è tutt'altro che incoraggiante, siamo però ben sistemati sotto un grande strapiombo, dentro una specie di grotta. Proprio da qui inizia il vero problema della parete Est.

Per fortuna il mattino giunge radioso e poche ore bastano a liberare le rocce dalla neve caduta nella notte. Attacco dunque gli strapiombi direttamente dando inizio a un confronto serrato tra uomo e montagna.

Il giorno scorre intenso ed è quasi il tramonto quando la muraglia presenta uno dei suoi punti di massima verticalità. Siamo arrivati sotto un enorme tetto sporgente, il primo della serie che chiude la visuale su tutto quel che sovrasta. La traversata in obliquo a destra, che mi appresto a iniziare per aggirare il tetto, oppone estreme difficoltà di arrampicata libera, lungo una placca liscia e verticale che non riceve i chiodi. Il sole, che per tutto il giorno ci aveva martellati, ancora adesso fa sentire i suoi effetti. L'arsura brucia le labbra. Siamo in parete da due giorni e già due delle tre borracce d'acqua che portiamo con noi sono state consumate. È notte ormai quando scopriamo a lato del tetto un piccolo punto di sosta. È una fortuna, altrimenti avremmo dovuto passare la notte appesi alle corde. È un minuscolo e aereo gradino nella roccia, ma tanto basta per metterci seduti, uno in fianco all'altro, con le gambe penzoloni nel vuoto.

L'indomani, quando riprendiamo a salire, siamo circondati da un vuoto eccezionale, reso ancor più impressionante dai grandi tetti che fuoriescono da ogni lato sopra di noi. A destra ne incombono alcuni tanto sporgenti da sembrare gigantesche cappe lì appese a risucchiare i vapori dell'abbacinante ghiacciaio.

La corda che da tre giorni ci stringe alla vita ci infastidisce sempre più, in certi momenti il suo morso diventa insopportabile e sembra segarci in due. Ma è la sete che più di tutto si fa sentire. Presto finiamo anche la terza borraccia, e l'attesa cengia nevosa sulla quale abbiamo tanto contato è ancora altissima, oltre certi misteriosi strapiombi al di là dei quali è impossibile vedere. La lingua si è gonfiata dando la sensazione che la bocca non riesca più a contenerla. Brucia, e a ogni tentativo di formare saliva segue un colpo di tosse irritante che peggiora la situazione. Invece che una scalata, il nostro salire si direbbe piuttosto una penosa fuga verso l'alto, per scampare alla pericolosa disidratazione. Procediamo dunque con estrema lentezza e non riusciamo a pronunciare che poche, farfugliate parole, soltanto i brevi comandi strettamente indispensabili per le complesse manovre tecniche che ci sono richieste.

Adesso raggiungo una fessura strapiombante che incide per parecchie decine di metri il grande diedro su cui ci troviamo.

Quest'ultimo problema ci aveva talmente assorbiti da non accorgerci che stava cambiando il tempo. Il sole scompare presto dietro la nuvolaglia, e prima ancora che Ghigo possa raggiungermi in traversata, lungo la fessura, si scatena una tempesta nevosa di tale violenza da imbiancare la parete in pochi minuti. Già ai primi fiocchi diamo sfogo alla nostra sete succhiando tutto ciò che di bagnato arriva a portata di labbra. Basta quel poco liquido impastato di sabbia a ridarci le forze.

Ora, nel bel mezzo della tempesta, superiamo alcuni facili salti fino ad arrivare a un minuscolo terrazzino, oltre il quale pare svanire ancora una volta la speranza: una placca liscia e perfettamente verticale di una quarantina di metri sbarra nuovamente il cammino. Impossibile aggirarla, bisognerà affrontarla direttamente. Intanto smette di nevicare, ma è soltanto la tregua di un maltempo persistente. È scontato che dovremo continuare a ogni costo, senza possibilità di ritirata, soprattutto a causa delle corde di canapa, che ormai inzuppate e rigide renderebbero assai problematico calarsi nel vuoto fra tetti e strapiombi.

Sappiamo che dovremo pernottare proprio in questo punto appena raggiunto, ma è anche vero che appena al di sopra della placca liscia c'è la famosa cengia nevosa dalla quale sicuramente si potrà scappare a corda-doppia sull'opposto versante nord del Grand Capucin. Questa naturalmente è soltanto una speranza. Basterà però a sostenerci moralmente.

Completamente fradici, ci infiliamo alla bell'e meglio nei sacchi di tela gommata per il nuovo bivacco. Intanto riprende a nevicare fitto, e continuerà per tutta la notte. Purtroppo il nostro modesto equipaggiamento non comprende nessun indumento imbottito di piumino: è ancora un lusso per noi. Ma non è neppure fatto di buona lana né tanto meno è impermeabile, essendo tenuto insieme da rudimentali cuciture.

Arriva finalmente la quarta alba. Vinto il torpore iniziale mi riappendo alla parete, che ora è diventata ancora più repulsiva. Da ieri sera, come ho detto, ha continuato a nevicare più o meno intensamente, e col nuovo giorno si levano anche accecanti turbini fino a creare una vera e propria tormenta. Va così che le già estreme difficoltà di quel tratto di parete diventano esasperanti. Caparbiamente riesco tuttavia, metro dopo metro, a innalzarmi su quel muro compatto e liscio. Non arrivo che a metà di quella che denominerò «placca di quaranta metri»: un vero problema. Qui sono costretto ad appendermi a un chiodo niente affatto sicuro. In più, sullo stesso dovrò anche assicurare Ghigo perché possa raggiungermi. E che dire delle corde, che fatte di canapa ritorta, ora imbevute d'acqua e diventate ormai rigide, non scorrono più nei moschettoni. In quelle condizioni non so proprio come sia potuto arrivare in cima a quel muro di quaranta metri. Poi ancora un ultimo guizzo lungo più accessibili diedri ed eccoci arrivati sulla grande cengia nevosa. Ma è qui che ci coglie una fitta e violenta nevicata, e a tal punto non abbiamo più dubbi: dobbiamo al più presto buttarci giù, a corde-doppie, lungo l'ancora sconosciuto ma assai meno strapiombante lato nord del Capucin. Una parete questa che soltanto dall'appena guadagnata grande cengia sarà possibile raggiungere.

Sono circa le due del pomeriggio e poco meno di mezza giornata resta ancora davanti a noi. Mentre io pianto un chiodo, Ghigo annoda insieme le due funi ormai rigidissime, e poi giù alla disperata nel baratro fosco di cui nemmeno si indovina la struttura.

Non so proprio come riuscimmo ad arrivare al termine di quella serie di spaventose calate a corda-doppia praticamente non vedendo nulla; rischiando più volte di rimanere senza funi, per la loro assoluta rigidità che ne impediva il recupero. Zuppe all'inverosimile quelle funi erano rigide come nerbi, ma al tempo stesso anche estremamente viscide in superficie e sfuggenti alla presa. A starvi appesi pareva di stringere scivolose anguille che sgusciavano via dalle mani già intirizzite dal freddo. Ricordo in particolare una di quelle folli calate. Mi ero fermato in piena parete agganciato a un chiodo appena piantato e avevo urlato, là in alto, via libera perché anche Ghigo mi raggiungesse. Così, poco dopo, apparve sbucando da un vortice di neve, e si era ancorato allo stesso mio chiodo. Recuperate le funi, le avevo nuovamente disposte doppie per la successiva calata; ossia le avevo riavvolte dopo averle passate nell'anello del chiodo cui ero appeso, e poi lanciate ancora nel vuoto dove erano state subito inghiottite dai turbini nevosi. Con la dovuta tecnica tradizionale me le ero quindi passate intorno alla gamba sinistra girandole poi sulla spalla destra, e infine avevo iniziato la nuova calata. Stavo dunque scivolando, come su un cavo, e intorno a me non si vedeva che per un raggio di un paio di metri, forse tre. La parete, che sfioravo appena con la punta dei piedi, sembrava via via ritirarsi lasciandomi spenzolare nel vuoto. Fatti una decina di metri, succede il guaio. A causa forse dello zaino troppo sporgente, la corda scivola via dalla spalla e finisce sull'avambraccio, lo stesso sul quale già sono appeso, e che ora rimane strozzato proprio dal mio peso. A questo punto, trovandomi giocoforza inclinato su un lato e con l'equilibrio ormai compromesso, non reggo più al peso dello zaino che finisce per ribaltarmi a testa in giù. Resto allora immobilizzato in un'assurda posizione che non mi riuscirà di modificare. Penzoloni alla corda, e in una posizione innaturale in cui persino la testa rimane costretta giù dal peso del sacco, non so più che fare. Rimontare lungo la corda è impossibile. Ma neppure posso rimanere tanto a lungo aggrappato in quella maniera. Mi controllo, per fortuna, e mi impongo di resistere. Eppure in qualche modo dovrò pur calarmi, magari lasciandomi scivolare decimetro dopo decimetro sulla fune. È quel che faccio, richiamando tutte le mie risorse per non mollare la presa. Nella speranza di capitare prima o poi in un anfratto della parete, sempre che ci sia, in cui incastrarmi, per potermi rivoltare e riprendere la giusta posizione. Incredibile ma vero, e dopo un tempo che pare infinito, mi imbatto in un liscio lastrone distaccato in parte dalla parete ma alla quale è tuttavia appoggiato. Sempre a testa in giù e ben misurando ogni mio gesto riesco finalmente a infilarmi, di testa, in quello spacco: è la salvezza. Ma questo avviene dopo una ventina di metri dal punto in cui mi ero rovesciato, nonché a un paio di metri soltanto dal termine della corda-doppia disponibile.

Dopo ottanta ore di rocambolesca avventura ci lasciamo alle spalle la parete Est del Grand Capucin. Siamo però decisi a tornarvi.

Passa un anno e il mattino del 20 luglio 1951 Ghigo e io, puntualmente, ritorniamo sul Grand Capucin.

La sera bivacchiamo a lato del primo grande tetto e concludiamo il giorno che segue sulla grande cengia nevosa dalla quale ripiegammo lo scorso anno calandoci lungo la parete Nord.

Siamo dunque nuovamente sulla grande cengia nevosa e, per creare uno slargo allo spazio su cui bivaccheremo, rovesciamo a valle un grande masso ingombrante. Ecco fatto. Il masso precipita nel vuoto e istintivamente tendiamo l'orecchio per udire i suoi rimbalzi sulla parete, che però non arrivano. Già stiamo per ritirarci delusi quando un tonfo, uno soltanto, giunge da lontano: con un solo balzo il bolide è arrivato fin sul ghiacciaio.

Il cappuccio culminante del Grand Capucin ostenta profili aerei e taglienti. Una facile traversata di una dozzina di metri a sinistra ci riporta al centro della parete dove inizia una serie di diedri che, aggettanti quali sono, fanno un tutt'uno con i grandi tetti sommitali. Qui il vuoto è tornato impressionante.

Il giorno trascorre intensamente tra dure acrobazie, senza tregua. Le nebbie che via via si sono formate ci avvolgono e presto mi accorgo che il tempo sta per tradirci ancora una volta. Verso sera, mentre mi innalzo sorretto da chiodi malsicuri, l'ultimo di questi fuoriesce di colpo, e cado nel vuoto. Ma è un attimo, perché istintivamente tendo le braccia strisciandole sulla parete, per cercare qualcosa cui afferrarmi. Ed è in tal modo che agguanto al volo, forse un metro più sotto, una sottile cornice sporgente e quarzosa, non più larga di due dita. Vi rimango prodigiosamente appeso con i polpastrelli conficcati nei suoi piccoli cristalli. Ghigo, prontissimo, tira a sé la corda allentata e io, senza ulteriori strappate di corda, posso mollare la dolorosa presa e rilassarmi sul chiodo, poco sotto.

Già stavo per risolvere il problema del superamento di un tetto quando, per il buio oramai sceso, devo tornare fin giù al compagno, rimasto ancorato a un paio di chiodi ben sicuri. Stavolta dovremo passare la notte di bivacco restando completamente appesi, nel vuoto, ad alcuni anelli di corda.

Non ci siamo ancora del tutto sistemati per la notte e già volteggiano attorno sparuti fiocchi di neve. Lo spigolo affilato, appena sopra di noi, per effetto del vento comincia a produrre sibili modulati, sempre più acuti e rabbiosi. Non ci abbandoneranno più nella notte. Il luogo del bivacco è costituito da due minuscole cornici sporgenti sulla parete a piombo, grandi quanto la larghezza di un piede. Agli stessi due chiodi che ci sorreggono è appeso anche l'equipaggiamento al completo. Le gambe, come ho detto, sono infilate dentro improvvisati anelli di corda e il telo gommato ci avvolge alla bell'e meglio. Come si può ben capire, la situazione si fa presto insopportabile poiché gli anelli su cui pesiamo procurano un doloroso e crescente torpore alle gambe. Con il passare delle ore questi anelli mordono, diventano quasi seganti. Non meno crudele è la morsa della corda legata in vita. Il gelo e la preoccupazione del domani completano il tormento.

L'alba che segue è opaca e anche un po' sinistra. Non nevica più ma il vento è aumentato di intensità. Lo spigolo tagliente contro il quale urla la bufera appare ormai placcato di bianchi ghiaccioli. Urge scappare al più presto da questa trappola.

Alle 5.30 siamo già in azione. La lotta con il freddo, alle mani in special modo, è almeno pari a quella che oppone la parete con le sue difficoltà. Supero una larga fessura ricorrendo agli unici due cunei di legno che portiamo con noi. Arrivo sotto l'ultimo dei grandi tetti sommitali: il famoso cappuccio triangolare da cui prende nome la cima. Lo aggiro sulla destra lungo alcune placche rivestite di neve, segue poi un viscido camino incrostato di ghiaccio. Ancora un salto di rocce verticali, e finalmente la cima del Grand Capucin; un'aerea cresta orlata di neve. Sono le 14.30 del quarto giorno.

Non desideriamo altro che calarci a valle il più rapidamente possibile, anche perché riprende a nevicare. In breve, seguendo la via normale, arriviamo a corda-doppia sul colletto nevoso dove il Grand Capucin si appoggia al Mont Blanc du Tacul. Poi non vediamo più nulla perché su di noi cala la tormenta, e in ultimo anche la notte. Ne usciremo soltanto alle 21, arrivando a tentoni al rifugio Torino.

Pareti Nord di Lavaredo, invernali (1953)

L'idea di scalare in pieno inverno le pareti nord delle Cime di Lavaredo ha a che vedere, per un certo verso, con il giorno della mia chiamata militare.

Ricorderò sempre che, dopo aver sostenuto le cosiddette prove attitudinali e dopo aver espresso il desiderio di fare l'alpino, l'incredibile verdetto fu: destinazione Reparto Motorizzato di Cecchignola. Se ci ripenso mi viene da ridere, oggi, cosa però che non fu allora. Anzi, fu tale la mia ribellione a quel giudizio che presto mi ritrovai tra le mie montagne, assegnato al Sesto Reggimento Alpini, e in più con incarichi speciali che mi occupavano la maggior parte del tempo a scalare montagne. Furono quindici mesi per me straordinari, uno dei periodi più belli della mia vita.

Un giorno, verso metà settembre di quell'anno 1952, con un amico, il tenente degli alpini Oscar Bucciarelli, mi ero spinto ai piedi delle pareti nord delle Cime di Lavaredo con l'intento di scalarne la classica via Comici-Dimai sulla Cima Grande. Ma quel giorno il mio compagno non si trovava in perfetta forma fisica, e dopo esserci alzati sulla parete per un'ottantina di metri ripiegammo a corda doppia. Rimanemmo tuttavia a girovagare sulle pietraie ai piedi delle pareti nord, naso all'insù, affascinati da tanta verticalità. E così, ammirando e fantasticando, nacque l'ispirazione. E decisi che un giorno non lontano sarei tornato lassù per misurarmi con questi giganti nel modo più degno che quell'austero paesaggio mi suggeriva; ossia nel pieno inverno, quando le muraglie nord sono nascoste al più debole raggio di sole e vi dominano soltanto il gelo e la solitudine. Ecco come può nascere una concezione nuova dell'«impossibile».

Giunse il congedo militare e venne anche l'inverno, particolarmente nevoso all'inizio e molto freddo in seguito.

Innanzitutto per una simile impresa scelsi come compagno il grande amico e coetaneo Carlo Mauri. In quegli anni era senza dubbio il più forte ed esperto alpinista lombardo, nonché l'alfiere dello straordinario e famoso gruppo alpinistico «Ragni di Lecco». Insieme iniziammo così un singolare e duro allenamento preparatorio durato almeno due mesi. Consisteva in questo. Ogni sabato sera, immancabilmente, sia col bello sia col brutto tempo, si raggiungeva la base di qualche difficile parete della Grigna, quel picco calcareo che sovrasta la città di Lecco. La parete prescelta l'avremmo scalata alle prime luci dell'alba, dopo averne raggiunto la base la sera prima e avervi trascorso un bivacco notturno all'addiaccio. A mio giudizio non esisteva prova più valida di questa per misurarsi con il gelo e le difficoltà reali della montagna, nonché per stabilire i propri limiti pur restando nei margini della sicurezza. Per raggiungere il nostro scopo ci imponevamo, bivacco dopo bivacco, una graduale riduzione di vestiario ed equipaggiamento, scegliendo luoghi sempre più inospitali e battuti dalle intemperie. Naturalmente, termometro alla mano, controllavamo il variare della temperatura atmosferica e si teneva conto anche di ogni nostra reazione al freddo e di ogni nostro conseguente stato d'animo. Alla fine, senza correre alcun pericolo ne avevamo ricavato preziose esperienze.

Ed eccoci in val di Landro, il 20 febbraio 1953, di primo mattino, su quel trenino che ora non esiste più ma che una volta univa Dobbiaco a Cortina d'Ampezzo. Scendiamo a Carbonin, una piccola stazione non diversa da una casetta tirolese. La abitano il capostazione e il suo cane. Siamo soli: noi due e loro due. Per il resto, tutt'attorno, non c'è che selva di conifera sepolta nella neve. L'uomo ci informa che non esiste alcun mezzo per raggiungere Misurina. Al che ci interroghiamo con lo sguardo, come se ci rendessimo conto soltanto adesso di portare al seguito un'enormità di cose pesanti.

Come potremmo ora caricarci il tutto sulle spalle? Increduli noi stessi, ma punti nell'orgoglio dall'ironia del capostazione che sta lì in piedi a osservarci, riusciamo non so come a metterci tutto sul groppone e a incamminarci, con gli sci ai piedi naturalmente. Sembriamo due bauli ambulanti con tante cianfrusaglie appese un po' dappertutto. Per prima cosa ci togliamo il più rapidamente possibile dallo sguardo divertito di quel brav'uomo. Ma se per puntiglio siamo riusciti a partire in quello stato, non è detto che si debba perseverare nell'assurdità. Così, girato l'angolo, trecento metri più in là, molliamo il carico a terra. Quindi con gli sci, che togliamo dai piedi, improvvisiamo una slitta, e caricata di materiale cominciamo a trainarla lungo la strada innevata e deserta.

Arriviamo a Misurina alle due del pomeriggio, stanchi morti. Pressati dall'ora già tarda iniziamo subito a salire, sci ai piedi, lungo la mulattiera, quasi cancellata dall'enorme innevamento e che porta al rifugio Longeres (attualmente si chiama Auronzo). Qui saliamo con la metà del carico sulle spalle, lasciando l'altra metà sulla neve. Verremo nel tardo pomeriggio a riprenderlo. La neve alta e la marcia faticosa ci impediranno di arrivare entro sera al rifugio. Tanto vale allora fermarci all'addiaccio lungo il cammino, prima che annotti. Finiamo per giungere con entrambi i carichi alla casera Rimbianco, naturalmente chiusa e disabitata, e là ci sistemiamo in bivacco a ridosso del suo muro esterno. Rimediati alcuni legni riusciamo ad accendere un fuoco, accanto al quale ci accucciamo. Poi l'indomani mattina, con altri due viaggi, completiamo il trasporto del nostro bagaglio fino al rifugio.

Per non sprecare un altro giorno di prezioso bel tempo che dura ormai da una settimana, ma anche per l'ansia di conoscere lo stato di glaciazione in cui si trovano le nostre due pareti, già lo stesso pomeriggio scivoliamo con gli sci fin sotto gli appicchi nord passando per la forcella Lavaredo. In questo luogo, costantemente in ombra, il freddo è davvero notevole e certo non invoglia a rimanervi a lungo. Tuttavia le due Nord sembrano a prima vista abbastanza sgombre di neve, anche perché, a ben considerare, non si capisce come la neve possa far presa su quelle lavagne strapiombanti. Dovremmo invece riuscire a valutare bene l'entità delle incrostazioni di ghiaccio. Benché indecifrabili dal basso queste incrostazioni esistono certamente, e in particolare nel colatoio nero a metà parete. Infatti, lassù si indovina appena una vaga sfumatura più chiara contro le rocce nere. Ma il nemico più temibile e frequente resta senz'altro quel velo di ghiaccio trasparente, detto *verglas*, assolutamente invisibile anche da molto vicino. Soltanto oltrepassando la traversata si potrà appurarne la presenza e l'estensione. Così rimane l'incognita.

La Nord della Cima Ovest è tutt'altra cosa rispetto alla sua vicina e quasi gemella Cima Grande; e per svariate ragioni è ben più complessa. La prima di queste ragioni è che saremo noi i primi ad affrontarla in piena stagione proibitiva, perciò alle già grandi difficoltà che questa sua roccia oppone in estate, si aggiungeranno le incognite dell'inverno.

Fino al 1935, data in cui venne vinta per la prima volta questa parete Nord della Cima Ovest, era stata considerata dai suoi pretendenti inaccessibile, anche in stagione estiva. A conquistarla, dal 28 al 30 agosto di quell'anno, sarà il grande Riccardo Cassin con il suo compagno Vittorio Ratti. E questo dopo che si erano compiuti in quegli anni ripetuti tentativi da parte dei più forti scalatori di quell'epoca. Infine va detto che, storicamente, rimane una delle più grandi scalate su roccia dolomitica realizzate nello stile tradizionale.

Notte insonne la nostra, come spesso accade alla vigilia di un'impresa, e alle sei del nuovo giorno, il 22 febbraio, lasciamo il tiepido rifugio per cominciare l'avventura. Fuori è ancora notte, ma rischiarata dalla luna. Ci investe il vento che precede l'alba, di un gelo polare. Le mani irrigidite faticano ad agganciare gli sci ai piedi. Partiamo infine, e non so proprio perché prendiamo la via della forcella Col di Mezzo invece di quella a noi già nota, ossia la forcella di Lavaredo; forse perché la prima è il cammino più breve per arrivare sotto la nostra parete. Risulterà molto disagevole, a causa di una serie di canalini ghiacciati che ci costringono ogni volta a toglierci gli sci.

In meno di un'ora siamo alla base della nostra Nord, ma altre due ne prenderanno i preparativi. Ecco quello che portiamo con noi: viveri per tre giorni, tavolette di gas solido *meta*, due sacchi da bivacco di tela gommata, guantoni di lana, calze di ricambio, passamontagna, pacchetto pronto soccorso, una borraccia d'acqua da un litro e una piccolissima di cognac, quaranta normali chiodi e trenta moschettoni di ferro, tre staffe ad anelli di corda, tre martelli, alcuni spezzoni di cordino, due corde di canapa da quaranta metri. Il tutto contenuto in uno zaino che verrà issato, nei punti più difficili, con una delle due funi. Ci alterneremo in testa alla cordata.

E finalmente attacchiamo. Parte per primo Mauri, che intorpidito dal grande freddo sale un po' goffamente le prime rocce innevate. A mia volta lo seguo ancora più sgraziatamente, appesantito dal grosso zaino. Una sfilata di corda dopo l'altra ci innalziamo così nel mistero della parete gelata. Presto la neve scompare dalle piccole cenge e anche il ghiaccio, presente un po' ovunque, ci risparmia sempre un angolino di roccia pulita su cui appoggiare la punta del piede. Le mani, dapprima insensibili al nudo contatto con la pietra, hanno ora ripreso la loro piena efficienza.

Ma eccoci al primo dei punti critici che la grande parete oppone. Mauri e io compiremo ora quel primo passo da cui sarà problematico recedere. È proprio in questo punto che si infransero le speranze delle ventisette cordate che in passato si erano cimentate, d'estate, per la conquista della parete. Fortissimi alpinisti, italiani e stranieri, che qui si batterono invano prima del successo di Riccardo Cassin.

Mauri e io sappiamo di poter contare su una buona esperienza maturata via via su pareti nord di vario genere, una preparazione la nostra raggiunta molto coscienziosamente, siamo consci dunque delle nostre possibilità, e questo ci dà la massima fiducia per poter affrontare simili imprese. In ultima analisi potremmo dire che se abbiamo deciso di sfidare questa parete d'inverno è proprio perché riteniamo di avere le carte in regola, sappiamo che soltanto l'imponderabile potrebbe tradirci. Ma dove non esiste imponderabile?

Ho attaccato il muro compatto e sto dirigendomi, piegando via via a sinistra, verso la nicchia bianca che all'epoca fu il posto di bivacco dei primi salitori. In quei trenta metri circa di lastrone compatto e a strapiombo, non vedo che due chiodi soltanto occhieggiare sopra di me; ma l'anello del primo risulta spiaccicato contro la roccia, e quindi inservibile. Il secondo chiodo che segue, verso il quale spingo il mio slancio per non precipitare, è ancora lontano. Non scorderò mai le acrobazie e le imprecazioni per guadagnare quell'impossibile muro. E la stessa cosa succederà anche più sopra, dove non c'è verso di piantare un solo chiodo affidabile, per potercisi appendere completamente. Per fortuna ho con me alcuni chiodi cortissimi e sottili, che riesco a incastrare nelle poche e minime rugosità creando, almeno questo, qualche momentaneo punto di appoggio. Ricordo di aver letto che Cassin diciotto anni prima, nel corso della sua ascensione, proprio su questo tratto di parete impiegò ben quattro ore per fissare un solo chiodo. E per riuscirvi era caduto ben tre volte nel vuoto. Ah, come lo capisco! Spero comunque che non mi succeda la stessa cosa poiché sono convinto che non uno di questi agganci che ho piantato reggerebbe allo strappo di una caduta. Ma tutto va bene, e alle diciotto circa ci appendiamo dentro la cosiddetta nicchia bianca dove passeremo la notte. In realtà questa nicchia bianca è soltanto un gradino di roccia che appena ci consente di stare seduti uno di fianco all'altro, saldamente ancorati a un paio di chiodi e con i piedi penzoloni nel vuoto. Così è tornato in noi quell'ottimismo che nell'ultima ora, già in prossimità della notte, aveva piuttosto vacillato. Qui tuttavia non c'è ombra di neve da fondere per dissetarci. Ci limitiamo allora a succhiare qualche zolletta di zucchero intinta nel cognac.

La notte trascorre lenta e con il solo diversivo di sfregare braccia e gambe intorpidite dal gelo. Con lo sguardo interroghiamo inutilmente i profili strapiombanti sopra di noi.

Alle 7.30 del nuovo giorno ecco illuminarsi la Croda Rossa, di fronte a noi. Quassù invece non veniamo minimamente sfiorati da un raggio di sole.

In breve siamo pronti ad affrontare la famosa traversata di ottanta metri. Tale è il freddo che l'aria respirata sembra esalazione di ammoniaca. Data la prevalente orizzontalità di questo tratto, le manovre per recuperare lo zaino, che resta sempre appeso al capo di una corda, risultano piuttosto complicate.

I chiodi che troviamo già infissi nella parete sono sempre rari, occorre fare un lungo lavoro di richiodatura. Lungo la traversata vedo biancheggiare qualcosa che sta appeso a uno dei pochi chiodi già infissi. È una targhetta ciondolante, in smalto bianco, asportata chissà da quale trenino, e chissà da chi poi appesa spiritosamente quassù. «È pericoloso sporgersi!» vi leggo divertito ad alta voce. Ironia vuole che in questo momento mi trovi totalmente appeso allo stesso chiodo della targhetta, con i piedi puntati contro la roccia liscia e con il corpo proteso in fuori al massimo, sospeso su un vuoto rientrante di circa duecentocinquanta metri. Non poteva esserci luogo più appropriato per un simile scherzo.

Quando raggiungo il punto del secondo bivacco Cassin è pomeriggio avanzato. Ma disponendo di ancora un po' di luce ci impegniamo a fondo per arrivare fino alla grande caverna che in estate è un eccellente luogo di sosta.

Veloci e decisi superiamo così in arrampicata libera alcuni passaggi assai difficili. Valichiamo anche uno strapiombo nero, ma quando non restano che pochi metri a separarci dall'«ottimo bivacco», così lo definisce la relazione tecnica dei predecessori, ecco la novità. Del resto un po' ce l'aspettavamo: la grande caverna non può accoglierci, anzi, non è neppure visibile tanto è colma di neve e di ghiaccio. Ma siamo agli ultimi minuti di luce e non è possibile indietreggiare. Mi trovo in questo momento addossato alla roccia con i piedi posati su due minuscoli gradini. Almeno riuscissi a piantare un bel chiodo sicuro cui appenderci entrambi per la notte. La roccia invece è compatta, priva d'ogni minima fessura.

L'aria si fa scura, e io sono riuscito a conficcare malamente le sole punte di tre o quattro chiodi: agganci maledettamente insicuri. Mauri, una quarantina di metri più sotto e del tutto ignaro di quanto avviene, brontola e vorrebbe salire anche lui prima che svanisca l'ultima luce. Non so più che fare. Mi decido infine a legare insieme con un cordino il gruppetto di assai precari chiodi, sporgenti dalla roccia come piccoli trampoli. Sarà il nostro ancoraggio per la notte di bivacco. Avverto Mauri di non appendersi di peso alla corda, poiché male ancorata. Poi, assicurandolo a spalla, gli urlo di salire.

È buio pesto. A tentoni e in equilibrio, badando a non pesare troppo sul fragile ancoraggio di quell'insolito posto, ci avvolgiamo nei sacchi gommati.

All'inizio tutto pare sopportabile, soffriamo solamente di una grande sete, che naturalmente ci è impossibile soddisfare. Con il passare delle ore il bivacco diventa poi una tortura, fisica e mentale. Gelo e disagio a poco a poco ci intorpidiscono tutto il corpo. Infine arrivano i crampi. D'altra parte, costretti come ci troviamo con le gambe tenute costantemente divaricate per mantenerci in equilibrio, come potremmo mutare di posizione senza provocare uno strappo sui miseri agganci che ci sostengono?

Non da meno comincia la lotta contro il sonno, irresistibile anche per la costante veglia cui siamo stati sottoposti in questi giorni. Addormentarsi significherebbe assiderarsi, o quanto meno abbandonarsi sulle corde, che sarebbe come dire strappare l'ancoraggio e finire giù con un salto di trecento metri. Ci imponiamo allora di parlare e ancora parlare, non importa di che cosa, di cantare magari, pur di restare svegli. Ma per quanto si faccia, più di una volta ci sorprendiamo a vaneggiare a occhi aperti. Mauri per esempio mi scuote appena si accorge che sto facendo uno strano ragionamento su Madesimo, un discorso in cui mescolo le parole con il ritornello di un canto alpino. A mia volta, poco dopo, afferro Mauri per un braccio quando anche lui se ne esce con una frase sconnessa accompagnata da un brusco movimento. Gli era sembrato addirittura che il nevaio sottostante, illuminato dalla luna, si fosse via via alzato tanto da posarvi piede e potervisi sdraiare.

Passa anche quella notte e alle 6.30 del nuovo giorno, seppure sia ancora lontana l'alzata del sole, siamo già in movimento. Una sbirciata al termometro: venticinque gradi sotto zero. Ci ritroviamo irrigiditi come baccalà.

Dopo alcuni metri di difficile traversata mi riesce alfine di conficcare un chiodo in una rugosità della roccia. Costituirà l'unico possibile ancoraggio prima di affrontare la neve e il ghiaccio che corazzano l'intera base del colatoio. Ovviamente la saldezza di tale chiodo non mi convince affatto. Devo tuttavia avanzare diagonalmente mantenendomi sul culmine nella placca nevosa, ancor più fragile là dove, a mo' di gronda, si appoggia la parete. Facendo appello a tutte le risorse di equilibrio per dominare ogni mio movimento, inizio così a traversare, mani sulla roccia, affondando i piedi nell'ertissimo cornicione di neve instabile. Avanzo fino a quando non mi diventa impossibile aggrapparmi sul bordo della gronda, che presto diventa un enorme tetto proteso nel vuoto e da cui pendono trasparenti stalattiti. Il cornicione di neve su cui mi protendo e che per soli cinquanta centimetri non va a formare un tutt'uno con il tetto che lo sovrasta, presenta una specie di cunicolo ben modellato dal vento, che corre parallelamente al suo culmine. Ho un'idea: avanzerò, strisciando, dentro quella fragile impalcatura di neve. Stando così sospeso, e in tal modo procedendo, mi dico che soltanto un prodigio riuscirà a portarmi al di là dell'ostacolo. Ne sono totalmente consapevole, ma non ho altra scelta. Quel che seguirà sarà uno di quei momenti che decidono un'esistenza. Mi azzardo dunque. Con una tensione nervosa alle stelle, saturo di adrenalina e col fiato mozzo dallo sforzo, mi allungo nel fragile cunicolo, mi contorco strisciando e affondando le mani nella neve farinosa sino a formare un tutt'uno con quel cumulo di polvere bianca che assolutamente, ma pure assurdamente, dovrà sorreggermi. A tratti, quando ho la sensazione che l'intera struttura stia per smottare, trattengo il respiro, quasi a farmi più leggero, e decimetro dopo decimetro, quasi come azione portentosa, avanzo.

Ora sono arrivato nel bel mezzo del colatoio, e ancora più avanti; ma qui mi accorgo di non sentire più le mani. Infatti, passando dalla roccia alla neve non avevo avuto la possibilità di infilarmi i guanti, e tanto meno ho potuto farlo dopo. Costi quel che costi adesso devo continuare ad arrabattarmi nella neve a mani nude. Alla fine avrò vinto il confronto.

Il cunicolo finalmente si smorza, e pure la gronda rocciosa punteggiata di stalattiti si attenua. Ma stanno per esaurirsi anche i quaranta metri di corda che mi legano al compagno. Data la concavità della parete, questa corda ora ondeggia nell'aria paurosamente e lo stesso suo peso tende a strapparmi nel vuoto. A denti stretti, ancora per pochi metri, ed eccomi, all'epilogo del tutto dove un bel chiodo già infisso nella roccia occhieggia sicuro. Adesso posso rilassarmi.

Il resoconto «omologato» della via, precisa che per arrivare, d'estate naturalmente, ad agganciarsi a questo ultimo chiodo si deve fare una piramide umana, vale a dire che bisogna montare sulle spalle del compagno per arrivare a utilizzare quel chiodo. Ebbene, tanta è la neve qui accumulata che adesso ci si arriva addirittura in leggera discesa, ovviamente lungo la fragile impalcatura di neve. Forse è proprio questo l'unico vantaggio che offre la parete in pieno inverno.

Le mani rimaste tanto a lungo nude e immerse nella neve cominciano a dolere: buon segno. Ci vorrà però un bel po' perché riprendano sensibilità. Logicamente Mauri, seguendomi, affronterà quello stesso cunicolo nevoso bene assicurato dalla fune che ci lega e che gli tendo dopo essermi innalzato il più possibile. Qui giunti, soltanto adesso abbiamo la certezza di essere riusciti nella nostra impresa. Lottiamo da quarantotto ore e ci restano da superare ancora duecento metri di parete, ma senza più incontrare sorprese. Infatti, senza particolari complicazioni, ci attende ancora una sfilata di corda tra rocce imbrattate di ghiaccio, poi sempre mantenendoci in margine al grande colatoio centrale, lucido di vetrato, ci innalziamo fino alla cima senza più difficoltà.

Alle 12.30 del 24 febbraio le nostre grida festose sulla punta raggiunta echeggiano fino al sottostante rifugio Longeres, dove arriviamo un'ora più tardi.

Tre giorni dopo, il 27 febbraio, è la volta della parete Nord della Cima Grande a vederci impegnati. Ne raggiungeremo la cima quello stesso pomeriggio poco dopo le diciassette. Infine, dopo aver compiuto al chiaro di luna le ultime calate a corda-doppia lungo il ghiacciatissimo camino della via normale, rientriamo al rifugio Longeres da dove quel mattino eravamo partiti.

K2, bivacco nella tormenta (1954)

30 luglio 1954, ore otto. Siamo in quattro a occupare l'ottavo campo a 7627 metri di quota: Achille Compagnoni, Lino Lacedelli, Pino Gallotti e io. Domani, senza alternativa, si dovrà compiere il balzo finale per la conquista del K2. Se ciò non avvenisse ci troveremmo, già il giorno seguente, senza più sostentamento, fisicamente logorati dalla quota estrema, e in più nel rischio di rimanere immobilizzati dal maltempo. In altre parole sarebbe il fallimento, e... addio K2. Va detto che la tattica di questi giorni – forse concepita da Compagnoni e comunque avallata dal capospedizione Desio, che lo ha promosso «capo del balzo finale» – aveva previsto di allestire, e rifornire del necessario, sia l'ottavo sia il nono e ultimo campo. Ma le cose via via sono poi andate diversamente. Compagnoni e Lacedelli, ovverosia la cordata di punta, ancora non hanno impiantato quella strategica base numero nove, e le indispensabili bombole di ossigeno stanno ancora nei pressi del settimo campo, mollate laggiù da un paio di giorni e abbandonate sulla neve. Pertanto la situazione è a dir poco disperata.

Gallotti e io giunti qui all'ottavo campo e datoci conto della scabrosa situazione, ci intromettiamo subito nel problema offrendo ai due, spontaneamente e disinteressatamente, il nostro aiuto sperando con ciò di salvare l'esito della spedizione. Decidiamo così di discendere noi due al settimo campo dove prelevare quegli unici due trespoli di bombole d'ossigeno giunti sui fianchi del K2. Li porteremo al campo otto e da lì, sempre in giornata, proseguiremo nel trasporto fino al nono e ultimo campo, che al momento ancora resta da collocare. Già nel primo pomeriggio di ieri, e proprio nel tentativo di fissare quel campo mancante, Compagnoni e Lacedelli, ormai stremati, avevano mollato sul cammino i loro zaini con dentro tenda, viveri e altro. Ebbene, adesso i due ritorneranno lassù a riprenderseli, per allestire subito quell'ultima base. Va detto che la loro fatica, oggi, sarà piuttosto limitata, perché fin quando non saranno giunti a riprendersi i loro zaini procederanno quasi del tutto scarichi di peso. Risparmieranno così le energie, conservandole per il loro balzo finale di domani, sulla vetta.

Naturalmente come da accordo appena assunto, Compagnoni e Lacedelli dovranno collocare quell'ultimo loro campo assai più in basso di quanto inizialmente era previsto; questo per consentire a noi due di poter arrivare a quel campo entro sera.

Sono dunque le otto del mattino quando tutti e quattro lasciamo dietro di noi l'ottavo campo. Compagnoni e Lacedelli si avviano verso l'alto mentre Gallotti e io prendiamo invece la direzione opposta, alla volta del sottostante settimo campo per prelevare le bombole di ossigeno.

Laggiù incontriamo Erich Abram e gli hunza Mahdi e Isakhan. Portano nei loro zaini un po' di tutto ciò che ancora necessita lassù. Riguadagneremo tutti insieme l'ottavo campo. Ma qui Gallotti deve purtroppo arrendersi: in questi giorni ha già dato ben oltre i suoi limiti. Siamo ora rimasti Mahdi e io a continuare il trasporto dell'ossigeno. Però il forte e generoso Abram vuole dare anche lui il suo prezioso aiuto, e per quasi tre ore marcia verso l'alto alternandosi a noi due nel trasporto dei massacranti trespoli di bombole. Rientrerà infine al campo otto.

Molto tempo è passato da quando Mahdi e io ci siamo lasciati alle spalle quota 7900: una sella in luogo sicuro dove con Compagnoni e Lacedelli avevamo previsto la necessità di fissarvi il nono campo. Ma quella quota ora l'avevamo già superata di quasi duecento metri di dislivello, e ancora senza imbatterci nella tenda dei due. Delusi e contrariati non ci era rimasto allora che dirigerci verso un grande masso roccioso e sporgente che ben si individuava lassù in alto. Era la sola speranza che ancora ci restava, quella di trovarvi, sul suo lato a noi nascosto, la tenda di Compagnoni e Lacedelli. Nessun'altra alternativa appariva lungo la via che porta alla cima del K2.

È quasi sera, l'aria comincia a offuscarsi. «Lino! Achille! Dove siete? Rispondeteci!» Ancora una volta tutto tace. Da ore li avevamo chiamati senza avere mai una loro risposta. Ma perché non si fanno sentire? Siamo ormai oltre quota ottomila, fermi tutti e due sul ripido pendio, senza più fiato e con la neve fino a mezza gamba. Sul ripido e infido pendio su cui ci troviamo, in alcuni momenti era sembrato che il cuore ci dovesse scoppiare in petto dallo sforzo. Ormai non possiamo più abbandonarci sulla neve per riposarci, è troppa la pendenza, e se prima potevamo alleviare il peso stando piegati in avanti, adesso che il pendio è scosceso siamo costretti ad avanzare messi di traverso, in modo del tutto sbilanciato. Ah, queste bombole! Questi micidiali cilindri di acciaio! Ti schiacciano sotto il loro peso, i fianchi sono come atrofizzati e le spalle a tratti rifiutano lo sforzo.

Adesso dal masso non ci separano che poche decine di metri. Tra pochi minuti il crepuscolo cederà alla notte. Mahdi comincia a gridare come un ossesso parole confuse, che ovviamente io non comprendo. È chiaramente molto irato.

È un'ansia questa che non può durare oltre. Allora con uno scatto mi libero dal carico e facendo appello alle rimanenti energie punto su diritto alla grande roccia, fino a oltrepassarla di poco. E qui, prostrato dallo sforzo, realizzo: non c'è la tenda dietro il masso! Ne ricevo un forte trauma, come se tutto crollasse dentro di me, il pensiero sfugge quasi al mio controllo.

Quando mi riprendo il buio è profondo, scorgo tuttavia alcune orme che piegano sulla sinistra, verso l'ertissima parete di roccia e di ghiaccio. Mahdi è accanto a me e al tenue albore delle stelle vedo i suoi occhi luccicare. Tolti i guanti, frugo nelle tasche finché trovo la pila elettrica. Invano cerco di accenderla, non funziona, l'ha forse scaricata il grande freddo, per averla tenuta a portata di mano in una delle tasche esterne.

Ormai non c'è più dubbio, i nostri compagni sono altrove, lontano e in piena parete a sinistra, fuori via. E chissà mai in quale angolo si saranno cacciati. Ma perché questo? Come faremo adesso, al buio, ad affrontare la ripida, malfida parete ghiacciata vagando alla ricerca della loro tenda?

Stando così le cose, per noi due non ci sarebbe soluzione più logica di quella di rientrare immediatamente all'ottavo campo. Ma domattina, quei due, che farebbero senza le bombole di ossigeno? Certamente potremmo scavare un piccolo ripiano sul pendio, abbandonarvi i trespoli e poi discendere. Ma con quale garanzia che nella notte non andrebbero perduti, magari sepolti da una bufera, da una slavina, o trascinati nel precipizio da una frana, dato che ci troviamo esattamente sulla traiettoria del grande salto di ghiaccio sospeso su di noi? Oltretutto v'è da dire che rientrare adesso da quassù, al buio, ma soprattutto ormai così provati nelle nostre condizioni, è follemente rischioso.

«Lino! Achille! Rispondete! Dite se ci sentite!» Ancora silenzio, interrotto soltanto dalle impressionanti urla di Mahdi, sempre più incollerito. Ho ancora un'idea e con fatica, più a gesti che a parole, riesco a trasmetterla al compagno. L'idea sarebbe di compiere un ultimo tentativo per arrivare al presunto e probabile luogo della tenda, che potrebbe forse trovarsi lassù a sinistra, sotto la fascia di rocce rossastre. Si tratterebbe di risalire il ripido canalone di neve su cui già ci troviamo, fino ad arrivare ai piedi di quelle già notate rocce rosse. Poi da lì si sviluppa verso sinistra una specie di cengia nevosa che, per averla appunto osservata prima che calasse la notte, penso non debba essere eccessivamente ripida. Dunque, così facendo, potremmo meglio individuare e raggiungere la fantomatica tenda. Però Mahdi accoglie la mia proposta quasi con indifferenza, e riprende a urlare.

Discendo a recuperare il trespolo di bombole che là sotto avevo levato dalle spalle, e risalgo quindi ben oltre il masso dove avevo lasciato Mahdi. Lo ritrovo quanto mai furioso, agita la piccozza verso l'alto imprecando (presumo) contro tutti. Data l'oscurità non colgo l'espressione del suo volto, ma deve far paura. Provo sgomento rendendomi conto che la sua disperazione sta passando i limiti. Prevedo assai brutte conseguenze.

Ancora una volta mi levo dalle spalle quel maledetto fardello di venti chili e riprendo a gridare i nomi dei compagni. Ancora silenzio. Mahdi è ormai fuori di sé. Ora scende, ora sale, ora traversa; l'eccitazione lo porta a fare le cose più assurde, non si accorge neppure del carico che ancora porta sulla schiena. Barcolla paurosamente e ogni volta è lì lì per rotolare giù. Solo con la forza potrei fermarlo ma in questo folle suo momento lui è immensamente più forte di me. Finirà per calmarsi un po', e io mascherando un certo timore riesco finalmente a convincerlo di sedersi accanto a me. Se in questo punto non si affondasse tanto nella neve, chissà quante volte saremmo già finiti nel precipizio.

La situazione è ormai precipitata a tal punto che non ritengo più possibile alcun nostro tentativo di ritirata all'ottavo campo. La probabilità che domattina Compagnoni e Lacedelli potrebbero trovarsi senza bombole di ossigeno diventa adesso un fatto secondario rispetto a qualcosa di ben più grave che accadrebbe sicuramente se ci muovessimo al buio in tali condizioni. Il mio compagno, fuori di sé, non tarderebbe a mettere un piede in fallo e quindi a precipitare, e io pure dietro di lui non potendo vederlo, né quindi bloccare all'istante lo strappo della corda conseguente alla sua caduta.

Allora penso a una soluzione estrema: quella di attendere l'alba qui, in bivacco. Rischiosissima decisione, sicuramente, ma imposta da una situazione disperata.

Istintivamente comincio ad annaspare alla cieca, con la piccozza, nell'intento di tagliare sul pendio un gradino sufficientemente largo da potervi stare in due seduti, uno di fianco all'altro. Mentre lavoro, penso e mi arrovello in visioni angosciose, e a un tratto mi sorprendo a gridare: «No, non voglio morire! Non devo morire! Lino! Achille! Non potete non sentirci! Aiutateci! Maledetti!» Quindi prendo a minacciarli, pesantemente: «Vi denuncerò al mio rientro!» Vivo una crisi di ribellione e di rabbia insieme che mi è difficile placare. Oltre che ignobilmente abbandonato mi sento profondamente tradito. Infine, come se mi svegliassi da un brutto sogno, mi rendo contro di aver scavato un discreto ripiano. Anche Mahdi sembra ora più calmo e rassegnato, benché risponda a ogni mia proposta con un lamentoso «no sab!» (contrazione di *saib*, signore). E riprende a tremare e gemere dal freddo.

Insisto a scavare finché il becco della piccozza comincia a rimbalzare sul ghiaccio vivo, e ciò mi costringe a desistere. Il gradino sembra ormai grande abbastanza da ospitarci entrambi. Quando mi ci siedo per provarne la capienza, vedo che il suo bordo inferiore mi arriva alla giuntura del ginocchio, gambe in giù, e il limite superiore arriva all'altezza esatta della testa. Sarà all'incirca un metro di lunghezza per sessanta centimetri di profondità. Mahdi, che fino a ora aveva assistito al mio lavoro stando accucciato e immobile, poco discosto, sembra anche lui rallegrarsi adesso con un inaspettato «yes sab!»

Va detto che il luogo è orrendo e assai pericoloso. Ci troviamo nel bel mezzo del ripido canale nevoso che discende perpendicolarmente dal grande seracco a strapiombo su di noi, dentro quell'estremo budello nevoso che negli anni a venire verrà definito «collo di bottiglia». Dai riferimenti che mi vengono dalle rocce qui attorno, ritengo di trovarci a una quota che supera gli 8100 metri. Calcolo inoltre di aver percorso, da stamane, un dislivello di oltre duecento metri di discesa (verso il settimo campo) e successivamente di settecento metri, sempre di dislivello, di salita. Questo vuol dire che la nostra scalata, rispetto al previsto, si è accresciuta di un dislivello di oltre duecento metri al di sopra della quota 7900, dove avrebbe dovuto trovarsi, ma non c'era, il nono campo. Questi duecento metri fatti in più, e tradotti in tempo orario per percorrerli – naturalmente senza attingere ossigeno dalle bombole – corrispondono a ben tre ore e trenta di penosissimo cammino. Questo perché, logicamente, tenuto in conto l'estremo logorio procurato da una quota quasi stratosferica, perciò carente di ossigeno, nonché considerato lo sforzo intenso richiesto dall'eccessivo peso portato sulle spalle per quasi un intero giorno, ebbene anche solo per questo, ma c'è dell'altro di carattere psicologico, il nostro procedere medio, secondo ben noti criteri scientifici (fisica e fisiologia), si riduce ad appena cinquanta/sessanta metri di dislivello/ora.

Ma torniamo a noi. Benché ormai rassegnati, prima di sistemarci per il bivacco chiamiamo un'altra volta i compagni a perdifiato. Abbiamo le gole così arse, così afone, che stentiamo persino a pronunciare i loro nomi. Ed ecco, incredibile, nel profondo silenzio, sulla dorsale rocciosa alla nostra sinistra, però fuori via e appena più in quota rispetto a noi... si accende una luce. «Lino! Achille! Siamo qui! Perché solo ora vi fate vivi?» Con voce ben distinta e cruda Lacedelli si giustifica con queste precise parole: «Non vorrai che stiamo fuori tutta la notte a gelare per te!» Non voglio prendere sul serio questa sua grezza uscita, uno dei primi effetti che produce la rarefazione dell'aria è lo stordimento e l'irascibilità. In fondo, mi dico, anch'io poco fa mi sono scagliato contro di loro insultandoli, maledicendoli e anche minacciandoli. «Avete l'ossigeno?» riprende la voce. «Sì!» rispondo. «Bene, lasciatelo lì e scendete subito!» «Non posso!» obietto, «Mahdi non ce la fa!» «Come?» «Ho detto che Mahdi non ce la fa. Io posso arrangiarmi da solo ma lui è fuori di sé. In questo momento sta attraversando la parete!» Infatti mentre avveniva tra noi questo dialogo, Mahdi si era alzato fulmineo, e avanzando di traverso nel buio, a tentoni, farneticando, si era diretto sulla ripida traversata ghiacciata, nella direzione della lampada, incosciente dell'estremo pericolo cui andava incontro. Non soltanto non può beneficiare di quella luce ma ne è pure abbagliato. «Mahdi! Torna indietro! No good!» continuo a gridare. Ma questi, spinto dall'istinto di sopravvivenza, dalla speranza di vita che gli si presenta in forma di raggio luminoso, continua nella sua funambolica traversata. A un tratto la luce scompare. Penso che i due si stiano preparando per venirci in aiuto. Mahdi, sul pendio nero, riprende intanto a gridare come un ossesso: «No good Compagnoni sab! No good Lacedelli sab!» e in breve lo coglie una seconda crisi. Prodigiosamente riesce infine a darsi ragione e a tornare indietro.

Invano attendiamo che Lacedelli e Compagnoni ricompaiano. Ricominciamo a chiamare, a chiedere aiuto, ma nessuno più si farà vivo per tutta la notte.

Come un marchio di fuoco sento che qualcosa di grave si sta imprimendo nel mio animo.

Alternando una promessa a una preghiera, convinco Mahdi a sedere accanto a me. Resosi conto che i due lassù ci avevano abbandonati, l'amico adesso voleva a ogni costo ritornare all'ottavo campo e lo manifestava con gesti dissennati. Per due volte ero riuscito a trattenerlo quando gli capitò di trovarsi sul punto di cadere a capofitto.

Ora mi tolgo i ramponi dai piedi per favorire la circolazione del sangue. Stessa operazione faccio a Mahdi, che intorpidito dal gelo avrebbe preferito farne a meno. La gola e le labbra sembrano in fiamme dall'arsura. Frugando nelle varie tasche trovo tre caramelle, ma tre di numero: è tutto il nostro conforto e nutrimento insieme. Ne mettiamo in bocca una ciascuno, ma subito dobbiamo sputarle, perché non produciamo più saliva. La notte sembra calma, solo ogni tanto giunge un sibilo di vento. Il grande gelo però comincia ad avanzare. Vorrei conoscere l'ora, ma con disagio dovrei frugare tra i polsini chiusi da bottoni; allora preferisco non guardare l'orologio. Mi dà sollievo poter stare finalmente seduto. Dalle otto di stamane non ci siamo fermati che un paio d'ore o poco più all'ottavo campo, più che altro per riorganizzare il trasporto delle bombole di ossigeno per i compagni lassù. In verità, il bivacco al momento sembra ancora sopportabile, anche perché i muscoli hanno appena smesso di lavorare e sono ancora caldi. Ma più tardi, che sarà? Vorrei riuscire a non pensare, ma è un'illusione.

Il cielo è cosparso di una miriade di stelle, tanto luminose da creare veri riflessi sulla neve. Mi pareva infatti che fosse molto più buio qualche ora fa. Non c'è luna, ma appaiono ugualmente le cime tutt'intorno. Nelle valli invece si addensano sempre più compatte le nebbie, che inghiottono la montagna sino a un'altezza di oltre 7500 metri. È uno spettacolo grandioso. Tutte le cime più alte del Karakorum, che l'occhio riesce ad abbracciare, sembrano uscire d'incanto da un mare di latte. Proprio qui di fronte c'è la vetta dello Skyang-Kangri, a destra la mole del Broad Peak, e più lontano le cime dei Gasherbrum. Il K2 domina questi colossi, e io… sì, sono proprio quassù. Alzo istintivamente lo sguardo alla mia montagna, e questa sembra sfidarmi mostrandomi l'ombra della sua spaventosa cascata di ghiaccio, ben stagliata contro il cielo. Sembra evocare la mitica spada di Damocle. È una vera minaccia sospesa. Se si staccasse anche un pur minimo frammento di quella micidiale struttura strapiombante, ebbé, saremmo spazzati via in un soffio.

Il gelo atroce ci sta paralizzando. Siamo scossi a intervalli da lunghi fremiti. Ci stringiamo l'uno all'altro, riducendo il più possibile il contatto con il ghiaccio su cui stiamo accovacciati. Più volte avverto di essere sul punto di perdere la sensibilità a un arto, allora lotto con ogni mezzo per vincere il pericoloso torpore. Spesso non bastano più i movimenti delle gambe e delle braccia, né gli sfregamenti dove il gelo attacca. Allora impugno la piccozza e la batto ripetutamente là dove perdo la sensibilità. Oltre ad essere efficace per riattivare la circolazione del sangue, secondo una dubbia teoria, tale operazione serve anche a prevenire possibili vaneggiamenti da carenza di ossigeno.

Di botto, come uno schiaffo, ci colpisce la prima folata di nevischio. Poi un'altra, e un'altra ancora. In breve ci avvolge una vera bufera con turbini tanto violenti da colmarci di polvere gelata ovunque, sopra e sotto gli indumenti. A stento riusciamo, con le mani, a proteggerci il naso e la bocca per non soffocare, gli occhi sono quasi accecati. È una tortura, e la lotta si fa sempre più disperata. Presto non ci rendiamo conto se lottiamo per vivere o soltanto perché continuiamo a vivere.

Per tre volte la neve turbinante ci ha sepolti dopo aver colmato la piazzola su cui stiamo, e per tre volte l'abbiamo di nuovo scavata raspando alla rinfusa con mani e piedi. Per colmo, ci troviamo a bivaccare proprio nel bel mezzo dell'ampio canalone, dove con la bufera si accumula una quantità di neve portata dal vento. Stiamo sempre addossati e protetti l'uno dal corpo dell'altro contro la furia degli elementi, consci ormai che ognuno deve lottare da solo per la propria sopravvivenza, senza poter più sperare in nessun altro aiuto.

A un tratto sento un urlo al mio fianco, un urlo umano e non prodotto dal vento, e istintivamente allungo le braccia verso un'ombra sfuggente. Arrivo appena in tempo a strappare Mahdi dal precipizio. Non saprò mai se quel gesto fu un nuovo e disperato suo impulso di fuga verso l'ottavo campo.

Sempre raspando con le mani, ora scavo un buco orizzontale nella neve pressata dal turbine e senza indugio vi infilo la testa cercando riparo anche con questo mezzo. La tormenta continua.

Albeggia. Cala il vento, un mare di nebbia inghiotte ancora la montagna fino a poche centinaia di metri sotto di noi. Poi via via tutto ridiventa limpido, qualche stella torna a brillare nel cielo ormai quasi chiaro. L'atmosfera è ritornata immobile ma di un gelo astrale. Non ho idea di quante ore sia durato l'inferno, mi rendo conto invece che il mio corpo è come se non mi appartenesse più. Non sento i piedi né le mani, le gambe sono irrigidite, come addormentate, e non mi reggono. Alle braccia in particolare sono scosso da tremori inarrestabili. Ma la mente è ancora lucida, per fortuna.

Impotente assisto al distacco di Mahdi che, senza attendere gli ormai prossimi raggi del sole, comincia a discendere verso l'ottavo campo. Non so fare niente per fermarlo, per dissuaderlo da questa sua affrettata decisione. La sola cosa che mi riesce è quella di aiutarlo ad agganciarsi i ramponi ai piedi. Null'altro. Povero amico mio, il gran gelo della notte, unitamente alle angosce sofferte, lo hanno sfigurato in volto. Ha l'aria allucinata, e mentre si avvia brancolando verso il basso i suoi movimenti appaiono incerti e rigidi fino alla goffaggine. Mi chiedo con pena se ce la farà. Mi limito a guardarlo. Mi rendo conto con amara ironia che resto qui inerte a vederlo andare giù, da solo, quando invece ieri sera ho temuto tanto per la sua vita. Fortunatamente i suoi piedi adesso affondano bene nella neve alta che si è accumulata nella notte. Ma questa novità raddoppia tuttavia il pericolo di slavinamento. A un tratto, una quarantina di metri qui sotto, si blocca sul ripido pendio stando pericolosamente riverso sulla neve e rimanendovi a lungo immobile. Poi riparte e io, col cuore in gola, seguo il suo incerto discendere interrotto ogni pochi passi da una sosta pietosa. È un grande sollievo quando lo vedo uscire da quegli ertissimi duecento metri di canalone. Ora inciampi pure e ruzzoli quanto vuole, il rischio di precipitare fino in fondo alla montagna è finito.

Come un'apparizione il sole spunta a un tratto sopra il mare di nubi dando origine a infiniti fasci di luci e di ombre. In breve i suoi raggi, appena tiepidi, mi ridanno vita e presto si attenua il grande tremore che mi aveva pervaso. Tolgo i guanti, ormai rigidi di gelo. Le mie mani appaiono irriconoscibili tanto sono dure e crespose, tuttavia cominciano a riacquistare sensibilità e a dolere.

Posso guardare finalmente l'orologio, che era rimasto imprigionato da guanti e polsini cementati dal ghiaccio. Mancano pochi minuti alle sei. E di quei due, al di là delle rocce, che ne sarà? È pieno giorno e ancora non si vedono. Anche la loro tenda continua a restare nel mistero. Seguito a massaggiarmi e a togliermi di dosso la neve pressata dalla bufera. La polvere gelata, impregnando la barba, mi ha creato sul volto una corazza di ghiaccio che stento a distaccare. Riporto alla luce i due trespoli di bombole d'ossigeno che la tormenta aveva sepolto. Poi calzo i ramponi e anch'io comincio a calarmi verso l'ottavo campo. È incredibile quanto mi senta instabile e insicuro pur trovandomi ora completamente scarico. A ogni passo devo piantare la piccozza e aggrapparmici per non cadere.

Finalmente io pure lascio alle spalle il ripido scivolo di duecento metri. Ora sento aumentare in me l'equilibrio. Presto il freddo scompare del tutto. Mi inoltro con cautela nel dedalo di crepacci, lo supero, poco dopo mi raggiunge un richiamo che viene dall'alto. Guardo lassù, attentamente, ma non scorgo nessuno. Rivedo soltanto i trespoli dell'ossigeno dai vivi colori, e sono esattamente dove e come li avevo lasciati. Nessun altro segno di vita compare all'intorno. Alzo comunque la piccozza e la muovo nell'aria in segno di risposta. Riprendo a scendere.

Ecco il ciglione dell'ottavo campo. Prima di calarmi dietro quell'ostacolo volgo ancora lo sguardo lassù, al mio bivacco e ai suoi dintorni, sperando di scoprirvi una presenza umana. Ma invano. Sono esattamente le ore sette.

Adesso mi concentro verso la meta oramai prossima e mi dico: forza, ancora uno strappo e sei fra gli amici, nella tenda, al riparo. Ora è molto più facile superare l'alto bordo della crepaccia, non ho che da lasciarmi scivolare sul dorso. Ecco fatto! Un volo nel vuoto e mi trovo quattro metri sotto, piantato nella neve fino alla cintola. Non senza emozione rivedo le due tende dell'ottavo campo. Sono appena qui sotto, ma pare un miraggio. Sono appena lì, a pochi passi, eppure sembrano inarrivabili. È forse per effetto del rilassamento che spesso coglie al termine di un'impresa, quando psicologicamente tutto è già concluso.

Al mio arrivo, subito mi trovo faccia a faccia con l'hunza Isakhan, uscito dalla tenda per rifornirsi di neve da fondere. Alla mia domanda relativa a Mahdi, mi tranquillizza facendomi capire che, da poco arrivato, ora sta lì in tenda con lui. Mi slaccio i ramponi dai piedi ed entro nell'altra tenda occupata da Abram e Gallotti.

Così annoterà quest'ultimo nel suo diario: «Poco prima delle sette siamo svegliati dallo spalancarsi della tenda. È Mahdi che si affaccia con aria stravolta. Ci mostra i piedi e le mani martoriati dal gelo. I piedi specialmente hanno le dita annerite, già intaccate in modo preoccupante. Le sue spiegazioni, dette con voce affannosa, non risultano chiare e ci lasciano in uno stato di profonda apprensione. Erich e io ci guardiamo in faccia senza avere il coraggio di fare congetture». Poco dopo arrivo io.

Povero Mahdi, mio generoso e sfortunato compagno. Non eri nuovo alle esperienze estreme sull'Himalaya, mai però tanto duramente da te pagate. Nel mio pensiero, ammirato e commosso, ti immagino ancora là sulle tue montagne, ad altezze rarefatte. E ancora ti vedo su una grande parete ghiacciata, con aggrappato alle tue spalle un uomo dai piedi congelati e che tu, passo dopo passo, porti fin giù a fondovalle. Quell'uomo che trascini verso la salvezza si chiama Hermann Buhl, il conquistatore solitario del Nanga Parbat.

Racconto agli amici il dramma della notte. Ciò che più li colpisce è la mia totale incolumità.

Ore diciassette e trenta, Isakhan si affaccia alla nostra tenda e dice in inglese: «Un *saib* è prossimo a scalare il K2!» Ci precipitiamo fuori. Ho un nodo alla gola per l'emozione. Due puntini lenti e continui procedono nell'ascesa sul pendio appena sotto la vetta, azzurra come il cielo in questa ora del tramonto.

Ore ventitré. Cinque cuori esultano per la stessa conquista, nella stessa piccola tenda all'ottavo campo. I loro nomi sono: Erich Abram, Pino Gallotti, Achille Compagnoni, Lino Lacedelli, io. In questo momento, e solo per questo momento, mi impongo di ignorare tutto il resto.

Ma cancellare per sempre dalla mente una simile esperienza sarebbe cosa ingiusta. Fatti come questi segnano indelebilmente l'anima di un ragazzo e ne scuotono l'assetto spirituale, ancora acerbo.

Solo, sul «Pilastro Bonatti» del Dru (1955)

L'avventura solitaria sul Pilastro del Dru – generosamente denominato dai francesi «Pilier Bonatti» – era iniziata alle quattro del 17 agosto 1955. Ora sta cominciando per me il quinto giorno di scalata, dopo aver concluso anche il quarto bivacco notturno. Tutti passati praticamente appeso sulle rocce. Mi trovo dove terminano quelle che definirò «placche rosse». Davanti a me, impressionante, sovrasta la barriera di neri strapiombi che precedono l'ultimo quarto dell'intera scalata.

Spunta il sole non appena mi rimetto in movimento. Mi bastano pochi metri di scalata per capire il problema che mi attende. La roccia, sopra di me, si presenta incavata e liscia fino a una certa altezza, poi diventa fortemente convessa a formare una estesa e ardua gronda aggettante, ricorda l'abside di una chiesa. Per quanto estrema, una soluzione potrebbe essere quella di forzare direttamente il grande tetto nero, che sporge per almeno cinque metri sulla mia verticale. Ma la presenza su queste nere sporgenze di alcuni blocchi incombenti, dall'aspetto precario – tenuto conto anche delle mie limitate possibilità di autoassicurarmi – mi inducono a evitarli. Tento allora sulla sinistra, abbordando una lunga e regolare fessura. Ma dopo averla risalita per una ventina di metri questa fessura diventa troppo larga per i miei corti e normali chiodi. Sarò perciò costretto ancora a ripiegare inventandomi un'altra soluzione.

Succede intanto un fatto nuovo. Sento nell'aria un rumore, è un piccolo aereo da turismo che, apparso nel cielo, prende a volare insistentemente intorno al Dru compiendo giri sempre più stretti. È chiaro che mi sta cercando (al mio rientro saprò che si trattava del signor Toussaint, il gestore dell'Hotel du Montenvers). Allora mi sporgo in fuori quanto più posso per rendermi visibile. Tengo un piede su una staffa, una mano è afferrata al chiodo che mi assicura, e nel mentre agito nel vuoto l'altro braccio e l'altra gamba. Ma una nube bianca mi avvolge, e anche l'aereo presto sparisce. Chissà se il pilota mi avrà visto, penso, e intanto in me sopravviene uno strano turbamento. È come se quell'aereo, il cui rombo odo ancora lontanissimo, fosse una parte viva di me che mi abbandona. Ora provo una spiacevole sensazione di solitudine, e vorrei che quella visita non fosse mai arrivata quassù.

S'è fatto intanto mezzogiorno, e alla resa dei conti è come se non avessi ancora guadagnato un solo metro da stamane. Mi ritrovo infatti ancora sul terrazzino su cui ho bivaccato stanotte.

Riesamino il problema e una nuova possibilità pare presentarsi. Non sarà certo cosa facile, ma è forse l'unica che ancora mi resta. Questo mio nuovo piano comprende una serie di traversate a pendolo verso destra, nel vuoto, per raggiungere, lontano, e poi seguire una «ben marcata fessura», tale la definisco per mio uso. Da lì dovrò poi continuare, più o meno direttamente, fino a valicare l'intera zona enigmatica. L'esistenza di questa appena detta «ben marcata fessura» costituisce, lo spero, la certezza di poter piantare chiodi, e quindi di poter superare la grande fascia strapiombante.

Ma cos'è una traversata a pendolo? Lo spiego. Consiste nel piantare un chiodo il più in alto possibile, sulla destra in questo caso, passare poi una corda nel suo anello, appendervisi con tutto il peso del corpo, prendere la rincorsa puntando i piedi sulla parete, e infine, con tutto lo slancio e ancora puntando i piedi contro la roccia, volare in pendolata in orizzontale, fino a un possibile approdo sulla parete; necessariamente questo approdo si troverà più in basso di dove si era partiti in pendolata. La serie di traversate in pendolo che sto per iniziare mi farà dunque correre nell'aria, in varie riprese, per una quarantina di metri verso destra e, come ho detto, in leggera discesa rispetto al punto da cui avevo cominciato.

Passo dunque all'azione compiendo tre pendolate. Ma conclusa l'ultima, che mi aveva portato fino a un piccolo aereo gradino, al termine dei quaranta metri previsti... allibisco. Tra me e la risolutiva nonché insostituibile «ben marcata fessura», si spalanca di colpo una enorme rientranza, svasata, liscia e sospesa nel vuoto come se il Dru a questo punto si fosse risucchiato le rocce. E tutto ciò, per un crudele gioco di prospettive, non si era palesato che in questo momento, quando è ormai troppo tardi per cambiare rotta. Infatti, giunto a tal punto, è lampante che non posso più tornare indietro, poiché le pendolate, essendo avvenute in leggera discesa, mi hanno portato fin qui e ora è impossibile compiere a rovescio le manovre appena concluse. In più, giocoforza, ho tagliato i ponti dietro di me a ogni pendolata compiuta, avendo recuperato di volta in volta la corda su cui mi ero lanciato. Né da qui mi sarebbe più possibile calarmi in corda-doppia, poiché appena sotto i miei piedi la parete rientra spaventosamente fino a scomparire per almeno centro metri. E pensare che l'inizio della «ben marcata fessura», passaggio chiave dell'intera scalata, dista da qui, ma sopra di me, appena una quindicina di metri.

Cosa inventarmi ancora, adesso? Al momento mi sento soltanto svuotato e incapace di reagire, di prendere una iniziativa. Resterò in questo cedimento morale per almeno un'ora, rimanendo incollato all'unico chiodo che sono riuscito a piantare, e che trattiene me e lo zaino insieme. Tutto questo è sospeso sopra un vuoto che in questo mio stato mi appare orripilante. Poi, piano piano, ritrovo la forza di sottrarmi alla passività; e infine, con determinazione, ne verrò fuori.

Al di sopra dell'inaspettata svasatura – che mi separa dal punto in cui inizia la famosa e risolutrice «ben marcata fessura», e che appunto avrei dovuto raggiungere in pendolata – vedo protendersi in fuori, a una dozzina di metri sopra di me sulla destra, alcune grosse scaglie simili a dita di una gigantesca mano aperta. Ebbene, ecco la felice intuizione, quella di lanciarvi la fune e di prendere al laccio una di queste scaglie. Potrò così issarmi sulla corda a forza di braccia. Ma realizzo che sono lame granitiche dall'aspetto troppo precario, e certamente non reggerebbero al mio peso. Altra breve défaillance, ma riecco un altro colpo di intuito. Improvviserò allora al capo della fune un sistema di nodi che funzioneranno da efficaci tentacoli, simili alle *bolas* che nella pampa argentina vengono usate per catturare gli animali. Sì, con tale sistema che esclude la trazione diretta sulla scaglia potrò ridurre il pericolo di cedimento della stessa. Procedo allora iniziando una serie di lanci; e prima o poi almeno uno di questi tentacoli «prensili» dovrà pur rimanere incastrato a dovere lassù, nell'intaglio tra una lama e l'altra. Lo spero, e così tento e ritento. Dopo una decina di lanci, ecco, la fune sembra essersi incastrata saldamente. Ma già al primo strattone di verifica ricade mollemente nel vuoto. Ancora riprovo, ripetutamente, finché la piovra nodosa torna ad agganciarsi, e stavolta pare proprio in modo sicuro. Infatti tirandola non cede. Ma non cede solo perché io mi trovo a tirarla stando spostato sulla sinistra rispetto alla perpendicolare? Che succederà quando mi troverò verticalmente appeso alla corda? Alla fine concludo che non serve torturarsi con dubbi impossibili da accertare, e fatalisticamente decido: mi mollerò nel vuoto! Ovviamente lo farò non senza aver preso tutte le cautele ancora possibili. Certo, non potrò adottare l'ormai familiare «autoassicurazione a Z» (da me inventata in questi giorni e che ho così denominato). Prendo invece la precauzione di legare il sacco al termine della corda di quaranta metri, la stessa incastrata tra le scaglie e su cui mi isserò poi nel vuoto. Tale sacco ovviamente deve rimanere sul terrazzino ma non agganciato al chiodo, bensì libero e posato soltanto in equilibrio contro la parete, per poterlo poi tirare su dall'alto, quando fossi arrivato al di sopra delle scaglie.

Per quanto riguarda invece la mia seconda corda, quella che dovrebbe offrirmi una pur vaga probabilità di sicurezza, mi lego una sua estremità alla vita, poi passo l'altra nell'occhiello del chiodo dentro cui questa fune deve poter scorrere liberamente, infine annodo anche quest'altro capo intorno ai miei fianchi. Ho così ottenuto un ampio anello di corda che parte da me, passa nel chiodo, e chiude ancora su di me. Tale anello mi consentirà un raggio di spostamento di una ventina di metri.

Ecco, tutto è predisposto, sto per lanciarmi nel vuoto aggrappato alla fune, sorretto dalle sole mani. Un'ultima snervante esitazione, e quando un «certo che» sta per intaccare il mio autocontrollo, chiudo gli occhi, trattengo il respiro e scivolo nel vuoto, così, in pendolata verso destra. Per qualche secondo ho la sensazione di precipitare, poi il volo si smorza e avverto quasi subito che sto iniziando la contropendolata a sinistra. L'ancoraggio ha tenuto! Sono attimi in cui cento pensieri, fulminei, si affacciano alla mente con assoluta chiarezza e si imprimono nell'anima per tutta una vita. Mi lascio portare avanti e indietro nella vertiginosa altalena, poi, prima di incominciare a girare su me stesso nel vuoto, comincio a tirarmi su di braccia sulla corda. Ma a ogni metro guadagnato il pericolo aumenta, perché le vibrazioni che imprimo alla fune inevitabilmente si ripercuotono sempre più sul nodo del tentacolo là incastrato tra le scaglie. Incagliato lo è di certo, ma con quali limiti?

È uno sforzo totale, il mio, sorretto più che altro dall'istinto di sopravvivenza. Quando sul finire arrivo al punto di dover abbandonare la corda per passare sulle scaglie, ho ancora un'estrema esitazione: tutto può cedere e crollare come un castello di carte. Lo penso e già mi trovo abbrancato a quelle lunghe lastre aggettanti, sulle quali mi rovescio strisciando nei loro anfratti come una serpe, per rendermi più leggero. È andata!

Do sfogo al mio ansimare lasciando defluire l'agitazione. Poi inizio il recupero del saccone rimasto in bilico laggiù. Tiro a me la fune, e quando il fagotto azzurro si ribalta nel vuoto rimango impressionato dalla interminabile pendolata che traccia sull'abisso. Quello ero io qualche minuto fa. Mollando un capo e tirando l'altro adesso recupero anche la corda che avevo tenuto legata in vita. Il vero sollievo però lo provo soltanto quando vedo questa corda sfilarsi dall'anello del chiodo, dove facilmente poteva restare incastrata.

Ripongo nel saccone una delle due funi e mi lego al capo dell'altra, quella che era stata annodata al sacco. Riprendo così il mio normale assetto di scalata. Mi innalzo per qualche metro su blocchi instabili, e giunto al di sopra di questi riesco a conficcare saldamente un chiodo. Vi ancoro il sacco e ricorrendo alla mia solita «assicurazione a Z» mi innalzo, sia pure con difficoltà, lungo una breve svasatura. È questo il breve tratto che mi collega con la base di quella che era stata l'inavvicinabile «ben marcata fessura».

Ma qui arrivato, ohimè... la fessura non c'è! Al suo posto segna invece la parete una compatta vena quarzosa. E cieca risulta anche l'incavatura verticale che sale quasi parallelamente alla vena di quarzo. L'abbaglio è totale, e più che mai disarmante. Ripiombo nella disperazione. Stavolta però dura poco. Con un guizzo rabbioso, facendo leva su gamba e spalla in quella specie di strombatura, guadagno d'impeto qualche metro pur nella assoluta impossibilità di piantare un chiodo. Poi, utilizzando un breve restringimento dello svaso, dentro cui striscio, mi riesce finalmente di conficcarvi sul fondo, e alla bell'e meglio, un cuneo di legno. Non è affatto sicuro, ma su questo riprendo fiato dopo avervi agganciato corda e staffa. La manovra è assai pericolosa, è quasi una follia: potrei sgusciare fuori dal restringimento di questo svasato verticale, proprio come un fagiolo dal proprio baccello, e me ne rendo perfettamente conto. Sto infatti lottando con accanimento oltre ogni limite, in totale arrampicata libera e sempre sul punto di scivolare via nel vuoto. Tuttavia avanzo, palmo a palmo, sempre nell'illusione di poter piantare un chiodo di assicurazione. Così mi contorco e striscio dentro l'aggettante incavatura finché, come temevo, esaurisco la disponibilità di corda. Allora vivo il momento peggiore di tutti quelli appena passati, perché mi è impossibile sostare, e al tempo stesso devo assolutamente sciogliere l'anello dell'«autoassicurazione a Z», ampio circa venti metri, che mi tiene bloccato. Non so proprio dire come, ma così incastrato di spalla nell'incavatura, e ormai allo spasimo, mi riesce infine di sganciare dal moschettone questo anello; e così facendo ho perduto del tutto ogni già aleatoria protezione; ho ottenuto però in cambio la disponibilità dell'intera corda – quaranta metri – per poter continuare a salire. Ma ancora non finiscono i guai. Infatti pochi metri più sopra la corda si incaglia, e mi blocca di nuovo, proprio quando arrivo a ridosso di un piccolo tetto sporgente. Ebbene qui annaspo e mi arrabatto, do strattoni alla fune, anche con i denti, ma non c'è proprio verso di liberarla. Sono oramai al limite delle forze, non posso resistere oltre. Ma ecco l'incredibile, la prodigiosa sorpresa. Andò così. In quell'allucinante marasma di sensazioni scopro d'un tratto che la roccia intorno a me è cedevole, quasi tenera come il gesso, la incido persino con le unghie. Allora rimanendo sempre incastrato con i gomiti, ma anche sostenuto da una grande scarica di adrenalina, mi riesce di sganciare dalla cintola un piccolo chiodo e anche il martello, e batto, alla rinfusa, dove e come capita, quel piccolo ferro appuntito, che, incredibilmente, penetra fino alla sua metà in quello che doveva essere duro granito. Senza pensarci su, mi aggancio a quell'incerto ancoraggio e tanto basta a riprendere respiro, e un po' di energia. Adesso ripeto l'operazione piantando altri chiodi, uno accanto all'altro, fino a formare un arco convesso di piccoli agganci sporgenti. E poiché potrebbero fuoriuscire con la stessa facilità con cui sono entrati, li collego con un cordino che annodo poi ad anello, ottenendo un unico ancoraggio relativamente saldo. Nel compiere tali manovre in posizione tanto precaria, una staffa mi sfugge dalla cintola dov'era agganciata. I miei occhi, saturi di strapiombi, si rifiutano di seguirne la caduta; l'udito invece ne registra l'effetto: passano parecchi secondi prima di udire quella staffa rimbalzare laggiù sulla parete.

Ora sciolgo la fune annodata in vita, la fisso al grappolo di chiodi, poi con estrema cautela mi affido a essa reggendomi sulle sole mani e calandomi fino al saccone. Lo sgancio dal chiodo per poterlo tirare su, non appena risalito a quello strano grappolo d'ancoraggio.

Con quella imprevista e tanto folle sfilata di corda, compiuta senza il beneficio di una minima protezione, ora posso dire di aver vinto la grande abside, ossia il tratto chiave dell'intera scalata. Adesso con altre due traversate a pendolo, stavolta verso sinistra, e senza particolari difficoltà, mi riporto sull'elegante linea perpendicolare del Pilastro. Qui posso dire che, collegando ogni manovra fatta nella giornata, ho finito per tracciare su questi strapiombi un cerchio quasi completo.

La parete sovrastante, nel suo insieme, adesso si presenta adagiata rispetto a prima, e la via da seguire appare sempre più evidente nel suo susseguirsi di diedri e fessure. Mi accorgo di lasciare impronte di sangue sulla roccia; non avverto però un grande dolore, fors'anche perché mi ritrovo le mani un po' anestetizzate dal duro lavoro compiuto.

È quasi buio quando arrivo su un buon terrazzino per passarvi il quinto bivacco. Improvvisamente avverto di essere ritornato alla vita, dopo esserne stato tanto lontano. In concreto nulla è mutato materialmente: il dolore alle mani, la sete bruciante, l'ombra nera dei profili severi. Eppure dentro di me sento rinascere l'uomo, con il quale in questi giorni non ho più avuto rapporti. Ma ora lo sto ritrovando questo rapporto, e tanto basta a farmi capire l'intensità di quanto ho appena vissuto. Fino a poche ore fa, la mia misura era quella della montagna, i cui elementi, roccia, gelo, vuoto, staticità, durata, avevo assorbiti fino a diventare parte di essa. Io e la montagna, cosa unica e inscindibile.

Adesso sento di aver in pugno il Pilastro del Dru. Ma

sento soprattutto di aver varcato ben più lontani e invisibili confini. So di aver superato la barriera che mi separava dall'anima, e ancora sento, finalmente, di aver sciolto il mio nodo interiore, un trauma che viene dal K2. Nell'emozione di questo momento mi accorgo di avere gli occhi bagnati di lacrime.

Il cielo comincia a schiarire, sta iniziando la sesta giornata di lotta e ogni mia energia è tutta per l'ultimo ostacolo che oppone la vetta. Ma le mie mani non rispondono all'appello, il loro gonfiore è tale che non riesco più a stringere né ad aprire il pugno. Mi impongo di muoverle, gradatamente, per riattivarne l'uso, e ciò mi procura un dolore acuto, quasi insopportabile. In luogo del sangue esce adesso dalle ferite un siero trasparente.

Riprendo infine la scalata. Superato un diedro obliquo, sulla sinistra, giungo quasi sul filo netto e sottile del Pilastro. Poco più in alto le rocce si inclinano e anche le difficoltà svaniscono. Ma ecco un ultimo inganno del Dru: un profondo intaglio separa, netto, il Pilastro dalla vera e propria cima del Dru. Una nuova parete si presenta ai miei occhi al di là dell'intaglio, tutta a strapiombi compatti per un'altezza di almeno cinquanta metri. È questa una sorpresa che in altri momenti avrebbe dato il colpo di grazia alla mia resistenza. Scopro invece, continuando a salire, di attaccare quest'ultimo ostacolo in modo quasi spavaldo, come se in cuor mio avessi una matematica certezza che nulla potrà più impedirmi di raggiungere la cima.

Le mani sono tornate indolori, chiodi e staffe entrano di nuovo in funzione in modo quasi brutale. Una lastra di granito di almeno un quintale si stacca improvvisamente, sollecitata da un chiodo che cerco di conficcare. Mi investe di striscio tramortendomi la gamba sinistra, ma le mani non mollano la presa. Mi sento come invaso da una forza sconosciuta anche a me stesso, e continuo a salire superando placche levigate e notevoli strapiombi, spesso in arrampicata libera.

Poi la parete si inclina per davvero e si presenta sempre più solcata da fessure e massi sporgenti.

Alle 16.37 esatte sono sulla cima del Dru. Lascio le beatitudini di circostanza a occasioni più rilassanti e mi limito a dare un'occhiata veloce all'intorno. Infine, con il sacco sulle spalle, finalmente alleggerito, comincio a discendere in corda-doppia, poi a balzi, lungo la relativamente facile via normale.

Sulle montagne australi (1958)

Cerro Torre, un sogno svanito

Il vero intento del nostro viaggio in Patagonia era la scalata dell'ancora inesplorato Cerro Torre. Un nome che presto diverrà celebre, per varie ragioni, ma a quel tempo, 1958, era ancora per gli stessi alpinisti quasi del tutto sconosciuto. È una straordinaria guglia granitica affusolata, e in buona parte incrostata di spesso ghiaccio spugnoso; si eleva a 3118 metri sul margine orientale del vasto Hielo Continental Patagonico a circa 49 gradi di latitudine Sud, ed è ancora intoccato.

A invitarmi laggiù per tentare la scalata di questo eccezionale obelisco è l'italo-argentino Folco Doro Altan, di Buenos Aires, promotore e organizzatore di tale missione. Accolgo naturalmente l'invito con entusiasmo, riservandomi soltanto di scegliere io stesso il mio compagno tra quelli che reputo più idonei per questo genere di imprese: sarà l'amico Carlo Mauri. L'intero nostro gruppo sarà così composto da sei andinisti e due alpinisti: Folco Doro Altan, suo fratello Vittorio, Oracio Solaris, Ector Edmundo Forte, Manuel Angel Garcia, René Eggmann e infine Carlo Mauri e io.

Arriviamo in aereo dalla capitale fin sulle rive del lago Viedma, ai piedi della Cordigliera Patagonica, ed è il 4 gennaio; ma soltanto dopo cinque giorni il Cerro Torre usciva dalle spesse nubi che lo tenevano avvolto, e mostrava tutta la sua imponenza. È il suo lato orientale che ci appare dalla pampa, ma rimane ancora troppo lontano per potervi studiare una possibile via di salita. Passano altri giorni a organizzare il guado del nostro bagaglio sul rio de Las Vueltas. Ma il 13 gennaio sopraggiunge un evento tanto inaspettato quanto avverso: siamo raggiunti da un altro gruppo di italiani che ha il nostro stesso obiettivo. Sono alpinisti trentini capeggiati, o per lo meno aventi come portavoce, il rocciatore dolomitico Cesare Maestri. Non farò commenti, dirò soltanto i fatti, poiché non c'è stato verso di instaurare un'intesa con questi nuovi venuti, benché sembrasse a tutti evidente che ogni gruppo era arrivato fin qui ignaro l'uno dell'altro. Questo, almeno, potevamo garantirlo Mauri e io per noi stessi.

Ma perché ci trovavamo tutti qui sul lato est del Torre? Semplicemente perché è di facile accesso, vi si giunge direttamente dalla pampa; ma anche perché questo lato è prevalentemente roccioso, spoglio di ghiacci, protetto dai venti oceanici, più rapido da raggiungere, e infine perché il tutto era già conosciuto, almeno attraverso esistenti fotografie.

A tal punto, prospettandosi purtroppo un'assurda competizione tra i due gruppi, siamo noi a decidere, pur amaramente, di farci da parte; non prima però di aver considerato di optare, come ripiego, per l'ancora sconosciuto e glaciale versante ovest del Torre, quello che dà sul turbolento Hielo Continental.

Ma giust'appunto per il carattere alpino della nostra spedizione – che non prevedeva l'impiego di portatori – tale scelta ci fa subito capire che avrebbe gravemente limitato la nostra autonomia individuale richiedendo un notevole sforzo per il trasporto, appunto a spalle, verso e sulla montagna. V'era poi da considerare che viveri ed equipaggiamento, che a quel tempo erano ancora assai poco specializzati nonché molto pesanti, avrebbero ulteriormente aumentato la durata in giorni, forse in settimane certamente richieste da una simile operazione. Infine tutto questo, sommato insieme, avrebbe totalmente sconvolto il panorama delle nostre prospettive. Ed ecco dunque apparire lo spettro del fallimento, ancora prima di muovere il primo passo verso il Torre.

Seguì l'inevitabile sconforto. Devo dire però che già l'indomani si manifestava in noi, via via crescendo, una tale volontà di reagire, di darsi da fare che, pur consci di quello che ci aspettava, cominciammo subito l'aggiramento sull'altro versante del Cerro Torre.

A conti fatti, dunque, quel nostro folle obiettivo avrebbe richiesto un cammino di circa sessanta chilometri dal punto in cui ci trovavamo, e avrebbe comportato anche lo scavalcamento di una elevata catena di montagne ghiacciate.

Non fu cosa facile. Ci dovemmo trascinare appresso tutto il necessario, solo in piccola parte a dorso di animale, nel fondovalle, ma l'inclemenza del tempo per giunta ci perseguitò riducendo di molto le giornate utilizzabili.

Per compiere quel pesante spostamento, fu necessario raggiungere e percorrere la lunga valle del rio Tunel, dopo averne guadato il fiume impetuoso. La natura era aspra, impressionava il vasto grigiore di ciò che rimaneva delle antiche foreste incendiate dai pionieri.

In fondo a questa valle selvaggia, a quota 580, fissammo la nostra base. Poi guadagnammo il Passo del Viento, a 1530 metri, al di là del quale piantammo una piccola tenda. Il secondo campo, composto da due tende, lo ponemmo invece sulle morene dello Hielo ai piedi del Cerro Adela, a una quota approssimativa di 1350 metri. Ci trovammo al margine di un avvallamento glaciale che battezzammo «Valle della Fame». Avevamo cominciato infatti a patire la fame a causa delle difficoltà di rifornimento.

Infine il 25 gennaio, dopo quindici giorni di vita grama, fissammo il terzo campo, con altre due tende, su uno sperone roccioso che fa da basamento al Torre, a quota 1700 circa. Avevamo così concluso la marcia di avvicinamento lungo quei tremendi sessanta chilometri di valichi e ghiacciai, portando con noi il minimo per la sopravvivenza. Quello stesso giorno vedemmo per la prima volta, in tutta la sua completezza, la parete occidentale del Cerro Torre. Appariva come una candida lancia dritta nel cielo e orlata di rigonfiamenti di ghiaccio. Dava quasi il capogiro osservare le nubi vorticate dal vento che si sbrindellavano contro le sue creste.

Come già avevamo intuito, l'unica possibilità di scalata sembrava quella di raggiungere e percorrere la successione di salti e rigonfiamenti che portano alla cima, sul lato destro del Torre. Naturalmente dopo aver guadagnato il colle che lo separa dal Cerro Adela, un preliminare già di per sé problematico, con quei mille metri di rocce e ghiacci sbalzanti dall'alta giogaia. Non v'era altra ragionevole alternativa.

Da quel giorno si può dire che ebbe inizio la vera e propria scalata al Cerro Torre. Per me e Mauri non restò quindi che occupare stabilmente il terzo campo, che costituiva il punto base per l'assalto alla cima.

Seguirono giornate scabrose, per ragioni totalmente estranee alle difficoltà vere e proprie del Torre. Lungo i quaranta chilometri che ci separavano dal nostro campo base, posto in fondo alla valle del rio Tunel, i nostri compagni compivano sforzi lodevoli per rifornirci di viveri, carburante e materiale vario. Ciò nonostante ben poca roba arrivava fino a noi, venendo in gran parte consumata proprio per compiere il viaggio di trasferimento. A quell'epoca, come ho già detto, il vettovagliamento argentino, il solo che disponevamo, era assai rudimentale, pesante da trasportare, e il suo rendimento risultava assai scarso. Il maltempo inoltre bloccava ogni nostra azione e teneva celata la montagna. Il fragore delle valanghe si alternava a quello delle raffiche di vento, che in alcuni momenti sembravano volersi portare via le nostre tende. Vivevamo giorno dopo giorno in un'atmosfera piuttosto desolante, in cui le ansie e le paure prendevano spesso il sopravvento sull'ottimismo. Ma la partita con il Torre era ormai aperta ed eravamo ben determinati a raggiungerne la vetta.

Nonostante il perdurare del maltempo, in tre riprese Mauri e io riuscimmo ad arrivare a quota 2300 e ad attrezzare con corde e chiodi i passaggi più difficili.

Il bel tempo arrivò il 1° febbraio e il 2 finalmente partimmo, decisi a continuare verso l'alto. Con noi due c'erano anche Folco Doro e René Eggmann, i quali si sarebbero installati il più in alto possibile in nostro appoggio.

Erano le tre di una splendida notte di luna piena che illuminava quasi a giorno il nostro cammino. I sacchi pesantissimi ci obbligavano a salire lentamente. I ramponi mordevano sicuri sui ripidi pendii di neve gelata. Portavamo con noi praticamente tutto ciò che ancora possedevamo: viveri per due giorni, 500 metri di corda, 30 chiodi da ghiaccio e 30 da roccia, 25 moschettoni, staffe, martelli, piccozze, l'equipaggiamento personale al completo, l'apparecchio fotografico, la cinepresa e una tenda che avrebbe ospitato Doro ed Eggmann nel luogo dove avrebbero atteso il nostro ritorno.

Alle 6.45 raggiungemmo il termine delle corde fissate precedentemente e continuammo a salire su pendii ertissimi, ponendo per il ritorno altre corde fisse lungo le traversate più difficili. Per un gioco di prospettiva ora il Torre appariva più accessibile che nei giorni scorsi. Fantastico per quanto orrido. Eravamo comunque ottimisti. Al punto da non renderci conto che soltanto per raggiungere il colle già stavamo superando notevoli difficoltà, paragonabili a quelle di alcune scalate di primissimo ordine sulle Alpi occidentali.

Alle 12.30 raggiungemmo il colle e restammo schiacciati dalla realtà. Eravamo i primi uomini a guardare il Torre da quel lato e ci rendemmo subito conto che per quanto ci fossimo impegnati, nelle condizioni in cui ci trovavamo non avremmo mai potuto raggiungere la vetta. Da lassù l'aspetto della nostra montagna si rivelava completamente diverso. Difficoltà del genere non si sarebbero potute superare né d'impeto né in un sol giorno, bensì in più riprese ponendo come base di attacco il colle.

Questo era già nei nostri piani e l'avremmo senz'altro attuato se avessimo potuto disporre di un'attrezzatura completa.

Quel 2 febbraio, nello spazio di poche ore soltanto, passammo dunque dalla sensazione di vittoria a quella di sconfitta. Tuttavia la nostra reazione fu curiosa, quasi incomprensibile. Senza parlare, ci legammo a una corda di centoventi metri e cominciai a salire puntando alla vetta del Torre. Il ghiaccio era durissimo da gradinare e a tratti tanto ripido da sporgere al di là della verticale. Allora ricorrevo ai chiodi e, metro dopo metro, continuavo a salire.

Doro ed Eggmann, ormai piccini sul colle, si erano messi a scavare nel ghiaccio una grotta protetta dai venti in cui avrebbero poi collocato la tenda. Credo che nessuno di noi quattro fosse convinto, ma ci impegnammo a fondo, pur sapendo che a nulla sarebbe servito. Alle 16.30, quando Mauri mi gridò dal basso che i centoventi metri di corda erano esauriti, dovetti fermarmi. Ripiombammo nella realtà, come risvegliati da un sogno. Non avevamo più nulla, né corda né chiodi, e ancora ci dividevano dalla vetta centinaia di metri di rigonfiamenti ghiacciati. Eravamo sconfitti.

Discesi sul colle, e lì restammo seduti a lungo, in silenzio. Poi finalmente parlammo, e soltanto allora ci sentimmo meglio perché ci eravamo promessi di ritornare quassù l'anno prossimo, e questa volta con tutto il necessario. Ora si conosceva tutto del Torre e già la nostra immaginazione ci riportava su questo «Colle della Speranza», così l'avevamo chiamato, su queste stesse corde fisse lasciate come pegno lì dov'erano state poste.

Ancora una volta ci avrebbero sorretti verso l'emblematica cima appena mancata.

Il sole calava all'orizzonte e anche noi cominciammo a discendere dal Colle della Speranza. Il bel sogno del Torre restò in noi, e ce lo portammo dentro per quasi un anno.

Ma poi, a pochi giorni dalla seconda spedizione – quando già tutto era pronto e organizzato – apprendemmo da un giornale che la cordata Maestri-Egger era giunta laggiù e stava per attaccare il Cerro Torre. Non partimmo più.

Sul Cerro Mariano Moreno

Accantonato il progetto del Cerro Torre la sera stessa di quel 2 febbraio, il 3 notte partivamo verso la più alta montagna della Cordillera Patagonica Australe, l'inesplorato Cerro Mariano Moreno, dalla quota approssimativa di 3500 metri. Il problema della sua scalata era dato soprattutto dalla straordinaria estensione glaciale che ci divideva dalla sua base. Ma anche dal fatto che avevamo ormai esaurito ogni mezzo tecnico e di sussistenza.

Il massiccio del Cerro Moreno, molto complesso nella sua struttura, occupa una superficie di circa 1500 chilometri quadrati. Si eleva esattamente nel mezzo del pianeggiante Hielo, là dove l'Argentina confina con il Cile. Credo che se fosse rimasta in noi l'impressione iniziale, avuta quando il monte ci apparve per la prima volta dal Passo del Viento, non avremmo mai tentato la sua scalata, anche perché non disponevamo di sci. Poi, come spesso accade, dopo aver vissuto per tanto tempo in quell'ambiente polare e avverso, anche il Moreno divenne cosa familiare.

Quel mattino del 3 febbraio, mentre al caldo sole del terzo campo ci si riposava dalle fatiche del Torre, fu come se ci avesse colto una folgorazione. Bastò la considerazione che uno di noi fece sulle buone condizioni meteorologiche, e si scoprì che tutti intimamente pensavamo al Cerro Moreno come nuovo obiettivo da raggiungere. Il bel tempo aveva l'aria di durare, la neve si era assestata prima al calore del sole e poi indurita al gelo della notte, tanto da reggere bene il peso di una persona, anche senza gli sci. Era inoltre fase di luna piena, e ciò avrebbe facilitato la marcia consentendoci di guadagnare, prima del disgelo diurno, l'enorme distanza glaciale che ci separava dal Moreno.

Non avremmo potuto incappare in condizioni più favorevoli, così decidemmo di partire la notte stessa. Sapevamo che si trattava di una prova severa perciò ci ponemmo dei termini che avremmo dovuto rispettare assolutamente, sia nella buona sorte sia nel caso di rinuncia. Calcolammo che non avremmo potuto rimanere fuori più di trentacinque ore, vale a dire una notte per raggiungere la base della montagna, il giorno seguente per effettuarne la scalata e ancora la notte successiva per rientrare a uno dei nostri campi, quello più a portata di mano. Un ritardo sarebbe stato pericoloso, vuoi per il disgelo vuoi per esaurimento delle forze. Sarebbero inoltre aumentate le probabilità che il tempo mutasse, riducendo la visibilità. Come per il Cerro Torre eravamo privi di qualsiasi appoggio e agli sgoccioli coi viveri. Dunque ci ficcammo bene in testa il termine delle trentacinque ore e attendemmo l'ora propizia.

Alle 22 precise, quando spuntò la luna, cominciammo a discendere le rocce che dal campo numero tre, posto sul basamento del Torre, portavano sul ghiacciaio. Puntammo quindi decisi, in linea retta, verso il Cerro Moreno. La grande traversata dello Hielo era cominciata. D'ora in poi, e fino al nostro ritorno, non avremmo più potuto concederci una sola pausa.

All'inizio la neve crostosa cedeva sotto il nostro peso, ma più tardi, verso mezzanotte, si alzò il vento gelido e prese a spazzare la grande distesa, indurendola. Camminare adesso era assai più facile.

Ricordo quelle estensioni ghiacciate come qualcosa di arcano. Le distanze perdevano il loro valore reale e tutto appariva immenso e irraggiungibile. Specialmente a nord e a sud l'orizzonte si mostrava incerto, anche per effetto della luna che illuminava la neve attenuandone ogni piega e confondendo i profili.

Per definire questa immensa area glaciale della Patagonia – 440 chilometri di lunghezza e dai 50 ai 90 di larghezza – si è parlato, anche se un po' impropriamente, di «Hielo Continental».

All'alba, poco dopo le cinque, arrivammo ai piedi del Moreno. Appariva colossale e vitreo. La sua lontanissima vetta, o antecima che fosse, faceva capolino dietro un grande sperone di ghiaccio. Incombeva su di noi la sensazione dei suoi duemila metri di dislivello. Decidemmo di attaccare dritti per un crestone di neve che ci avrebbe risparmiato una zona meno erta ma assai crepacciata e valangosa. Fissammo i ramponi ai piedi e ripartimmo legati in due cordate, io con Doro, Mauri con Eggmann.

Alle 6.15 prendevamo fiato sopra una sottile cresta di neve, assillati da una grande preoccupazione. Da un paio d'ore si era andata formando una leggera foschia, che lentamente si spostava da sud verso nord. Lontano, sulla vetta del Cerro Murallon, già si delineava una minacciosa nube lenticolare. Ripartimmo accelerando il ritmo e già alle 7.20 giungevamo al culmine dello sperone di neve appena seguito. Qui alleggerimmo un po' i sacchi, deponendo sulla neve alcune cose inutili, e riprendemmo quasi di corsa.

Verso le 8 cominciò a offuscarsi anche la vetta del Moreno, ormai inconfondibile. La sfortuna ci perseguitava, ma non volevamo rassegnarci a una seconda rinuncia in soli due giorni; così continuammo. Prima che le nebbie lambissero completamente la montagna sopra di noi, ci fissammo bene negli occhi e nella mente la via da seguire rilevando tutti i vari punti di riferimento; poi avanzammo affannosamente per un lungo pendio uniforme che ci avrebbe condotti sull'antecima, e ancora oltre fin sotto la cresta della vetta.

Verso le 9.30 le nubi ci avvolsero completamente. Vento e nevischio cominciarono a martoriarci gli occhi e a ostacolare la respirazione, ma la volontà di arrivare sulla cima era più forte di tutto. Ogni tanto si affondava nella neve farinosa fino a mezza gamba, mentre la bufera colmava subito le orme dietro di noi. A orientarci era più che altro la costante direzione del vento. Arrivava anche, ad aiutarci, qualche rara e tenue apparizione del disco solare, fugace nella tormenta eppure prezioso. Guai se ci fossimo disorientati. Sapevamo che alla nostra sinistra scendeva un pendio crepacciatissimo, mentre alla destra precipitava d'un balzo una parete di seracchi. Superammo l'antecima, e di questa ce ne accorgemmo appena dal breve declino che veniva a interrompere la costante salita. Il tempo passava veloce e già nasceva la preoccupazione per il ritorno.

Verso le 11.30 qualcosa mutò. Fummo investiti all'improvviso da un vento fortissimo e teso che arrivava dalla nostra sinistra. Dalla nuova direzione della bufera, rivelatrice più di qualsiasi altro segno percettibile, comprendemmo subito di aver raggiunto il dorso sommitale. Proprio così, stavamo per giungere sulla vetta del Cerro Mariano Moreno. Ora ci investiva la tempesta dell'altro versante della montagna, quello rivolto all'oceano Pacifico e che nelle nostre mappe figurava come zona bianca con la scritta «inexplorado». Eravamo semiaccecati dalla tormenta, barcollanti di fatica, ma sentendoci vicini alla meta trovammo ancora la forza di avanzare, correggendo un po' a destra la direzione del nostro cammino.

Alle 12.30 le nebbie si sfilacciarono, diradando verso l'alto. E la vetta rugosa del Cerro Moreno comparve finalmente ai nostri occhi. In breve la raggiungemmo e ci trovammo circondati dal vuoto: la montagna scendeva da ogni lato fino a scomparire nella densa nuvolaglia.

Eravamo completamente incrostati di ghiaccio, ma in noi ardeva un'intima gioia: eravamo i primi uomini a giungere lassù e ci eravamo riusciti a dispetto della bufera.

Non avevamo tempo né modo di riposare, né potevamo attendere una schiarita; ci assillava invece il termine perentorio delle trentacinque ore che ci eravamo dati.

Come in salita anche in discesa fu la direzione del vento a guidarci.

Poi, sui 2800 metri di quota, la tormenta restò finalmente alle nostre spalle. Un sole debole, illanguidito dal vicino tramonto, ci accompagnò fino alla base della montagna dove arrivammo alle 19. Non avevamo di che nutrirci e per tutto il giorno ci aveva torturato la fame. Attratti dal cibo che quasi sicuramente doveva trovarsi al campo numero due, posto ai piedi del Cordon Adela, decidemmo per quell'approdo. Così sostenuti dalla speranza ricominciammo per la seconda volta a traversare l'immenso Hielo.

In quell'allucinante ritorno vi fu un momento magico, al tramonto, che riuscì a distrarci dall'incubo della fame.

La turbolenta catena antistante, verso cui marciavamo, arrossò; e da quel momento un caleidoscopio di toni caldi, dal rosso all'indaco, mutò progressivamente su un arco compreso tra il Cordon Marconi e il Cordon Adela. Al centro del quadro invece, di fianco alla mole indorata del Fitz Roy, il grande disco purpureo della luna continuò a navigare alto nel cielo via via più violetto. Infine, spentosi il crepuscolo, tutto, anche dentro di noi, ritornò grigio e terribilmente irraggiungibile.

La temperatura era rimasta al di sopra dello zero, perciò la neve molle e fradicia ci inzuppava fino alle ginocchia obbligandoci a una marcia lenta ed estenuante. La fame, la sete e il sonno erano diventati un tormento. Come non bastasse, quando la luce si affievolì incappammo in una zona di larghi crepacci, un pericoloso labirinto che ci rubò almeno un'ora per venirne fuori.

In quella marcia forzata sentii a un tratto la corda tendersi dietro di me. Pensai che Doro fosse scivolato in un crepaccio e mi girai di scatto nell'atteggiamento di bloccare la sua caduta: Doro giaceva disteso sulla neve, placidamente addormentato.

Marciavamo sotto la luna, ubriachi di stanchezza ma anche di quell'immensità che ci accompagnava. Le ginocchia ogni tanto cedevano per la fatica, allora ci si imponeva di continuare fino a un punto preso come riferimento, una gobbetta di neve per esempio, dove concedersi una breve pausa. Ma più ci si avvicinava e più questa gobbetta pareva retrocedere conservando sempre la stessa distanza da noi, proprio come un miraggio. A un certo punto riconobbi sulla neve una vasta chiazza scura. È qui che la notte precedente avevamo buttato via, in un impeto d'ira, ciò che era rimasto di una scatoletta di cacao amaro, sfasciatasi all'interno dello zaino. Ci gettammo di colpo su quella neve leccandola avidamente.

Alle 3.30 arrivammo ai piedi del Cordon Adela, al nostro campo numero due. Era quasi l'alba del 5 febbraio. Ma, disdetta, anche qui non trovammo i sospirati viveri. Il campo era sguarnito di tutto, in stato di completo abbandono. Due tende erano però lì ad accoglierci. A questo punto il sonno ebbe ragione sulla fame, ci buttammo sotto quei teli e subito ci addormentammo.

In trenta ore di marcia pressoché ininterrotta avevamo vinto la gara contro il tempo e anche contro la cattiva sorte. Avevamo percorso oltre settanta chilometri tra ghiacciai e pareti, ottenendo il primo vero successo della nostra spedizione.

Concatenamento di cime sul Cordon Adela

Il Cerro Moreno ci aveva talmente provati che quel giorno, 5 febbraio, dormimmo profondamente fino al pomeriggio. Quando ci svegliammo nessuno dei nostri amici che si erano assunti il compito di rifornirci era giunto con i viveri.

La situazione era davvero insostenibile, anche perché, così denutriti, ci sarebbe già stato problematico ripiegare fino al campo base, posto al di là del Passo del Viento e in cima alla valle del rio Tunel. Il nostro era un ripiegamento che urgeva fare subito, prima che ci abbandonassero del tutto le forze.

Ma come nelle storie a lieto fine, sul punto di avviarci ecco spuntare da lontano quattro uomini affardellati. Finalmente un imprevisto veniva a mutare in positivo le sorti della spedizione.

I rifornimenti ci consentivano ora un'autonomia di almeno quattro giorni. Dovevamo utilizzare bene questa possibilità che ci era data. Pensammo così di tentare l'indomani stesso, tempo permettendo, la scalata dell'inviolato Cerro Adela, che sovrastava il nostro campo.

Il Cordon Adela è una magnifica catena di cime ghiacciate a sud del Torre e costituisce la grande barriera che separa lo Hielo dall'arida pampa del lago Viedma. La vetta massima, da cui prende nome l'intera successione di vette, è di 2960 metri sul livello del mare. In un solo balzo di circa 1500 metri precipita sullo Hielo con un sistema di pareti e ripidi canaloni ghiacciati.

Il giorno dopo, 6 febbraio, fu brutto tempo, ma il successivo, seguito a una notte burrascosa, iniziò con un'alba bellissima. Partimmo senza indugi, Mauri e io. Il freddo era intenso e garantiva ottime condizioni sui pendii di neve. Un'ora dopo la partenza, alle sette, già eravamo ai piedi della grande barriera occidentale dell'Adela. Su questo versante dello Hielo la nostra montagna non presentava nessun lato facile e grande era il pericolo di cadute di ghiaccio. Sopra di noi v'era una selva di opulenti seracchi in bilico, pronti a sfasciarsi. Bisognava essere velocissimi. Giunti dunque ai piedi della barriera di ghiacci sospesi, puntammo direttamente su per il ripido e seraccato canalone ovest-sud-ovest.

All'inizio tutto era fermo e gelato, ma poco più tardi cominciarono a rimbombare intorno a noi le prime scariche.

Quel mattino eravamo straordinariamente in forma. Ricordo che rimontavamo quei ripidissimi pendii fidando unicamente sulle punte anteriori dei ramponi.

Guadagnati almeno cinquecento metri di dislivello ci legammo in cordata. Non che fosse necessario, ma lo facemmo soltanto per rispetto all'austerità della montagna. Due ore dopo la nostra partenza dalla tenda già stava sotto di noi il ripido canalone ghiacciato di novecento metri di dislivello.

Il pendio adesso si attenuava, però la temperatura si faceva sempre più rigida e in cielo correva una marea di bianchi cirri. Si preannunciava forse un mutamento di tempo? Accelerammo ancora il passo sostenendo quel veloce ritmo fin sulla cima, alle 10.50. Qui il vento era fortissimo e gelido, imponente però era anche il paesaggio, al cospetto del Torre e del Fitz Roy.

Rimanemmo lassù per oltre mezz'ora, poi sull'onda dell'entusiasmo ci balenò l'idea di percorrere l'intera e lunga cresta sud del Cordon Adela, passando di cima in cima. Avremmo così speso nel migliore dei modi il resto della giornata, ancora lunga davanti a noi. Scendemmo allora fino al colle da cui eravamo saliti e prendemmo la cresta dello spartiacque arrivando al secondo successo della giornata, vale a dire in cima all'altro vergine Cerro Adela Sud, di poco più basso. Da questa cuspide ci calammo sul lato opposto puntando direttamente al colle che separa l'Adela Sud dal Cerro Ñato, un bel picco di 2808 metri che raggiungiamo alle 12.30 esatte.

Mauri e io, oltre a trovarci perfettamente affiatati, quel giorno ci sentivamo in una forma fisica davvero smagliante. Procedevamo dunque spediti e sicuri l'uno dell'altro su ogni tipo di difficoltà, raramente dovevamo ricorrere al gradinamento sui ghiacci che affrontavamo.

Ma giunti nei pressi della selletta tra il Cerro Ñato e il Cerro Doblado (2675 m) ci trovammo improvvisamente sbarrata la via da un salto roccioso alto almeno cinquanta metri. Un chiodo per effettuare una calata a corda-doppia avrebbe risolto l'intoppo, ma noi di chiodi non ne avevamo davvero più, erano rimasti tutti sul Cerro Torre. Ci affidammo allora allo stesso duro ghiaccio. Così discendemmo prima un lastrone di gelo ripidissimo, poi, giunti sul ciglio di un salto rientrante, modellammo a colpi di piccozza un saldo fungo nel ghiaccio vivo, vi passammo attorno la corda, e per quindici metri ci calammo nel vuoto, a corda-doppia, risolvendo in tal modo il problema. Gli unici attrezzi in nostro possesso su cui poter contare per questa impresa erano corda, piccozza e ramponi, proprio come ai vecchi tempi dell'alpinismo; ma di quei tempi passati credo proprio che Mauri e io, quel giorno, provammo soprattutto lo slancio.

Soffici nebbie prendevano sempre più consistenza e a tratti ci avvolgevano completamente. Passammo un terzo colle e continuammo la traversata risalendo le pendici del Cerro Doblado. Alle tre del pomeriggio avevamo raggiunto anche questa nuova sommità. Ora davanti a noi si innalzavano le due cime del magnifico Cerro Grande. Sapevamo che la sua punta principale era già stata vinta, ma disponendo ancora di tanto tempo ci allettava l'idea di giungere anche noi lassù. Una breve sosta, allora, e via di nuovo alle prese con i salti ghiacciati della nuova vetta. La nostra cordata continuava rapidissima e in perfetta sincronia di movimenti alternandoci come sempre al comando a ogni lunghezza di corda. Spesso, quando il pendio lo consentiva, si procedeva insieme, uno dietro l'altro.

Poco dopo le 16 calcavamo la cima principale del Cerro Grande (2804 m) arrivandovi carponi e tenendoci ancorati al suolo con le piccozze, per non farci strappare via dal vento che era sempre più aumentato.

Eravamo consci che da quassù ci avrebbe aspettato una discesa complicata e sconosciuta. Tuttavia ci provocava l'esistenza dell'altra vetta ancora vergine del Cerro Grande, messa proprio lì di fronte, invitante. Come rinunciarvi? Non resistemmo infatti. Approfittando dei brevi squarci delle nebbie ci abbassammo verso il colle che divide i due Cerri. Poi superammo un esile spigolo di ghiaccio quasi verticale, ancora brevi salti gelati, paretine, crestine e infine ci trovammo ancora una volta ghermiti dal turbine sommitale, sulla seconda vetta del Cerro Grande (2790 m circa) che in seguito battezzeremo «Cerro Luca» in omaggio al neonato di Mauri.

Erano le 17.30 allorché incominciammo a calarci verso il colle, tra i due Cerri da cui eravamo venuti. E poi giù direttamente lungo la parete Nord. Le nebbie ormai infittite adesso rallentavano molto la nostra andatura e spesso ci ingannavano facendoci trovare di colpo in luoghi poco raccomandabili.

Compiendo salti incredibili risolvevamo il più delle volte i vari intoppi causati da crepacci o da impercorribili muri di ghiaccio. Un'ora dopo aver lasciato la cima del Cerro Luca, già camminavamo sulla vasta conca glaciale del Cerro Grande, ormai sparito nelle nubi. Continuammo la discesa sull'ignoto ghiacciaio che ci divideva dal pianeggiante Hielo.

Non fu cosa facile divallare, sia per l'esistenza di grandi crepacciate che tagliavano per intero il ghiacciaio, sia per la visibilità sempre più ridotta. Prese infine a nevicare. Passato un largo crepaccio, procedendo a cavalcioni su una sottile lama di ghiaccio sospesa, ci trovammo improvvisamente sul ciglio di una cascata di seracchi. Risolvemmo il problema con un'acrobatica calata a corda-doppia di venti metri, passando la fune ancora una volta attorno a una lama di ghiaccio sporgente. Spalancata sotto di noi, era una voragine cupa di cui non si scorgeva la fine. Non scorderò mai l'inquietudine provata quando vi ci calammo, pendolando sospesi nel vuoto.

Piegando a sinistra aggirammo ancora un'ennesima seraccata, e finalmente le incognite si esaurirono. Ora nevicava fitto, il vento ci riempiva gli occhi di polvere gelata, il solito ritornello patagonico. Ma ormai nulla poteva impedirci di avanzare sicuri verso lo Hielo.

Alle 21 circa, mentre calava la notte, ridotti come due bianchi fantasmi, giungemmo alle due tende del nostro campo numero due, lo stesso che già era stato da noi indicato fin dall'inizio col nome di «Valle della Fame».

La conquista del «G4» (1958)

Dopo la conquista del K2 nel 1954, quattro anni più tardi l'Italia organizza la sua seconda spedizione nazionale sulla grande catena asiatica; e anche stavolta ne faccio parte. Meta è l'ancora inesplorato Gasherbrum IV, o G4, nella sua contrazione. In lingua hurdu significa «Monte Lucente» o «Montagna di Luce». È un picco slanciato e superbo di 7952 metri, la quindicesima tra le più alte montagne della Terra, ma di queste è certamente la più difficile. Forse è invincibile (erano in molti a crederlo a quel tempo) ma per me rappresenta la più affascinante delle sfide.

6 agosto 1958, il giorno della sua conquista.

Carlo Mauri e io, alle 12.30 esatte posiamo piede sul G4. È un'esile cresta su cui stiamo eretti a malapena tra raffiche di vento che sembrano volerci strappare di dosso i vestiti. La rarefazione dell'aria, il gelo e la bufera che era andata preparandosi e che adesso è prossima a scatenarsi non consentono il minimo rilassamento. La vetta, al suo culmine, non è che un pinnacolo spoglio di neve sul suo versante occidentale, a causa dei venti prevalenti. Sul lato orientale, invece, incollata orizzontalmente alla roccia, si protende, completamente sospesa nel vuoto, una candida calotta nevosa. Sarebbe sicuramente invitante, se non fosse appieno proiettata nel vuoto. Lì dove siamo, sfugge sotto i piedi la grande «parete lucente», un salto netto di oltre 2500 metri.

Vorremmo concederci almeno un sorso di tè, ma con il suo contenitore sono diventati un solo blocco di ghiaccio. Restiamo quassù soltanto il tempo di fotografare il paesaggio, e anche noi stessi.

Ma il rullino nella macchina è esaurito, occorre sostituirlo. Maneggiare un apparecchio fotografico in simili condizioni, e per lo più a mani nude, è un'impresa. Riavvolta a fatica la pellicola impressionata, nel ricaricare la macchina il gelo spezza il nastro di un primo rullino a colori.

Poi ne sbriciola un secondo, che è anche l'ultimo. È incredibile, paradossale arrivare alla conclusione di un'impresa durata interi mesi e non poter fermare l'avvenimento, il paesaggio attorno, l'emozione di un momento unico e tanto atteso. Siamo delusi e sconfortati. Già stiamo rassegnandoci, quando di colpo ho un'intuizione. Svuoto il sacco e ne frugo ogni cavità. Cosa vi trovo? Un «percepito», ma da tanto tempo dimenticato, rullino in bianco e nero. Quando il gelo sta ormai per irrigidirmi le mani, quella prodigiosa pellicola, assai più docile, si lascia facilmente avvolgere. Posso così ritrarre le preziose immagini della cima.

Ma adesso è proprio tempo di sloggiare, anzi di scappare per sopravvivere. Torniamo obbligatoriamente sul piccolo dente che aveva preceduto la vetta, e da qui, recuperando i chiodi usati in salita, li riutilizziamo per ancorare, una dopo l'altra, tre veloci calate a corda-doppia. Poi affrontiamo i pinnacoli e le taglienti creste già percorsi in salita lungo la cresta nord-orientale. Ebbene è qui, sulla così da noi nominata «torre nera», che comincia a nevicare, e presto i turbini e le raffiche ci sferzano e ci accecano.

La tormenta tocca il suo culmine quando raggiungiamo alle 18.10 il sesto campo. Tanta furia pare quasi una vendetta della montagna appena vinta.

Entrati nella piccola tenda ancorata saldamente alle rocce, non desideriamo altro che bere e ancora bere, trovandoci fortemente disidratati. Abbiamo un grande freddo e siamo scossi da brividi inarrestabili. Ma tanto di questo freddo, non ci verrà forse anche dall'angoscia per quello che ancora ci aspetta? Da qui domani dovremo calarci in mezzo a un inferno di elementi scatenati.

La notte passa insonne e già alle sette siamo alle prese con la discesa.

Ogni prezioso minuto guadagnato sarà un grande ostacolo in meno da superare. La tormenta da ieri sera si è inasprita. Le rocce sono ora sparite, completamente sepolte nella neve. Le slavine cadono senza posa e vengono all'istante turbinate dal vento. In tal modo creano nuvole di polvere gelata e accecante, che rendono l'aria irrespirabile, quasi solida.

Procediamo tentoni, ormai incrostati di ghiaccio, sempre annaspando sotto il manto nevoso alla ricerca di una roccia, o di una corda precedentemente fissata a cui aggrapparci. Quando la troviamo vi ci appendiamo completamente, anche se è ormai ridotta a uno spesso salsicciotto di ghiaccio. A proteggerci le mani sono soltanto semplici guanti di lana (così era a quel tempo).

Avanzando in tal modo, arriviamo sul mezzogiorno in prossimità del quinto campo. Ci raggiungono lontani richiami, sono quelli di De Francesch e Zeni, là saliti ieri e poi rimasti ad attenderci. Udita la nostra voce, i due amici escono dalla tenda per venirci incontro. Eccoli, come fantasmi, a pochi passi da noi. Ci abbracciamo, parliamo, ma a un tratto De Francesch, accecato da un vortice, svanisce ai nostri occhi inghiottito dal precipizio. Restiamo impietriti a vederlo filare a testa in giù tra sfagli di neve, e poi scomparire nell'opacità della tormenta. Ma rieccolo là sotto in una fugace schiarita, piccolo corpo scuro che rotola sul pendio evanescente, senza rilievo. Sparisce di nuovo. Riappare ancora più in basso, puntino sempre più piccolo, quasi indistinto. Adesso è immobile. No, si muove. È vivo! De Francesch è finito almeno duecento metri più sotto, fino al termine del pendio. Lo ha salvato soltanto la grande quantità di neve caduta in queste ventiquattro ore. Avanza adesso carponi, lentissimo, nella neve soffice e profonda che lo ha risparmiato. Si dirige verso il colle. È sotto di noi. Là ci ricongiungiamo. È incredibilmente incolume.

Nello stesso pomeriggio caliamo verso il quarto campo, qui troviamo altri compagni. L'indomani proseguiamo tutti verso il terzo campo, il secondo, e così via sino al campo base, sempre flagellati dal maltempo monsonico.

Lo raggiungiamo tre giorni dopo aver conquistato la vetta del G4.

Da «G4» (1959)
di Fosco Maraini

(...) Mauri, un po' come Riccardo Cassin, è una forza elementare della natura. In Riccardo, però, gli anni sono scesi ad arricchire il carattere d'una dolce saggezza. Riccardo ha un'esperienza che sembra infinita di montagne e di uomini, ed essa lo rende rispettoso verso le prime, pieno di comprensione per i secondi. Carlo Mauri invece ha ancora tutti gli sfulmini e gli strapiombi dell'animo intatti. Se Carlo ha fame è una fame da eroi omerici; i suoi amori non conoscono ostacoli; in lui si levano tempeste di odio o calano bonacce improvvise. Può essere incantevole e pericoloso, a seconda dei venti che gli spirano in cuore. Tutto è palese. Non vi sono misteri né bronci. In un certo senso ha lo spirito, oltre il fisico del cavaliere senza macchia e senza paura.

Completamente diverso è Walter Bonatti. Chiuso e complicato, egli nasconde in qualche profondo recesso una forza spaventosa, sovrumana, della quale ha quasi paura. Puoi restargli settimane vicino come compagno, e allora è d'una gentilezza costante e uguale, talvolta squisita, che si frappone però come un velo d'acciaio tra lui e il mondo. Forse la vita è stata dura con Walter in segrete maniere, attraverso i lontani paesaggi dell'infanzia; la sua prima reazione dinanzi a qualsiasi evento è sempre di sospetto: «Perché dici questo?», «Con che spirito mi chiedi ciò?» Soltanto un miracolo, e raramente, lo porta ad abbandonare simile posizione di difesa, per aprirsi davvero e avvicinarsi. Durante questi giorni il miracolo, non so come, è scattato. E sono stati giorni sereni d'amicizia.

Walter e Carlo! Dall'unione di due personalità così profondamente diverse si è costituita una cordata davvero irresistibile. L'uno è la forza ragionata e cauta, l'ardire misurato e preciso, quasi felino; l'altro è l'urto, l'ardore, l'esplosione appena imbrigliata. Un uomo completa e integra l'altro. Sono profondamente amici; non solo di fronte alla montagna, alla pietra e al ghiaccio, ma di fronte alla vita. Carlo è un poco il ponte tra Walter e il mondo umano; Walter, per il quale Carlo ha una venerazione che forse non vorrebbe neppure ammettere a se stesso, ma che traspare a chi gli sta vicino, rappresenta forma e stile per la sorgente delle sue primordiali energie. È giusto, non solo per la superiorità su noi tutti, che questi due uomini costituiscano la cordata della vetta, ma anche perché non ha luogo alcuna altra integrazione così perfetta di caratteri tra le combinazioni e permutazioni immaginabili nel gruppo.

(...) Una sera specialmente è stata bella. Un altro dei nastri del magnetofono porta registrati certi canti degli Inca. Mentre la tenda si riempiva di note della lontana Bolivia, del Perù, del Cile, dell'Argentina, Walter e Carlo mi parlavano incantati dei paesaggi, delle amicizie, delle montagne sudamericane. Poi, non so come, il discorso è tornato più vicino a casa; e Walter ha raccontato per filo e per segno quella sua leggendaria traversata delle Alpi in sci, dal Friuli al Piemonte, di cui si dovrebbe davvero pubblicare qualche ricordo. Abbiamo percorso con lui certe remote e serene valli boscose delle Alpi Carniche che nessuno vedrà mai, di cui però ci è rimasto in cuore una improvvisa nostalgia, poi abbiamo rivissuto notti lunari sui passi e certe tempeste nelle quali sembrava giunta davvero l'ultima ora; infine ecco i ghiacciai criniti dei pennacchi bianchi della neve nel vento, laggiù, oltre il Cervino. Siamo andati a dormire tardissimo: alle 9.30. Ah la montagna! Ne parliamo talvolta come d'un'amante lontana. Ma queste cosa sono? «Tutto quello che vuoi, ma non montagne come abbiamo imparato a conoscerle!» A momenti paiono soltanto Grandi Ostacoli. (Eppure ogni giorno ecco inaspettatamente alcuni attimi divini per farci ricredere e pentire...)

(...) Il sole picchia col solito furore infernale, ma oggi non lo sento; ho fissato il binocolo alla tenda e ho trovato un sistema per tenerlo ben fermo. Non voglio perdere un istante di questo spettacolo, il quale non solo è di prim'ordine dal punto di vista sportivo, ma è commovente dal punto di vista umano. I nostri compagni lassù sono davvero un simbolo, se mai ve ne fu uno, dell'uomo e dell'universo, soli, misteriosamente soli, l'uno di fronte all'altro; dello spirito che vuol conoscere, possedere il mondo, superare le crudeli barriere della finitezza che ci lega a un istante, del peso che ci schiaccia sulla terra.

La fatica dev'essere spaventosa. Basta seguire il disegno, buttato giù alla meglio in quei momenti, le ore e i minuti dei passaggi, per rendersene conto. Dalla cresta delle

Cornici al Campo Sesto sono circa 250 metri di dislivello; per superarli sono occorse circa sette ore; appena 35 metri all'ora! Ogni tanto una figura avanza, poi si ferma e resta immobile a lungo. Potessi sentire i fiati ansimanti, il rantolo! Ma forse è meglio così, uno spettacolo muto: sarebbe troppo penoso altrimenti per noi immobili quaggiù. Riguardo agli uomini, c'è poco da dire: Bonatti è un dio. Quando tocca a lui vedo il puntino rosso della sua maglia che avanza, vorrei dire senza sforzo, certo con decisione e leggerezza uniche, fino al punto di sosta; gli altri a paragone sono creta e terra, umile carne umana. Non me ne vogliano i miei compagni, se dico questo: ci sono certe superiorità che non si discutono, sono quasi un dono divino, resterebbe soltanto da celebrarle come facevano saggiamente i greci antichi, con un inno. Simile a Walter, oggi ricordo soltanto Emilio Comici. Ma le sue salite ebbero luogo a tremila metri: chissà se avrebbe reso lo stesso quassù? La suprema altezza è una dimensione nuova, un'incognita per tutti.

(...) Col 6 agosto vittoria sul Gasherbrum IV; ma anche mutamento grosso del tempo. (...) Saranno arrivati in vetta? Dove saranno ora? Con tutti questi pensieri ci mettiamo a dormire; ma chi può dormire? Il nostro pensiero è lassù, mentre la tenda per tutta la notte è sconquassata dalla tormenta. Nevica molto forte. (...) 7 agosto, tempo orribile, nebbie basse, nevica. Bonatti e Mauri, dopo una notte funesta, sbatacchiati dal vento, stanchissimi, riarsi dalla sete, morsi dal gelo, hanno avuto la forza di partire con le prime luci dal campo sesto. (...) Cosa dev'essere stato quel ritorno! Una di quelle esperienze che ci portano talmente vicino alla distruzione finale che poi diventa una pena ricordarle. Non c'è stato verso, dopo, di farne parlare i due; sembrava che le forze del subconscio volessero difenderli da un ritorno, anche nella memoria, su quelle lastre, su quei denti dove non si capiva più nulla, succhiati e maciullati dai vortici della tormenta. «La neve nei canali e nei camini saliva verticale bucando la faccia, sembrava un'esplosione», accennerà poi Carlo. Chiunque ha fatto della montagna si è certamente trovato in una bufera e può immaginare queste due ombre sospese sul nulla nel picchiettio feroce della neve gelata, nei turbini di neve farinosa sollevata dalle raffiche, con le corde che si tendono orizzontalmente ad arco tra l'uno e l'altro.

Ma qui, bisogna ricordare, siamo a 7500 metri, stiamo cercando una via giù per le placche, i diedri, le nevi d'una cresta «che sarebbe di grande impegno anche sulle Alpi», sopra continui abissi. E i due uomini, le due ombre, hanno dietro di loro giorni e giorni di sforzi sovrumani, una vetta che sfiora gli ottomila metri, fame, sete, nottate interminabili d'insonnia. (...) La bufera imperversa... Che importa in questo momento la vittoria? Ciò che conta è soltanto vedere che sono salvi! Quando sono più vicini dicono: «Abbiamo vinto!»

(...) Oggi, 8 agosto al quarto campo, di nuovo giornataccia. «Tutta la notte non ha cessato di nevicare», annota Cassin. (...) Ore 22.30. Il tempo, con uno di quei repentini cambiamenti caratteristici di queste regioni, è mutato. Il cielo è sempre coperto, ma un freddo boia è disceso di soppiatto dalle cime. Agli improvvisi chiarori delle lampade o delle fiammelle di gas scorgo le facce dei miei compagni. Che tremenda esperienza dev'essere stata la cresta e la vetta! Fanno paura. A guardarle mi prende una commozione che arriva quasi alle lacrime. Sputo sulla retorica odiosa, ma questi sono i volti degli eroi. Ciò che fa più impressione è vedere degli uomini fortissimi, dei colossi di fisico e di volontà, svuotati, mangiati dal di dentro, ridotti come cenci. Carlo Mauri cammina di qua e di là imbambolato, quasi avesse ricevuto dei colpi in testa. Toni Gobbi è uno spettro barbuto di fuggitivo da un campo di concentramento; la voce fioca gli gorgoglia penosamente nelle canne. Il volto di Bepi De Francesch è tutto una piaga, gambe e braccia paiono smisuratamente lunghe, come fosse un ragno. Zeni e Taqi sono violetti, Zeni non parla più, sospira. Cassin è di nuovo gonfio, tumefatto. Solo Walter, il miracolo Bonatti, sembra quasi indenne fisicamente, e inoltre – ciò ch'è più meraviglioso – gode il pieno e assoluto possesso delle proprie facoltà mentali. Sorride; si muove spigliato; sembra torni adesso da una passeggiatina su per qualche guglietta dietro il rifugio, che gli abbia messo appetito e l'abbia più che mai rinfrancato nel gusto di vivere. Che straordinario campione! C'è poco da dire: siamo di fronte all'esemplare d'una specie diversa da quella degli uomini comuni di carne e ossa, pesanti e perituri.

La notte freddissima passa lentamente e agitata nelle tende colme di gambe, teste, sederi. La mattina del 9 agosto è radiosa, ma gelida: cielo sereno, neve fresca, sole sulle vette. Scendiamo tutti al campo base, dove il capitano Dar ci accoglie con grandi segni di cordialità, esprimendo la più affettuosa ammirazione per i due vincitori. (...)

Sul Pilastro Rosso di Brouillard (1959)

4 luglio 1959. A mezzanotte lasciamo alle nostre spalle la capanna Gamba. Non c'è luna, perciò mettiamo in funzione le pile frontali. Manca completamente il gelo della notte. Il che, oltre a minare la stabilità del tempo, rende molle e cedevole la neve come in pieno giorno. Camminarci sopra è un vero castigo.

Ai primi albori ci troviamo ancora molto bassi, in prossimità del colletto quotato 3438 metri. Vediamo formarsi un collare di nebbia attorno all'Aiguille Noire de Peuterey. Abbiamo un attimo di esitazione, ma è soltanto per un cattivo pensiero, che scacciamo non appena queste nebbie si dissolvono.

È così che ci inoltriamo ancora una volta nel difficile ghiacciaio di Brouillard. La neve caduta nei giorni scorsi resta abbondante.

Verso le otto affrontiamo il canalino ghiacciato di venti metri che conduce alla base del Pilastro Rosso. Udiamo un rumore improvviso. Un centinaio di metri sopra di noi una grossa stalattite di ghiaccio si è distaccata e sta piombandoci addosso. Istintivamente mi appiattisco contro la parete. Uno schianto lacera l'aria, seguito da altri colpi più sordi. Ho appena il tempo di alzare le braccia, proteggermi il capo e sono investito da una gragnuola di ghiaccioli. Senza danno però. Meno fortunato è invece Andrea Oggioni, il mio compagno, che sotto di me viene colpito da una scheggia gelata in pieno volto, tra occhi e naso. L'incidente non è affatto trascurabile ma al momento non posso fare niente per lui: urge toglierci da questo luogo pericoloso. Sanguinante e tramortito dal colpo, il mio compagno mi segue fin sopra le difficili placche ghiacciate, dove finalmente posso medicare le sue ferite.

L'ancora vergine Pilastro Rosso si rivela fin dall'inizio una delle più belle, più lunghe e più difficili scalate che abbiano come punto d'arrivo la cima del Monte Bianco. La giornata è splendida e tutto fila via regolarmente, quasi senza storia.

La sua cima, cinquecento metri di verticale obelisco, è raggiunta alle 18.30: un magnifico risultato. Una volta lassù, e ancora in pieno giorno, ci rendiamo conto che prima che sopravvenga il buio potremmo benissimo giungere alla sommità del Picco Luigi Amedeo. Domani di buonora potremmo perciò percorrere la cresta di Brouillard per gustarci poi l'arrivo sulla cima del Monte Bianco al nascere del sole. Invece, quasi ignorando le tre ore di luce che ancora ci rimangono, decidiamo per una volta di non strafare, e con più umiltà ci rimettiamo al programma già previsto, rimanendo qui dove siamo giunti.

Scavalchiamo allora la cresta sommitale del nostro Pilastro, poi con una breve calata a corda-doppia ci abbassiamo sulla selletta che collega appunto il Pilastro con la parete del Picco Luigi Amedeo, e qui, liberato dal ghiaccio un buon terrazzo, ci disponiamo al bivacco.

Benché soddisfatto del risultato ottenuto, non mi riesce però di prender sonno, perché di ora in ora cresce in me un cattivo presentimento. Temo infatti che il tempo stia per giocarci un brutto scherzo, poiché la temperatura nella notte subisce un insolito abbassamento e le stelle appaiono troppo lucide.

Passano alcune ore e in cielo si va formando un sottile velo di foschia. Sveglio Oggioni informandolo della situazione, ma lui senza neppure sporgere la testa dal sacco da bivacco risponde: «Davvero?» E si riaddormenta. La foschia diventa sempre più opaca. Non c'è alcun dubbio, è in arrivo il maltempo! Così una volta ancora devo pensare al modo più rapido e sicuro per toglierci domattina da quassù. E intanto mi rimprovero di non aver proseguito ieri sera fino al Picco Luigi Amedeo. Avremmo guadagnato ore preziose. Rifletto, rimugino, e infine concludo che quando – già l'ho sperimentato – si manifestano questi sintomi notturni, il maltempo sicuramente si scatenerà di primo mattino. Non ci resta perciò, già ai primi albori, che riprendere la scalata e poi correre, a più non posso, fin alla cima del Monte Bianco.

Guardo l'orologio, sono le due e trenta. Fra un'ora l'aria si farà chiara. Sveglio ancora una volta Oggioni. Un minuto più tardi, quando riprende a russare, mi arrabbio e lo scuoto in malo modo. Da lì a poco, mentre ci prepariamo a ripartire, se ne esce così: «Ho passato una notte davvero tranquilla. Non che me ne infischiassi del maltempo in arrivo, però c'eri tu a preoccupartene. Era inutile che anch'io stessi in ansia». Ci facciamo una gran risata, ma sarà l'ultima.

Riusciamo a muoverci alle 5.10, imbacuccati di tutto ciò che disponiamo, ma battendo i denti per il grande freddo ormai sopraggiunto. Il vento infuria. Intorpiditi e goffi nei movimenti ci impegniamo a fondo su una prima placca di quindici metri. Sono costretto a piantare un paio di chiodi là dove ieri sera saremmo passati quasi senza accorgercene.

Verso levante, e fin sulle montagne del Vallese, comincia a lampeggiare.

È in movimento un grosso temporale. Si palesa come un polipo nero aggrappato al cielo e avvampato da rossi bagliori. Quando arriva da oriente, dicono i vecchi della montagna, la tempesta è breve ma furiosa. L'altissima velatura che anticipa la burrasca invade ormai il cielo fino a ponente, e va a fondersi con le montagne del Delfinato. Non c'è dunque speranza, si deve proprio scappare al più presto!

Sul Picco Luigi Amedeo, da noi raggiunto verso le otto, ci investono potenti raffiche gelate. L'uragano è in arrivo, è ormai sul cielo di Ginevra, lo vediamo. Adesso nubi bianchissime contro il cielo violaceo sfiorano la vetta del Monte Bianco, poi ne avviluppano i fianchi. Il vento urla tra i pinnacoli della cresta di Brouillard, che già stiamo percorrendo, e tale è il frastuono che non riusciamo a parlarci, a comunicare.

C'è poi il fatto che il freddo ci inchioda le mascelle. La cresta è ancora molto innevata, e così le sue aeree cornici invitano a prendere tutte le precauzioni, che però rallentano il cammino.

Le nebbie sono calate e ci avvolgono. Verso le 10.30,

quando già stiamo per concludere la parte rocciosa della lunga cresta, di colpo ci arriva addosso una tempesta di neve. Rapidi superiamo quegli ultimi trenta metri di rocce facili. Ora l'aria si riempie di strani suoni, che decifriamo soltanto quando ci invade un pungente pizzicore in tutto il corpo.

«La folgore!» gridiamo all'unisono, buttando via le piccozze e correndo all'impazzata giù dal pendio roccioso che avevamo appena guadagnato. Siamo spaventati e confusi. Leviamo dallo zaino il sacco da bivacco, che è di tela gommata, per avvolgerci e isolarci dall'elettricità che qui si va condensando. Intanto esplodono i tuoni tutt'intorno.

È una maledetta situazione! Siamo a oltre 4600 metri di quota su una delle più lunghe creste che portano sulla cima del Monte Bianco, e sebbene la conclusione sia ormai vicina sono i fulmini e la bufera a bloccarci. Non è possibile continuare, ma neppure possiamo rimanere tanto a lungo quassù, in questa condizione. Dopo un po' riponiamo i teli gommati, però non osiamo toccare le piccozze che ancora vibrano per l'elettricità che c'è nell'aria. Ci decidiamo infine a impugnarle, e a riprendere la salita. Riteniamo sia troppo rischioso avanzare sul filo di cresta, così ci spostiamo sul ripido pendio sud-ovest. Per nostra fortuna lo spessore della neve appena caduta non è ancora tale da creare slavine sul grande scivolo su cui procediamo.

Mezz'ora dopo, nel bel mezzo del ripido pendio, si rovescia su di noi una grandinata che stavolta scorre a fiumi giù per lo scivolo. Ci avrebbe sicuramente strappati via se non ci fossimo ancorati con le piccozze. Cessa l'ondata di grandine. Ma la sua spessa coltre, che pesa sulla parete, crea un serio pericolo di slavinamento sull'intero versante della montagna. Dobbiamo toglierci rapidamente anche da questo luogo.

Ora puntiamo direttamente alla sommità del Monte Bianco di Courmayeur, che è l'antecima della vetta massima. Arriva ancora una seconda ondata di grandine, e poi una terza che presto si tramuta in fitta neve. Il vento è sempre tesissimo e tutt'intorno si schiantano i tuoni.

Siamo costretti ancora una volta a buttare le piccozze, impazzite. L'aria frigge satura di elettricità. Oltre al pizzicore in tutto il corpo, ora sembra che una mano invisibile voglia strapparci i capelli che sporgono dal copricapo. È una tortura soprattutto psicologica. Adesso, insieme ai lampi guizzanti, compaiono nell'aria anche le fiammelle azzurre e fuggevoli dei fuochi di Sant'Elmo, piuttosto sinistri in quel cielo fosco che attraversano. Ancora una volta restiamo a lungo immobili e terrorizzati nella neve che tende a ricoprire anche noi, fino a farci diventare minuscole sporgenze sul pendio.

Passa altro tempo, non so quanto, finché troviamo il coraggio di muoverci. Allora puntiamo verso alcune rocce che appena intravediamo nella bufera. Dobbiamo assolutamente arrivare sul Monte Bianco di Courmayeur e proseguire fino all'ancor più lontana vetta vera e propria.

Soltanto di lassù riusciremo a scappare giù dal lato opposto per raggiungere la capanna Vallot. Ma già da adesso non dovremo assolutamente commettere il minimo errore di orientamento nel passare da una cima all'altra. Perché la Brenva è appena lì sulla destra, in agguato, con le sue sporgenti cornici, sospese su una parete che cade nel vuoto con un salto di milleseicento metri.

Giunti in prossimità di quella zona tanto pericolosa azzardiamo brevi passi per volta, nella presumibile direzione della cima che ancora non vediamo. Ma poco dopo, svanite dietro di noi le rocce della Tourette che ci erano servite da orientamento, ci sentiamo nuovamente in balia del caso.

Passa il tempo senza che arrivi una schiarita. Il vento carico di neve ci ha totalmente incrostati di gelo, e ci siamo ormai abituati anche alle saette e ai tuoni. Paradossalmente è diventato quasi un gesto normale buttare la piccozza appena sentiamo avvicinarsi il fulmine, e poi riprenderla.

Se tardiamo a liberarcene, avvertiamo una specie di paralisi al braccio che la impugna; ogni tanto abbiamo anche la sensazione di sentirla come incollata, o meglio calamitata alla mano che la regge ed è difficile mollarla.

Procediamo a zig-zag, cautamente, anche carponi quando nella bufera ci sembra di intravedere un pericolo. Capita di scambiare un ròciolo di neve con un crepaccio, o un burrone. Succede persino di confondere una semplice cunetta con l'abisso della Brenva. Si affonda talmente nella neve alta che a tratti neppure si capisce se si va in salita oppure in discesa.

Capita una cosa strana. Dopo tanto cammino ho la sensazione di trovarmi ancora sul falsopiano che precede la sommità. E allora mi chiedo dove sia questa benedetta vetta. Poi d'improvviso vengo investito frontalmente dal vento impetuoso che mi sbatte in faccia una gragnuola di ghiaccioli pungenti. Un attimo dopo mi pare di scorgere, vicinissima, nientemeno che una coturnice bianca lì appollaiata sulla neve. Mi immobilizzo incredulo.

L'uccello scappa velocissimo, rasoterra. Ma un attimo dopo ritorna, e di nuovo fugge nella stessa direzione.

Da quando in qua, mi dico, le coturnici arrivano fin quassù e in piena tempesta? Mi scuoto, e quando ancora una volta muovo un passo verso la coturnice... ho una folgorante rivelazione: sono sulla vetta del Monte Bianco!

Ecco infatti le vecchie impronte lasciate da un alpinista probabilmente in un giorno di scirocco. Eccole inconfondibili, indurite dal gelo e spazzate dal vento. Che sciocco, mi dico, per aver scambiato un'impronta umana per una coturnice. Colpa del vento che, mulinando la polvere di gelo intorno all'orma, ha potuto farla sembrare un bianco volatile in movimento. Il nuovo vento fortissimo che rade la vetta è quello di nord-est, dal quale finora eravamo rimasti protetti, ed è proprio lui a dirmi che siamo sulla cima del Bianco. «Siamo in vetta!» urlo al compagno che incredulo si avvicina per abbracciarmi. È la prima volta che Oggioni raggiunge i 4810 metri della punta del Monte Bianco. È stupefatto, ma anche un po' perplesso.

Sono le 15.30, e ci sono volute cinque ore per un percorso che normalmente ne richiede soltanto un paio. Non c'è un solo minuto da perdere, altre incognite ci attendono. Orientandomi sempre con il vento mi dirigo verso la cresta opposta al lato da cui siamo venuti. È la cosiddetta cresta delle Bosses, che corrisponde alla via normale del Bianco, ed è la stessa che conduce alla capanna Vallot.

Dapprima, sulla cresta aerea e sferzata emergono vecchie tracce a indicare la via, ma dieci minuti più tardi, nei pressi della Tournette, dove il percorso torna a essere complicato, ci troviamo senza riferimenti, sprofondati dentro instabili banchi di neve accumulata dal vento. Il solo vantaggio rispetto a prima è che fulmini e tuoni sono andati via via scemando. La visibilità però è sempre nulla.

Ci vorranno altre due ore di cieco girovagare per raggiungere la sospirata Vallot. Per due volte ci eravamo infatti avvicinati ma l'avevamo scambiata per un seracco.

Alla capanna Vallot, a questa squallida, e lercia, ma ben ancorata boa di salvezza cui tanti alpinisti devono la vita, rivolgo la mia gratitudine.

Ancora una volta posso rifugiarmi in questa maltenuta scatola di lamiere cigolanti, e attendere al sicuro che il Monte Bianco sfoghi la sua rabbia.

Al tramonto il vento del nord disperde la tempesta, come d'incanto. Illuminato degli ultimi raggi radenti, il cono del Monte Bianco riappare etereo nel vento polare che fa fumare le sue creste. Ora abbiamo veramente vinto. Domani prima del sorgere del sole scenderemo a valle.

Con il naso schiacciato contro i vetri, Oggioni ammira ancora una volta la sua vetta che, ironia della sorte, ha potuto toccare prima ancora che vedere.

Poi cala la notte, ci avvolgiamo nei nostri sacchi gommati, e come tante altre volte ascoltiamo l'urlo del vento, ma con la ritrovata gioia di vivere.

La grande tragedia del Pilone Centrale (1961)

Tra il mormorio sommesso del gruppetto poco discosto riconosco la voce del dottor Bassi: «Incredibile, almeno da ventiquattro ore ha in corso una azotemia al di là dei limiti di sopravvivenza». La notizia mi lascia indifferente, e neppure mi preoccupa lo stato delle mie mani, rosicchiate dalla roccia e dal gelo, né quello degli occhi ancora gonfi e bruciati dalla bufera.

Mi spunta da un braccio una cannuccia che fa fluire lentamente un liquido nelle mie vene impoverite. Eppure mi sembra di rinascere rispetto a qualche ora fa. Il letto che mi accoglie nella penombra della casa è caldo e asciutto. Nel tepore vivificante di questa immobilità sento le ossa dentro il mio corpo ricomporsi come fossero state spezzate.

Passano le ore. Il liquido della flebo ha finito di stillare. Regnano finalmente il silenzio, la calma, ma non dentro di me dove non cessa un solo momento l'incubo di precipizi, bufere, folgori, volti, disperazione, morte.

Ricostruisco l'incredibile mosaico.

Andrea Oggioni, Roberto Gallieni e io da una parte, e i francesi Pierre Mazeaud, Pierre Kohlmann, Robert Guillaume e Antoine Vieille dall'altra, gli uni ignari degli altri, ci eravamo incontrati la sera del 9 luglio al bivacco fisso della Fourche; i francesi già erano là dal pomeriggio. Ebbene, all'istante fummo tutti sorpresi e sconcertati, ma capimmo subito che soltanto il caso era stato a portarci qui lo stesso giorno, per la stessa meta. Poco bastò pertanto, correttamente, a farci sentire tutti sulla stessa lunghezza d'onda. Decidiamo allora di unirci formando un solo gruppo di sette uomini nel nome di quella solidarietà che non conosce frontiere né discriminazioni. Così l'alba che segue, lunedì 10 luglio, pur divisi in tre distinte cordate, attacchiamo insieme l'inviolato Pilone Centrale del Monte Bianco. È un problema alpinistico di indubbio interesse, sia per l'eleganza dell'imponente rosso Pilone, sia per la sua alta quota, e sia anche per il suo severo isolamento rispetto a ogni altra via che sale alla vetta massima. Va detto infine che, se ben nota è la mia familiarità col Monte Bianco, i quattro nuovi amici sono i migliori scalatori francesi del momento. Ben combinato è dunque il nostro gruppo.

È bel tempo e la pressione barometrica si mantiene alta. Le nostre tre cordate si sono alternate al comando della scalata, e in un giorno e mezzo soltanto siamo giunti da Courmayeur fino a ottanta metri appena dalla cima del Pilone Centrale. Ma è proprio qui, sul mezzogiorno dell'11 luglio, che inizia la tragedia più allucinante mai toccata ad alpinisti esperti sul Monte Bianco.

Mentre arrampichiamo spediti per raggiungere la base della cuspide del Pilone, abbiamo notato il formarsi di nebbie erranti sopra di noi. La cosa non ci preoccupa più di tanto, dato il successo ormai vicino. «Saremo sulla cima prima di un'eventuale bufera», ci diciamo. Invece il temporale ci coglie in pieno, un'ora più tardi, sull'ultimo tratto dove già abbiamo guadagnato una quarantina di metri strapiombanti. Ci caliamo rapidamente lungo le corde lasciando in parete chiodi, corde, moschettoni e staffe.

La tempesta di neve si scatena violenta mentre ci riuniamo tutti su poche cengette esistenti alla sommità di quella che chiameremo *chandelle*, un caratteristico spuntone di quindici metri, che fa da piedistallo alla strapiombante cuspide finale.

Tuoni e lampi sfolgorano tutt'attorno, l'aria è satura di elettricità, il vento ci butta sul viso polvere di neve accecante. Siamo a oltre 4500 metri, su quel Pilone che è il parafulmine del Monte Bianco. Noi tre italiani ci sistemiamo su una piccola cengia; i francesi stanno organizzandosi in due gruppi quando all'improvviso Kohlmann viene sfiorato al volto da una folgore. Sotto la sferza di fuoco sta per accasciarsi: Mazeaud con un balzo lo afferra e riesce a sostenerlo. Kohlmann per alcuni minuti rimane come paralizzato. Cerchiamo della coramina e Mazeaud gliela fa ingoiare. Finalmente il compagno si riprende e possiamo finire di sistemarci.

Mentre infuria la tormenta, la situazione è la seguente: su un terrazzino siamo sistemati Oggioni, Gallieni e io; su un altro, di fianco a noi, Vieille, Guillaume e Mazeaud; su un terzo ripiano, poco più in basso, resta Kohlmann, da solo, perché gli sia più agevole distendersi. Noi non lo sapevamo, ma lì comincia il suo dramma psicologico.

Sopra di noi rimangono soltanto ottanta metri di monolito sconosciuto, oltre il quale cominciano le facili creste nevose che conducono alla vetta del Bianco. Più oltre ci attende, dopo la riuscita del Pilone, la capanna Vallot in cui rifugiarci, e da lì una facile discesa verso Chamonix. Basterebbe una schiarita di mezza giornata per concludere felicemente l'avventura. Ma lassù non ci arriveremo mai.

Comincia a imbrunire. Il temporale si fa sempre più violento. Siamo chiusi nella tendina da bivacco, che usiamo in comune come un grande sacco, e seguiamo la bufera soltanto attraverso l'intensità dei suoni. Ora ci si solleva lo spirito sentendoli lontani, ora ci coglie l'angoscia quando abbiamo la sensazione che si concentrino sopra di noi. Attraverso il telo opaco i fulmini ci abbagliano. Siamo lì, pieni di vita eppure assolutamente impotenti contro la furia del cielo. Intorno a noi, assicurato agli stessi chiodi che lo sorreggono nel bivacco, sta appeso il materiale per la scalata: chiodi, ramponi e piccozze, che non potrebbero costituire esca migliore per i fulmini. Vorremmo buttarli via, ma come faremmo a salire o a discendere se ce ne privassimo? Nessuno parla: ognuno si concentra in se stesso.

Mentre constatiamo per l'ennesima volta che il nostro destino è affidato al caso, sentiamo una forza brutale che ci strappa le gambe. Siamo stati sfiorati dalla folgore. Urliamo, siamo vivi ma sappiamo che la tempesta può incenerirci da un momento all'altro. Ci chiamiamo per accertarci di essere tutti vivi. Segue una pausa terrificante: sappiamo che il fenomeno prelude a una ulteriore concentrazione di elettricità, che esploderà ancora su di noi. Infatti, pochi minuti dopo, l'urto si ripete, in modo ancor più violento, sbalzandoci quasi dalla parete. Una voce, fra le grida concitate, mi giunge perfettamente chiara: «Dobbiamo fuggire!» Non mi rendo conto se sia di Oggioni o di Gallieni. La disperazione fa gridare queste parole che rispecchiano lo stato d'animo di tutti. Ho la netta sensazione che sia la fine, e credo tutti pensino la stessa cosa. Rivedo tutta la mia vita, volti cari che non incontrerò più: impressioni che durano attimi, eppure nitide e incredibilmente lunghe.

Miracolosamente il temporale sembra allontanarsi. Ora si sente soltanto il picchiettare della neve gelata sul telo gommato che ci ricopre. Rimaniamo inerti. Non guardiamo neanche fuori, dov'è buio. Nessuno parla, nessuno mangia. La neve che cade, cosa gravissima, ci dà quasi sollievo: ci siamo salvati dai fulmini e siamo vivi. Poche altre volte mi ero trovato in parete con una tempesta simile: non c'è tecnica né abilità che possa soccorrere.

Comincia a mancare l'aria. Laceriamo un angolo del telo-sacco che ci protegge e respiriamo avidamente. Siamo ormai sepolti nella neve, il tepore del fiato crea all'interno del telo una densa umidità che, con gli sbalzi di temperatura, si trasforma ora in gocce d'acqua ora in cristalli di ghiaccio. Non voglio guardare l'orologio per non essere sorpreso dal lento trascorrere delle ore. Ogni tanto qualcuno geme e impreca per la precarietà della posizione assunta, per il freddo, per il senso di soffocamento che ci tormenta. Dei francesi non sappiamo nulla, ma gli stessi lamenti giungono dal loro bivacco.

Passa così tutta la notte e un chiarore lattiginoso annuncia l'alba del mercoledì. Soltanto allora tiriamo fuori le teste dal telo, e restiamo colpiti dalla quantità di neve caduta nella notte. I francesi, accanto a noi vi sono addirittura sprofondati. Kohlmann, sul terrazzino più sotto, è ritto in piedi e appare come una macchia scura contro l'orizzonte incandescente. Sembra prepararsi una giornata splendida. Così ci invade una sensazione di felicità: l'enorme quantità di neve caduta, e il gelo terribile che subentra, sono forieri di buon tempo. In breve ci troviamo tutti fuori dai nostri teli da bivacco, pronti a partire per l'ultimo tratto. Scatto alcune fotografie – saranno tragicamente le ultime – poi prepariamo gli zaini. Mentre faccio questa operazione, improvvisamente, ci troviamo nuovamente avvolti nella bufera. I turbini diventano subito accecanti. Non ci rendiamo conto se effettivamente stia nevicando o se invece non sia opera del gran vento che solleva la neve caduta nella notte. Fatto sta che ci infiliamo nuovamente nel telo, e così fanno i francesi. Questa volta siamo scesi più in basso sull'ampio terrazzino di Kohlmann che permette a Oggioni, a Gallieni e a me di stare un po' meno in bilico. Kohlmann sale invece dove stavamo noi la notte passata. Riprende l'attesa.

Nella schiarita di prima avevo notato che la neve era caduta fino a bassa quota, sui prati delle verdi montagne antistanti. Non potevamo credere che dopo tanto nevicare riprendesse la tormenta. I francesi mi chiedono cosa intendo fare. Propongo di attendere, sempre nella speranza di arrivare sulla vetta. Salire, per quanto sembri paradossale, rappresenta la più breve via di fuga. Viveri ed equipaggiamento non mancano, possiamo dunque aspettare: in questa stagione il maltempo non può durare a lungo.

L'ipotesi invece di calarsi dal Pilone fino al sottostante

ghiacciaio Frêney mi preoccupa. È vero che in caso di maltempo quella sarebbe la via più logica di ritirata, ma in questo caso, data la quantità di neve caduta, è diventata seriamente rischiosa per la caduta di valanghe. Inoltre richiederebbe almeno un paio di giorni. Per scappare verso l'alto invece basterebbe mezza giornata.

Mazeaud e i suoi compagni sono su un terrazzino a sei o sette metri da noi e di fianco a loro c'è Kohlmann. Mazeaud, che ha un certo ascendente sui compagni, scambia poche parole con me proponendomi di partire insieme non appena una schiarita lo consentirà. Il nostro compito sarebbe di attrezzare con chiodi e corde quei tremendi ottanta metri strapiombanti; dopodiché faremmo salire gli altri cinque compagni. Siamo d'accordo, ma la schiarita non verrà mai. Mangiamo alla rinfusa un po' di prosciutto, carne e marmellata, ma senza bere perché nella tormenta è impossibile accendere il fornello ad alcol per fondere la neve.

Continua a nevicare, le ore passano uguali. Fra i tanti pensieri che si accavallano nella mia mente cerco di riandare a momenti analoghi in cui il maltempo mi aveva bloccato in montagna. Ricordo che in questa stagione la bufera non era mai durata più di un giorno o due. Perciò dico a me stesso: un giorno se n'è già andato e la bufera non può continuare più di altre ventiquattro ore. Si tratta di far passare quest'altra giornata, poi finalmente ci muoveremo.

La permanenza in questa disagevole posizione di bivacco diventa via via insopportabile. Siamo rannicchiati l'uno addosso all'altro, in uno spazio che a malapena potrebbe accogliere una sola persona. Non possiamo alzare il capo, non possiamo piegarci su un fianco; la spina dorsale, nella costante forzatura, pare spezzarsi. In queste condizioni è facile cedere al nervosismo. Ci sono momenti in cui si vorrebbe strappare l'involucro che ci imprigiona, guai però se lo facessimo! Oggioni, Gallieni e io parliamo di tutto, ricordi, progetti, speranze, amicizie, cose liete, e brutte, pur di ingannare il tempo. Oggioni commenta: «Ti ricordi, Walter, un mese fa in Perù? Quando si diceva: "Verrà il giorno in cui ci troveremo sul Pilone"». Ironizza, perché allora pensavamo che sulle montagne di casa nostra tutto sarebbe stato meno problematico. Ci troviamo invece nelle stesse condizioni, forse anche peggiori, di quando scalavamo il Nevado Rondoy, vinto nell'infuriare della tormenta, in due giorni e due notti senza alcun riparo. Gallieni è l'uomo delle vitamine, dà pastiglie a tutti, specialmente del tipo C e A. Ne invia anche ai francesi, per mezzo di una rudimentale teleferica improvvisata con le corde. E vi aggiunge anche qualcosa da mangiare: i quattro ne sono un po' a corto.

Ci coglie la necessità di orinare. Ma è impossibile uscire dal sacco in cui stiamo aggrovigliati. Proponiamo a Gallieni di sacrificare il suo casco di plastica, privo di fodere, e lo adoperiamo a turno. È una manovra paurosa dovendo contorcerci l'un l'altro per non precipitare. Abbiamo le gambe nel vuoto, i vestiti ci ostacolano. L'operazione richiede mezz'ora.

E continua a nevicare, sempre più forte. Dall'interno del telo chiedo a Gallieni, che sta sul bordo: «Da che parte tira il vento?» «Mi pare sempre da ovest!» risponde.

Ciò vuol dire bufera. Mazeaud mi grida con esuberanza: «Non appena fa bello, andiamo su io e te, Walter. Se pensi che sia meglio uscire a sinistra, tenteremo senz'altro da quella parte».

Oggioni, che non conosce il francese, mi domanda che cosa abbia detto Mazeaud. Glielo spiego. È d'accordo. Lo rallegra l'idea che andremo via da qui. A sua volta Mazeaud replica: «Ritieni possibile tentare l'uscita verso la cima anche con il tempo non del tutto ristabilito?» Lui sa che dalla vetta del Monte Bianco saprei discendere in qualsiasi situazione atmosferica, come già avvenuto altre volte in passato. Rispondo di sì, ma che bisogna attendere un'altra notte: perché in cuor mio sento che domani la bufera finirà.

Sotto il telo il nostro respiro si trasforma in vapore acqueo, e siamo fradici. Penso preoccupato al gelo intenso che precederà il bel tempo.

Vuol dire che resteremo per un po' a riscaldarci al tepore del sole, prima di dare il via all'ultimo balzo.

La notte ci coglie quasi di sorpresa. Siamo molto nervosi e non ci riesce di chiudere occhio. Gallieni comincia a raccontarci dei suoi figli. Io volo col pensiero tremila metri più in basso, nell'intimità di casa mia. Oggioni parla di Portofino, che non conosce; poi commenta: «Noi alpinisti siamo proprio dei disgraziati... con tutte le cose belle che ci sono al mondo veniamo a cacciarci in queste situazioni...» Gallieni riprende: «E pensare che a Milano Marittima ho una casa accogliente e un mare così semplice e caldo. Ti ci butti dentro e non hai neanche il disturbo di dover nuotare, perché l'acqua è bassa. Puoi camminare per chilometri e chilometri...» Oggioni maschera la sua preoccupazione con frasi scherzose; è apparentemente il più tranquillo, ma sono certo che io e lui siamo gli unici qui a renderci veramente conto della situazione in cui ci troviamo: disperata.

Passa la notte tra mercoledì e giovedì. In mattinata Mazeaud entra nel nostro ricovero, dove con vari contorcimenti riusciamo a sistemarci e a passare insieme il resto della giornata. Il telo plastificato che ricopriva il suo sacco da bivacco si è lacerato sotto la sferza del vento. Cerchiamo di farci coraggio dicendoci ancora una volta che domani, venerdì, farà bel tempo; ma non ne siamo più molto convinti. In cuor mio già studio il metodo più sicuro per calarci lungo la parete guadagnata: per me, la cima del Pilone è ormai irraggiungibile. Non lo dico ai compagni per non scoraggiarli.

Mazeaud mi parla della sua scalata compiuta la settimana scorsa al «mio» Pilastro del Dru. Poi ci promettiamo di ritrovarci un giorno a Courmayeur oppure a Chamonix, per ricordare i momenti che stiamo vivendo.

Abbiamo una sete tremenda. La calmiamo mangiando neve: ne facciamo pallottoline che rosicchiamo continuamente. Penso alla bellezza di un rubinetto di casa: lo giri, e ti dà tutta l'acqua che vuoi. Sembra paradossale che fra tanta neve si debba bruciare dalla sete. E con il gelo la bocca arde e si piaga.

Passa così la giornata di giovedì e giunge una nuova notte. Durante quelle lunghe ore di buio, Oggioni e io, i più imprigionati dal telo che ci ripara, soffriamo particolarmente di mancanza d'aria. A lui solo, Oggioni, ora confido la mia decisione di scendere a ogni costo. Acconsente, ma ne è spaventato.

Passa anche la notte tra giovedì e venerdì. Avevo regolato la piccola sveglia per le tre e trenta. A quell'ora, infatti, al trillo del mio orologio da polso grido a tutti: «Bisogna scendere, assolutamente. Non possiamo rimanere oltre, sarebbe troppo tardi, ci mancherebbero le forze».

Comincia a far giorno. È venerdì, e la bufera continua ininterrottamente da oltre sessanta ore. Non si vede niente. Nebbia e neve tormentosa formano un muro grigio e impenetrabile. Abbandoniamo parte del materiale.

Sono senza piccozza, perché un compagno l'ha fatta precipitare per errore il primo giorno. Ci dividiamo i compiti per le operazioni di discesa che seguiranno. Io aprirò la via piantando i chiodi necessari, o improvvisando altri tipi di ancoraggio, per stendere le corde-doppie. Dietro di me si caleranno i compagni: Mazeaud, con il compito di aiutare chi ne avrà bisogno, poi gli altri, e infine Oggioni che, più esperto e veloce nel recupero delle corde, chiuderà il gruppo.

Alle sei esatte inizio a discendere nel vuoto tempestoso, alla cieca, senza sapere dove arriverò. Ho subito la sensazione di trovarmi in balia di un mare in burrasca. I vortici nevosi mi danno quasi il capogiro. Lo zaino pesante e il sovraccarico di chiodi che porto agganciati alla cintola per ancorare le funi, mi strappano giù maledettamente, ostacolandomi nei movimenti. Per orientarmi devo scrutare attentamente ogni piega, ogni particolare, cercando di riconoscere e utilizzare ogni crepa, ogni minimo rilievo della parete. Mi dolgono gli occhi a furia di urtare lo sguardo contro il pungente biancore della bufera. Le manovre sono lunghissime, e ancor più l'attesa delle corde che i compagni mi fanno arrivare dall'alto per preparare la successiva calata. A volte restiamo ammucchiati e sospesi a un solo chiodo in quattro o cinque. Devo lavorare a mani nude. Da un terrazzino dove sono appena approdato, e ancora nell'impossibilità di assicurarmi, mi sporgo nel vuoto, in equilibrio, per piantare un chiodo là dove mi è possibile. Vedo un'ombra precipitare lungo la corda: è Kohlmann che per il freddo allenta la presa e mi cade addosso sbalzandomi nel vuoto... Volo sul chiodo che non ho ancora finito di piantare, lo abbranco con un guizzo, rimanendovi prodigiosamente attaccato, nel vuoto.

Durante una calata, circa a metà Pilone, mi trovo nella condizione di non poter ancorarmi alla fine della corda. Non esistono terrazzini e la neve ha fatto presa anche sotto gli strapiombi. Nel sonoro turbinio della bufera, riesco a malapena a far intendere a chi sta lassù che ho bisogno di un'altra fune da annodare alle due che già mi sorreggono. Ed eccola, zavorrata, arrivarmi la corda richiesta, che ricongiungo alle altre facendo vere acrobazie. Ora posso continuare la lunga calata, ma quando anche la nuova fune è prossima a esaurirsi, ancora non ho trovato un punto di ancoraggio, e rimango dondolante nel vuoto come un ragno appeso al suo filo. V'è in più un enorme strapiombo, appena disceso, che mi toglie la possibilità di comunicare lassù agli altri, che attendono un mio segnale. Non esaurisco il mio controllo, per fortuna, e questo mi suggerisce infine una mossa risolutiva: dondolarmi sulla corda fino a poter compiere una lunga pendolata, a lato della verticale, per approdare su un pronunciato spuntone di roccia. È la salvezza. Da qui chiamo gli amici, mi sentono, e nella tormenta grido che possono iniziare la calata. Ora vedo la corda salire di un metro davanti a me. Penso che qualcuno vi si sia agganciato per calarsi. Ma improvvisamente la corda si allontana, a lato della verticale… e scompare. Io sono lì, su uno spuntone nel cuore del Pilone, avvolto nella bufera e senza altri mezzi per continuare la discesa, e ancor più col dubbio che i miei compagni, non trovandomi, si calino da un'altra parte. Urlo allora a perdifiato per indicare la mia direzione. Passano lunghi minuti di angoscia. E finalmente una macchia scura appare sopra di me: è Mazeaud, che intuendo dove io mi trovo sta per raggiungermi.

Non riusciremo a recuperare che una parte delle lunghe funi annodate insieme; il resto rimarrà incagliato, e quindi perduto, sulla parete. Naturalmente ciò limiterà d'ora in poi la disponibilità di corda per tutto ciò che ancora ci attende. Le calate riprendono con il medesimo e purtroppo lento ritmo, punteggiate ognuna da penosi episodi. Però ci avviciniamo sempre più alla base del Pilone.

Tremiamo incessantemente e battiamo i denti dal freddo. I nostri indumenti, completamente fradici, si sono induriti dal gelo. Il soffio sordo di qualche slavina mi fa capire di essere giunto quasi al termine del Pilone. Ma ormai è pomeriggio avanzato: stanotte bivaccheremo sul Colle di Peuterey. Sul pianoro, al di là della crepaccia terminale, la neve ci arriva fino al petto. Per un po' mando in testa Mazeaud, seguito da tutti gli altri. Io resto fermo ad assicurarli con la corda e a dare loro la giusta direzione. A un certo momento il gruppo pare arenarsi in un banco di neve altissima. Lo raggiungo. Passo in testa e mi dirigo, per intuizione, verso il luogo dove ritengo più opportuno e sicuro bivaccare. Pur non vedendo questo luogo sento di averlo come fotografato nella mente. Dietro di me c'è Oggioni, con il quale esamino l'opportunità di scegliere, come protezione, un crepaccio piuttosto che un *igloo*, quantunque difficile da costruire data la neve inconsistente. Mazeaud approva l'idea del crepaccio e decidiamo per tale soluzione.

Prima che scenda la notte del venerdì, dopo dodici ore di calate a corda-doppia, siamo sistemati per il nuovo difficile bivacco. Il più provato del gruppo appare sempre Kohlmann. Lo sistemiamo nel nostro sacco-tenda. Guillaume, con quello che gli rimane di una bomboletta di gas, gli prepara una bevanda tiepida. Noi continuiamo a restare senza bere, disponendo soltanto dell'ormai inservibile fornelletto ad alcol liquido. Fa un freddo atroce. Il vento soffia senza posa, turbinando la neve anche nell'interno del crepaccio dove ci siamo rifugiati. Fra tutte, questa è la notte peggiore, anche perché segue tutte le altre già durissime. Ci dividiamo i viveri rimasti: prugne secche, cioccolato, zucchero e un po' di carne impietrita dal gelo. Kohlmann mi mostra le dita delle mani: sono livide in modo preoccupante. Affinché se le massaggi con più efficacia gli passo la borraccetta del nostro alcol da ardere, rimasta quasi intatta; ma lui se la porta alla bocca nell'atto di bere e comincia a trangugiare. Avrà forse scambiato l'alcol per liquore? Gli strappo di bocca la borraccia, ma ahimè troppo tardi: è riuscito a inghiottirne un paio di sorsi. Probabilmente siamo già agli inizi di quella follia che presto lo coglierà.

È buio pesto e il nostro bivacco è un inferno: gemiti e brividi di freddo, vento che urla, polvere di neve che avvolge, con crescente violenza. Ogni tanto dobbiamo scrollare le nostre protezioni dal pesante carico di neve che vi si accumula. Con vari stratagemmi tento ancora una volta di accendere il fornelletto ad alcol, ma devo desistere. Fuori c'è tormenta e sotto il telo manca l'ossigeno, perciò la fiammella si spegne subito. Allora, come nei giorni scorsi, ripieghiamo sulle pallottoline di neve da rosicchiare. Siamo disperati, però nessuno lo ammette.

Oggioni propone: «Facciamo una promessa, se veniamo fuori da questa avventura, dimentichiamoci che esiste il Pilone». Gli dico di sì.

La notte passa lentissima.

Alla stessa ora del giorno precedente, le tre e trenta del sabato, al suono della mia sveglietta ci togliamo da quell'impossibile giaciglio. Vogliamo guadagnare tempo e porre fine a quella spaventosa situazione. Nella notte sono caduti altri sessanta centimetri di neve, che non cessa di infierire. Tutti comunque sembrano aver sopportato il quarto bivacco nella tormenta. Ripartiamo. È inutile ormai che mi consigli con i compagni sulla via migliore da seguire: si affidano totalmente a me; e questo mi fa sentire il grave peso di doverli portare tutti in salvo, attraverso l'unica via ancora possibile: i Rochers Grüber. Ma dobbiamo arrivare assolutamente alla capanna Gamba entro sera, altrimenti... risparmio la conclusione.

Guillaume fa un'iniezione di coramina a Kohlmann.

Io, intanto, seguito da Oggioni e da Gallieni, inizio ad aprirmi un cunicolo nella neve altissima. Siamo legati in un'unica cordata, in quest'ordine: io, Oggioni, Gallieni, Mazeaud, Kohlmann, Vieille e Guillaume. Il pendio nevoso che precede i Rochers è spaventosamente carico di neve inconsistente, che potrebbe trasformarsi in valanga da un momento all'altro. Raccomando ai compagni di essere veloci, nonché di ancorarsi nei giusti punti a ogni lunghezza di corda, per potersi loro stessi assicurare, e assicurare me nel caso in cui una slavina mi strappasse giù mentre, giocoforza, «taglio» il canalone che ci separa dai Rochers. Tutto va bene ed esco incolume da quella pericolosa traversata. Ora grido agli altri di avanzare sulla mia pista, uno dopo l'altro. Ma Vieille non ce la fa, cade e si rialza continuamente: è in preda a una grande crisi. Guillaume gli è accanto e lo sprona a continuare, gli toglie il sacco che abbandona sul pendio. Ma Vieille pare insensibile ai nostri appelli. Io intanto compio la prima calata della lunghissima nuova serie di corde-doppie lungo i Rochers Grüber.

Trascorre un po' di tempo. Il cielo sembra schiarirsi, ma la bonaccia durerà poco. Sento gli incitamenti dei compagni rivolti a Vieille, che ancora non ha passato il canalone. Grido a tutti di far presto. Kohlmann intanto discende fino a raggiungermi. Passa mezz'ora. Non spiegandomi il ritardo degli amici, lassù, risalgo per alcune bracciate lungo la corda-doppia, fino a poter dare uno sguardo alla situazione. Gallieni, nel bel mezzo del canalone, mi grida che Vieille è sfinito e che da solo non ce la farà mai a compiere quella traversata. Chiede a me se non sia opportuno aiutarlo tirandolo, e facendolo scivolare sulla neve in pendolata. Approvo e aggiungo di sbrigarsi, altrimenti non solo non arriveremo per sera alla capanna Gamba, ma nemmeno alla fine dei Rochers Grüber.

Ritorno giù da Kohlmann. Dalle voci concitate dei miei compagni intuisco che la pendolata di Vieille è in atto. Ricomincio ad attendere che qualcuno si cali fino a me. Passa invece quasi un'altra mezz'ora e non solo non compare alcuno, ma le voci vanno spegnendosi. Sono disorientato. È mai possibile, mi dico, che per ogni calata debbano impiegare tanto tempo?

Risalgo ancora lungo la corda finché posso vedere i compagni lassù. «Perché non scendete?» grido loro. Una voce, forse di Gallieni, seguita da quella di Mazeaud, risponde: «Vieille sta morendo». Rimango impietrito. Il gruppetto degli amici si è radunato intorno al corpo di Vieille, che da quaggiù sembra un fagotto scuro e inerte sul bianco della neve, già oltre la traversata del canalone.

Ritorno da Kohlmann, senza dirgli niente. Passa altro tempo, forse una ventina di minuti. Nell'aria non si odono più voci ma soltanto il fruscio del vento. Ha ripreso a nevicare. È un'agonia silenziosa e terribile, in un'atmosfera lugubre. Risalgo nuovamente: Vieille è morto. Vedo i miei compagni che assicurano il suo corpo a un chiodo, al quale agganciano anche lo zaino di Gallieni, là abbandonato dopo averlo riempito di cose diventate ormai inutili. Non c'è un lamento, sono le ore dieci. Preparo Kohlmann, che non si era accorto di nulla, a ricevere il duro colpo. Poi giunge qui anche Mazeaud, che a mezze frasi gli fa capire l'accaduto. L'amico ne subisce un forte choc, e piange.

Riprendiamo le calate. Approfittando del momento in cui ci troviamo tutti e sei agganciati al medesimo chiodo, raccomando ancora una volta la massima celerità per le operazioni che seguiranno «se non vogliamo fare la fine di Vieille», sottolineo crudamente per indurli a sbrigarsi. Ricominciata la nuova serie di calate a corda-doppia, è ancora Oggioni a chiudere il gruppo. Oggioni è come sempre il mio braccio destro. Porta lo zaino ed è carico come me, Mazeaud e Guillaume. Gallieni, a turno, porta quello dei compagni. Mazeaud sprona senza tregua i colleghi francesi.

È circa mezzogiorno quando ci raggiungono alcune voci. Essendomi appena calato al di sotto dei compagni, penso lì per lì che a gridare siano loro. Presto invece mi convinco che le urla provengono dal basso. Non c'è dubbio, sono i soccorritori: un gruppo di guide di Courmayeur. Il regolamento di questa società di guide, di cui a quel tempo faccio parte, prevede il dovere di prestare soccorso a un collega in pericolo, e il diritto di riceverne dai colleghi in caso di bisogno. Rispondo a quei richiami e invito i compagni a urlare tutti insieme per avere la certezza che ci abbiano uditi.

Ora proseguiamo con spirito risollevato.

Fino al termine dei Rochers Grüber non accade altro di rilevante. Ma mentre sto cercando di piantare un chiodo per compiere l'ultima calata a corda-doppia per superare la crepaccia terminale, Oggioni improvvisamente manifesta l'inizio di quella crisi che gli sarà fatale. Un grido soffocato alle mie spalle mi fa voltare di scatto, e giungo appena in tempo ad abbrancarlo mentre sta scivolando, inerte, lungo gli ultimi metri della corda-doppia cui è aggrappato. Già da alcune calate avevo notato che Oggioni mi stava subito dietro, quasi estraneo alle operazioni di discesa. Povero amico mio, da quando abbiamo iniziato la ritirata, è questa la prima volta che posso guardarlo in viso, attentamente, scoprendovi tutta la sofferenza. È teso nell'espressione come accennasse a un amaro sorriso, con gli occhi marci di sconfitta.

È chiaro che sta bruciando gli ultimi residui delle sue forze. Vorrei interrogarlo, incoraggiarlo, ma che può dire chi si trova forse nelle stesse sue condizioni, e sta facendo l'impossibile per toglierci tutti da qui?

Ci guardiamo a lungo, desolati.

Alla fine, non riuscendomi di piantare un solo chiodo nella roccia imbrattata di ghiaccio, decido di tenere a spalla, con tutte le mie forze, la corda su cui uno alla volta si caleranno i compagni. Sono le 17.30.

Anche il ghiacciaio Frêney è raggiunto. Calcolo che da ieri mattina, quando abbiamo iniziato la discesa e fino a questo momento, abbiamo compiuto almeno cinquanta calate, eseguite più o meno a corda-doppia. Una breve schiarita lascia vedere tutta la superficie del caotico ghiacciaio Frêney.

È spaventosa la quantità di neve caduta in questi giorni. Ma inaspettato e drammatico è scoprire che là non c'è, e non c'era mai stata neanche in questi giorni, anima viva: nessuna traccia di passaggio esiste infatti sull'intero ghiacciaio! Questa sorpresa è per noi terribile, sconvolgente.

Da dove provenivano allora le voci udite qualche ora fa? Sapremo poi, dai giornali, che i soccorritori ci avevano cercato, invece, sul Colle di Frêney, vale a dire in cima al ghiacciaio di Brouillard. Ma perché sul ghiacciaio di Brouillard quando tutti, ormai, ci sapevano alle prese con il Pilone Centrale? Dire Pilone Centrale è come dire che in caso di maltempo ci si calerà sull'unica via che offre un minimo di sicurezza, ossia lungo i Rochers Grüber, che calano direttamente sul sottostante ghiacciaio Frêney. Questo è ben noto nel mondo delle guide del Monte Bianco. Tutti dunque ci sapevano sul Pilone Centrale, anche perché l'amico Gigi Panei, validissima guida di Courmayeur, già al primo allarme era salito al bivacco fisso della Fourche per avere nostre notizie. E proprio lì, infatti, le aveva trovate scritte su un foglio di carta da noi lasciato, alla partenza, il lunedì 10 luglio con indicati chiaramente i nostri nomi e la nostra meta. Panei subito aveva trasmesso ai mezzi di comunicazione questo nostro messaggio, e tutto il mondo, dunque, aveva ulteriormente saputo dove e come ci trovavamo.

Sì, eravamo assolutamente convinti che le voci provenissero da laggiù, sotto i Rochers Grüber; era logico crederlo, non poteva essere che così, e questo ci aveva spronati a resistere. Ma adesso ci trovavamo ancora soli e tali restavamo, dinanzi a un lunghissimo calvario che doveva concludersi con la risalita del Canalino dell'Innominata, ormai ghiacciatissimo, difficile, con la notte incombente: un vero incubo.

Così, seppur nella più nera disperazione, cominciamo la penosa discesa del crepacciatissimo ghiacciaio Frêney. La neve è ancora altissima, neppure nelle imprese invernali ricordo di averne incontrata tanta. Ciò che lasciamo dietro di noi non è una pista bensì un cunicolo, una specie di trincea.

Fortunatamente le nebbie continuano a sollevarsi, la visibilità gradatamente migliora. Do il cambio a Mazeaud, che qui è in testa al gruppo, ed entro nel caos di crepacci puntando verso il Canalino dell'Innominata, il più difficile passo sulla via della salvezza.

Mi sento morire dalla fatica, dal dolore fisico, dal gelo, ma rifiuto di cedere. La fila si allunga. Oggioni si accascia ogni quattro passi, stremato dallo sforzo. Il suo zaino l'ha passato a Gallieni. Siamo legati gli uni agli altri, ma andiamo avanti disordinatamente a corda sciolta, ubriachi di sfinimento. Mi rendo conto che in quelle condizioni difficilmente riusciremo a giungere, ancora alla luce del giorno, sul temuto Canalino che porta sul Colle dell'Innominata. Gallieni, posizionato subito dietro di me, appare fra i compagni il meno provato. Decido allora di staccarmi con lui dal gruppo allungando il passo per arrivare sul Colle dell'Innominata con ancora un filo di luce. L'operazione di preparare la via per i compagni più lenti, su questo proibitivo budello glaciale, in più rivolto a nord, va compiuta assolutamente prima che scenda la notte.

Intanto ho raggiunto la base del Canalino e comincio a scalarlo. Sulle nostre tracce, i compagni procederanno in quest'ordine: Mazeaud, Kohlmann, Oggioni, Guillaume. Qui ormai non affiora più alcuna roccia, ghiaccio e neve corazzano totalmente il Canalino fino al suo termine. È un'incavatura di oltre cento metri di dislivello uniformemente bianca e levigata, come se ne incontrano in Patagonia. Fin dal suo inizio è lotta accanita, e davanti a me non rimane che mezz'ora di luce. A uno a uno i compagni si agganciano alla mia corda ricostituendo una sola cordata. Manca nel gruppo Guillaume; saprò poi, da Mazeaud, che Oggioni lo aveva visto morire ancora sul ghiacciaio.

Quando arrivo in cima al Colle dell'Innominata è buio pesto. Sono le nove e qualche minuto, di sabato sera, e siamo fuori da sei giorni. L'aria torna a riempirsi di nevischio e da occidente giungono i bagliori di un ennesimo temporale che si avvicina. Neve e ghiaccio hanno colmato, e sepolto, ogni anfratto, ogni spuntone roccioso, e ciò mi nega la possibilità di piantare anche un solo chiodo su cui poter reggere la risalita dei miei compagni. Perciò torno a sostenere a spalle la fune a cui sono affidati gli amici. Li esorto a fare presto. L'operazione, invece, diventa lunghissima. Gli ordini si accavallano ai lamenti di dolore e di disperazione. Dietro Gallieni, Oggioni sembra incapace di reggersi alla parete. Gallieni, sorretto dalla corda che trattengo a spalla, cerca di aiutarlo in tutti i modi, inutilmente. Gli altri, più sotto, gridano e smaniano. È il caos.

Passano le ore e siamo sempre allo stesso punto. Non posso muovermi, ogni tanto ricevo dalla fune certi strattoni che per poco non mi rovesciano nel vuoto. Il dolore causato dal carico della corda a tratti mi fa quasi svenire. Ma, ahinoi, se crollo è la fine per tutti. Ed è proprio questa consapevolezza a farmi resistere oltre ogni limite. In tre ore Oggioni non è riuscito a guadagnare un solo metro dal punto in cui si era bloccato. Ogni incitamento sembra essere vano. L'amico risponde ogni tanto con un lamento: è come in trance. Sta agganciato con un moschettone da qualche parte. Dovrebbe staccarsene, per darci modo di issarlo fino a noi, ma evidentemente non ha la forza per farlo. Forse è ormai così stremato da non averne neanche più la consapevolezza. Vorrei potermi calare fino a lui, ma devo reggere saldamente a spalle la corda che sostiene lui e Gallieni insieme.

Alla fine metto in atto l'estrema e unica soluzione: dividerci dai compagni, io e Gallieni, per poterci calare rapidamente là dove con certezza stanno i soccorritori, ossia nella vicina capanna Gamba. Sicuramente avrei dovuto prendere prima questa risoluzione guadagnando così molto tempo prezioso; ancora oggi mi dolgo di non averlo fatto fin dall'inizio.

Gallieni grida ai compagni più sotto la nostra decisione, poi si accerta che Oggioni si trovi ben saldamente ancorato a quel pasticcio di corde che lo tiene bloccato a pochi metri da Mazeaud, che sta poco più sotto di lui. Infine anche Gallieni si scioglie dalla corda che lo unisce al resto del gruppo, e in breve mi raggiunge sul Colle. Fra un paio d'ore, adesso ne sono certo, saranno tutti soccorsi.

Ma ecco l'imprevedibile. Kohlmann, slegatosi dal gruppo e brancolando nel buio, ora si tira su per le corde, qualsiasi corda che gli capiti tra le mani, e quasi con furore scavalca Mazeaud, Oggioni e lo stesso Gallieni. Quest'ultimo, cogliendo lo sconvolgente delirio di Kohlmann, riesce ad afferrarlo e ad agganciarlo con un moschettone alla nostra corda, sulla quale già si aggrappa su a bracciate forse ignorando che la tengo bloccata soltanto a spalle. In breve ci ritroviamo tutti e tre sopra il Colle dell'Innominata. Qui Kohlmann grida che ha fame e che ha sete, poi chiede: «Dov'è il rifugio Gamba?» È chiaramente fuori di sé, ma è anche lampante che, nello stato in cui ora si trova, non possiamo abbandonarlo sul Colle. Lo faremo perciò scendere legato fra noi due.

Comincio col calare per primo Gallieni sull'altro lato del Colle, poi è la volta di Kohlmann, che fin da subito ignora ogni regola di sicurezza. Quando è il mio turno, e sto per riunirmi ai compagni là sotto, mi imbatto in una sottile corda. Qui è tesa e appena affiorante per un paio di metri. La rimanenza è sepolta e bloccata quasi al completo nella spessa coltre di neve caduta in questi giorni. Strappandola fuori a tutta forza risulterà essere lunga una cinquantina di metri. Suppongo che qualcuno in questi giorni l'avesse espressamente fissata alla roccia con un chiodo, sul Colle, ancor prima che si fosse accumulata una quantità di neve a occultare il tutto. Infatti, lo sapremo in seguito, tale corda venne fissata due giorni fa sul Colle quando ancora vi emergevano alcune rocce. Era stata generosamente stesa sul versante nord, appunto sull'impossibile Canalino, dagli americani John Harlin e Gary Hemming. Lo fecero espressamente per dare soccorso a una cordata svizzero-tedesca rimasta bloccata dalla tempesta al bivacco fisso Craveri, presso le Dames Anglaises; però la stesero anche, bontà loro, per soccorrere noi che, se ancora vivi, senz'altro avremmo dovuto passare per il Colle dell'Innominata. Ma perché questa corda adesso si trovava sul facile versante sud del Colle e non invece sul proibitivo versante nord corazzato di gelo? Eppure fu stesa dagli americani proprio per rendere accessibile la risalita dell'impossibile Canalino! Ma qualcuno prima di noi se ne era servito e in modo egoistico e irresponsabile. L'aveva utilizzata sicuramente sul Canalino nord, e poi recuperata per essere riusata sul facile versante sud. Ebbene sì, soltanto là sul lato nord questa corda poteva cambiare le sorti di quella che per noi, ora, si trasformava in tragedia. Penso che i responsabili, da quel giorno, non faranno certo sonni tranquilli.

Anche se in luogo e in modo non più risolutivi, pure noi, adesso, utilizziamo questo tratto di fune di Harlin ed Hemming. Poi continuiamo oltre con i soli nostri mezzi. Ma Kohlmann diventa sempre più pericoloso. Si lascia scivolare sul dorso restando appeso alla corda che reggo a spalle, e continua a rimanervi anche quando io devo muovermi per ricongiungermi a lui. Nella mia discesa devo così continuamente immobilizzarmi e accertarmi che il compagno sia, e rimanga, immobile. E tutto avviene per intuizione, al buio e senza lampada, che non ho più. Ma uno strappo improvviso mi dice che si è abbandonato ancora una volta sulla corda, e grande diventa così il rischio di precipitare tutti e tre, trascinati l'uno dall'altro. Non servono incitamenti né insulti a scuoterlo, pronuncia frasi sconnesse, gesticola. Pensavamo di riuscire a calarci in un'ora: con Kohlmann in quello stato diventeranno tre.

Arrivo finalmente al fondo del canale roccioso sud, e ancora più giù fino al termine del nevaio di Châtelet. Per arrivare alla capanna Gamba non ci resta ora che oltrepassare una serie di dossi nevosi, senza difficoltà né pericoli, a parte la faticosa neve alta. L'unica forte preoccupazione resta sempre quella di arrivare al più presto al rifugio per far subito partire i soccorsi.

Ma succede un altro guaio. A Gallieni scivola di mano

un guanto. Caduto in terra, si china a riprenderlo, e per riscaldarsi si infila la mano nel giubbetto. Kohlmann interpreta quel gesto in un modo incredibile, come se Gallieni stesse per estrarre una pistola. Allora allarga le braccia e urlando gli si scaglia addosso, lo avvinghia, lo fa rotolare sul pendio. Gallieni riesce a liberarsi, da me aiutato, trattenendo Kohlmann, tirandogli la corda che lo lega. Costui si avventa allora su di me. Lo schivo, cade per terra, si contorce, smania: è impazzito. Si alza di nuovo e riprova ad assalirci. Però adesso lo teniamo a dovuta distanza tirando entrambi la corda su due lati, uno per parte. Siamo infatti legati tutti e tre alla medesima fune e Kohlmann ne è al centro. Non possiamo trascinarlo al rifugio, ovviamente, e tuttavia non dobbiamo perdere più un solo minuto. Per slegarci dovremmo riuscire a sciogliere i nodi della corda che ci lega, cosa oramai assolutamente impossibile perché gelati. Non abbiamo un coltello per tagliare la fune, eppure dobbiamo separarci da questo povero compagno ormai del tutto fuori di senno. Lui spia ogni nostro movimento, pronto a balzarci addosso. Allora, uno alla volta, tenendo tesa la corda con i denti per bloccare il compagno, ci caliamo i pantaloni fino all'inguine onde riuscire a sfilare dai piedi l'anello di corda gelata che ci lega alla vita. L'operazione riesce senza che Kohlmann se ne renda conto. Quindi grido a Gallieni: «Molla! Fuggi!» e corriamo via dal compagno rotolando ogni pochi passi nella neve profonda. Ora siamo sicuri di raggiungere in pochi minuti i soccorritori. Kohlmann, che lasciamo lì in luogo sicuro, non corre più alcun rischio. Ma purtroppo chi arriverà in suo aiuto potrà soltanto assistere alla sua agonia.

Alla deriva come relitti, brancolando quasi carponi nell'oscurità impastata di neve, raggiungiamo finalmente la capanna Gamba. Fuori non c'è neanche una minima luce a segnalarne la posizione. Il suo profilo scuro e incerto non ha nulla di differente da un qualsiasi masso granitico di cui è costellata la dorsale morenica. Riesco ad arrivare alla capanna soltanto perché conosco questa zona come fosse casa mia. Giriamo intorno al rifugio, bussiamo alle finestre, arriviamo alla porta d'ingresso. Si odono dei passi, dentro la capanna, e una mano alza il chiavistello. La porta si apre: ci appare l'interno illuminato a malapena da una candela. È pieno di gente che dorme (risulteranno 34 persone). Scavalco alcuni corpi distesi senza riconoscere nessuno. A un tratto qualcuno scatta in piedi e grida: «Walter, sei tu?» Allora è tutto un accorrere di gente.

I dispersi avevano finalmente trovato gli uomini che erano andati a cercarli.

Grido: «Fate presto! Ce n'è uno qui fuori! Gli altri sono sul Canalino dell'Innominata! Fate presto». Sono le tre del mattino di domenica. La tormenta non cessa un istante. Mi fanno posto e mi sdraio sul tavolo al centro del rifugio. Ci tolgono dai piedi i ramponi gelati, ci spogliano, ci mettono indumenti asciutti, ci preparano bevande calde. Cado in un profondo sopore.

Quando mi sveglio sono passate circa tre ore. S'è fatto giorno. Si apre la porta cigolante. Il profilo di due uomini si staglia scuro contro il generale grigiore, al di là della soglia. Uno di questi si avvicina e mi abbraccia: è l'amico Gaston Rebuffat, appena arrivato con un elicottero da Chamonix. Dalle sue labbra escono parole che non scorderò più per la vita: «Oggioni è morto. Lo stanno portando giù». Mi assale un dolore incontenibile. I corpi dei miei compagni sono stati già raccolti, meno Vieille che la tormenta inarrestabile renderà irrecuperabile per altri sei giorni.

L'ormai fraterno amico Pierre Mazeaud, il solo che hanno trovato vivo, mi abbraccia e piange con me.

Nell'imbuto del Pilier d'Angle (1962)

La più grande massa rocciosa che si affaccia sul bacino della Brenva, da questa parte rimane tuttora inesplorata. Dalla sua cima di oltre 4200 metri, il Pilier precipita di colpo sul grande ghiacciaio con un appicco di un chilometro.

Più aumenta la mia conoscenza di montagne ghiacciate e più mi convinco che la nord del Pilier – concepita secondo un mio criterio che prevede di passare tra i due grandi seracchi sospesi – rappresenta la concentrazione delle maggiori difficoltà che si possono incontrare in alta montagna. È senz'altro il terreno misto, roccia-ghiaccio, più selvaggio e pericoloso che abbia mai osservato sulle Alpi. Fasce di rocce lisce e spesso strapiombanti, completamente incrostate di gelo o di neve instabile, si alternano a pendii di ghiaccio ertissimi, sui quali si frantumano seracchi e cornici sempre incombenti. Un migliaio di metri di dislivello da percorrere dentro un imbuto gigantesco, cupo e freddo di luci filtrate, da dare angoscia. Su questo itinerario le condizioni atmosferiche giocano un ruolo determinante. Se si è colti dalla bufera o dal disgelo dopo il primo terzo di scalata, non si può più tornare indietro: o si prosegue rapidamente verso l'alto, o rimanendo in balia degli elementi intorno ai quattromila metri si dovranno fare i conti con il gelo e le valanghe. È l'ultima e più aspra difesa che la vetta del Monte Bianco oppone ai suoi esploratori. Eppure, per quell'impulso misterioso che sempre ha spinto l'uomo verso l'ignoto e l'impossibile, provo un irresistibile desiderio di andare lassù.

Su questa via si possono verificare due sole condizioni favorevoli. La prima è data da un abbondante innevamento, che renderà i pendii di ghiaccio omogeneamente rivestiti di buona neve, e quindi più rapidi da risalire. In questo caso però le fasce rocciose a mezza via saranno scomparse sotto una problematica quanto pericolosa corazza di gelo. La seconda soluzione consiste invece nell'attaccare la parete quando le rocce appaiono completamente spoglie di incrostazioni ghiacciate; ma nascerà allora un problema ben più pericoloso: i pendii nevosi, in seguito ai crolli e al disgelo, si saranno induriti e cristallizzati. Si dovrà quindi intagliare un gradino dopo l'altro nel ghiaccio, con grande dispendio di tempo e di energie, rimanendo esposti alle frequenti frane. Siamo ancora lontani dalla rivoluzionaria tecnica piolet-traction, attualmente in uso con mezzi di progressione rapidi e sicuri. Per la natura stessa della montagna, l'ibrido buona roccia e buon ghiaccio insieme non si verificherà mai; un buon elemento escluderà sempre l'altro. Dunque, un'impresa del genere richiede insieme coraggio, ponderatezza e autocontrollo; tre fattori che sono il frutto di una completa e coscienziosa preparazione. Questo «stato di grazia», che deve necessariamente combinarsi con le buone condizioni della montagna, si verifica per me verso la metà del settembre 1961. Parto allora all'attacco del Pilier.

Arrivo sul Colle Moore alle due di notte, una splendida gelida notte di mezza luna crescente, che sembra fatta apposta per girare da queste parti. Il Colle Moore è un autentico pulpito sospeso nel cuore della Brenva, una specie di *treetop* africano che serve a osservare dall'alto, e stando al sicuro, gli animali selvaggi. Qui le fiere sono i ruggenti seracchi che si ammassano in fondo alla grande parete. Silenziosa, addormentata, la maestosa Brenva s'inclina a destra come supina, e il ghiacciaio a valle si confonde con le ombre dure delle montagne più basse. Ma se il chiaro di luna rende bonari questi contorni, gioca invece con effetti spaventosi sul ripido Pilier d'Angle, che sta di fronte. Per un'ingannevole prospettiva, la parete Nord del Pilier risulta perfettamente verticale e il suo ghiacciaio pensile sembra cascare addosso da un momento all'altro, tanto appare sporgente. È tutta bianca, lucida, senza rilievo: un'assurda lavagna di mille metri. So che ciò non corrisponde alla realtà e che la montagna stanotte si trova nelle condizioni ideali per essere attaccata. Ma l'orrido spettacolo muove in me un deleterio meccanismo psicologico che mi inchioda sul Colle. Resto così per una buona mezz'ora in silenzio, come ipnotizzato dal Pilier. Zappelli, da buon allievo, tace. A un tratto mi sorprendo a dire, quasi inconsciamente: «Io l'anima su quella parete non ce la voglio lasciare».

Ritorno a casa. Continuerò a stupirmi della mia rinuncia che non so né saprò mai spiegare. Avevo tutte le carte in regola e la parete quasi ostentava il suo «tallone d'Achille». Eppure sono tornato indietro. Quel meraviglioso congegno che è la psiche, capace d'inventare tutto, persino i miracoli, ora, per vie misteriose, ha creato in me impulsi emotivi tali da rendere la paura irresistibile. Anche questa è un'esperienza.

Passa l'inverno, e già a metà giugno dell'anno successivo la mia parete scopre le difese. L'innevamento è abbondante e pare sicuro, le notti sono gelide e illuminate dalla luna piena.

Il mio allenamento, per fortuna, è buono. Nella notte del 19 giugno arrivo alla base del Pilier, ma qui la pressione cade improvvisamente: sta forse arrivando il maltempo? Benché il cielo si mantenga stellato, questo dubbio mi induce a rientrare di corsa. Non me ne pentirò, perché da lì a qualche ora, sul fare dell'alba, comincia a nevicare. È una sfuriata passeggera, per fortuna. Così due giorni dopo eccomi ancora ai piedi del Pilier, e stavolta con tutte le garanzie di buon tempo. La luna, ormai sui tre quarti calanti, è spuntata da poco e, radendo la parete Nord, ne esalta ancora una volta le difficoltà. Provo nuovamente paura, ma è un sentimento più che normale in questo ambiente, e stavolta so reagire.

Si pone subito un problema, il superamento della crepaccia terminale. È ininterrotta e larghissima. Il suo bordo superiore strapiomba con muri di ghiaccio e neve. Invano vi cerco un punto accessibile. Mi decido allora per una manovra estrema, che altre volte in passato si era rivelata risolutrice. Ecco, mi calo dentro la crepaccia terminale fino a raggiungere un ponte sospeso, e da lì inizio a scavare nella neve una specie di galleria, che sale su a spirale dentro la montagna fino a riguadagnare il ciglio a monte della crepaccia. È un lavoro improbo. Per due ore sferro colpi di piccozza sommergendomi di scaglie di ghiaccio, ma alla fine la spunto.

È l'una di notte del 22 giugno. Adesso davanti a me si elevano ertissimi pendii di buona neve gelata, solcati verticalmente da profondi rigoli: palese testimonianza delle continue slavine che qui scorrono nelle ore calde. Comincio a salire obliquamente a destra, tagliando la via a colpi di piccozza. Zappelli mi segue a ogni lunghezza di corda. Via via entriamo sempre più nella zona dove, a tiro incrociato, convergono tutte le frane di ghiaccio che si staccano sia dalla nostra parete sia dai seracchi della sovrastante «Poire». L'angoscia ci attanaglia a tal punto che non ci sarebbe bisogno di alzare la testa per rendersi conto di ciò che improvvisamente potrebbe accadere. Le frane si sentirebbero con il cuore e con il sangue ancora prima che con l'udito. Per questo a ogni colpo di vento o scricchiolio della montagna capita di trasalire. Le valanghe che ho visto a volte staccarsi da questi pendii sono di proporzioni enormi e si abbattono sul ghiaccio con una fronte che può raggiungere anche i quattrocento metri di ampiezza, sollevando nubi bianche alte mezzo chilometro. Il solo spostamento d'aria che un simile cataclisma può provocare basterebbe a trascinare via chi ne venisse anche soltanto sfiorato.

Sempre obliquando sulla destra aggiro anche l'ultimo sperone roccioso che fa da basamento alla parete. Ora siamo completamente esposti alle frane. La luna illumina sinistramente gli sporgenti seracchi della «Poire» e della «Major». Devo essere velocissimo, mi ripeto, perché la rapidità di scalata qui è l'unica protezione possibile. Ma a ogni passo sono obbligato a incidere una tacca a colpi di piccozza sulla dura parete. Il pendio nevoso si rivela in certi tratti talmente abraso dalle frane da ridursi a un sottile, infido velo sul ghiaccio vivo. Il tempo che l'operazione di gradinamento richiede sembra interminabile. Intanto il percorso si impenna sempre più.

Ora procedo in una zona d'ombra, poiché la luna è sparita dietro il Pilier. Entra in funzione la lampada frontale, che dà un raggio di luce assai limitato. Non senza disagio sento incombere sul mio capo l'intera nord del Pilier d'Angle, di cui non scorgo più i dettagli ma intravedo soltanto la massa nera e informe. Tiro a indovinare la direzione da prendere per raggiungere quella zona che già in fase di studio della parete avevo denominato *rocce sinuose*. Si tratta di un punto obbligato cui dovrò assolutamente approdare. Ecco una nuova preoccupazione, e ancora un'altra se ne aggiunge all'idea che ogni metro guadagnato su questa muraglia mi allontanerà sempre più dalla possibilità di ripiegare.

Albeggia. Ecco le *rocce sinuose*; la direzione risulta esatta. Ma vedo anche l'ambiente che mi circonda: fa paura. Siamo nel cuore del vasto Pilier, e la parete sfugge ripidissima e levigata sotto i piedi fino al profondo ghiacciaio, ancora buio. Cento metri sopra di noi invece, al di sopra delle *rocce sinuose*, la via appare sbarrata da una fascia di rocce verticali e a tratti strapiombanti, uniformemente incrostata di ghiaccio. Ricorda certe pareti patagoniche. Non c'è alternativa, bisogna vincerla direttamente. D'altra parte, ripiegare a questo punto sarebbe forse più pericoloso che proseguire.

Giusto nel momento in cui mi sto attaccando alle prime *rocce sinuose* esplode nell'aria un tremendo boato; una frana partita dai seracchi superiori della «Major» alla nostra destra sta precipitando con un salto di un migliaio di metri. Nella caduta si rivolta nell'aria come volesse trascinare con sé tutto il cielo. Allibisco, benché mi trovi fuori tiro. La valanga spazza e sconvolge tutto quanto incontra sulla parete della Brenva e finisce giù nel ghiacciaio dopo aver investito la zona da noi percorsa obliquamente nella notte. La polvere di gelo sale fino a noi.

Un'ora dopo, valicate le *rocce sinuose* senza particolari difficoltà, ci troviamo sotto la fascia obliqua di rocce che sbarra per intero la parete Nord. È il tratto chiave dell'intera scalata, e il suo punto di minore dislivello è alto almeno centoventi metri. Si presenta completamente bianco di neve e di ghiaccio. A colpi di piccozza comincio a scrostare quelle placche rocciose, alla ricerca di appigli e fessure per piantarvi qualche chiodo di sicurezza. I chiodi entrano raramente e con fatica nelle fessure intasate di ghiaccio trasparente. Una sicurezza totale non si ottiene mai. L'appiglio, ammesso di trovarlo, è vetrato e viscido. Ai piedi porto sempre i ramponi, le cui punte, mordendo la roccia ghiacciata, costituiscono la miglior presa. Sotto di me c'è un salto di almeno cinquecento metri.

Il sole che si è levato da un'ora ha già scaldato l'atmosfera e nell'aria, per effetto del disgelo, fischiano gragnuole di ghiaccio e di pietre. Parecchie mi colpiscono, ma senza danno, grazie al casco. Per superare quei terribili centoventi metri di parete impiegherò circa cinque ore. Sin dall'inizio, sono costretto ad arrampicarmi su queste lastre gelate senza guanti, per avere una presa migliore. Il costante annaspare tra i cristalli di ghiaccio taglienti mi ferisce le dita e il sangue che ne esce segna la via. Decimetro dopo decimetro, continuo a salire. La tensione riduce al minimo le parole che ci scambiamo: «Stai allerta che il chiodo non è sicuro...» «C'è vetrato...» «Cosa vedi sopra? C'è un'uscita?» «No, ancora rocce dritte, ghiacciate!» «Se vedi precipitare qualcosa di grosso, avvertimi!» E così andiamo avanti per cinque ore senza concederci un attimo di tregua.

Verso le undici la grande incognita del muro verticale di centoventi metri è vinta. La parete ora s'inclina, ma proprio per questo mi ritrovo completamente allo scoperto, sotto il tiro del pericoloso seracco sospeso, che il sole ancora illumina di striscio. Basterebbe la minima scarica a strapparci via.

A ogni scricchiolio alzo la testa di scatto interrompendo il mio lavoro. Vado alla ricerca di una roccia che possa in qualche modo proteggermi, pur sapendo che nulla servirebbe a ripararmi da una frana di ghiaccio. A fatica controllo l'ansia che ne deriva. A destra, strozzato e quasi verticale, scende il canale di scarico del ghiacciaio pensile. Ho deciso. Mi ancoro all'ultima roccia, mi faccio raggiungere da Zappelli e senza cerimonie comincio a gradinare il ghiaccio verde del colatoio in leggera ascesa verso destra.

Sono quaranta metri di traversata, pari alla lunghezza della corda, e dall'altra parte, sicuro e invitante, si eleva un lungo sperone roccioso. L'attraversamento di questo imbuto levigato è tra i più angoscianti che io ricordi. Procedo incidendo piccole tacche, tali da consentirmi di stare in equilibrio sulle punte dei ramponi mentre intaglio il successivo gradino. Zappelli, ancorato alla roccia con due chiodi precari, mi segue con lo sguardo, attentissimo. Il mio procedere è reso ancor più acrobatico dal pesante sacco che porto sulle spalle. Se perdessi l'equilibrio, oppure una scarica dall'alto mi colpisse, finirei nel vuoto appeso alla corda. Il compagno la bloccherebbe all'istante, sempre che i due chiodi cui è ancorato non fossero strappati via. Per fortuna va tutto bene. Mi investe soltanto qualche innocua gragnuola di ghiaccio. Certamente non è questo il modo più ortodosso di procedere, mi consente però la massima velocità.

Quando sto per arrivare sull'altra sponda del canale di scarico, con il fiato grosso per lo sforzo, qualcosa mi passa davanti agli occhi facendomi sussultare: è una farfalla giallo-bruna evidentemente portata fin quassù da una colonna d'aria calda, e destinata a morire non appena sopraggiungerà il gelo serale. Per ora, comunque, la invidio: soltanto lei potrebbe togliersi da qui in un baleno.

Non c'è un minuto da perdere, e appena giungo dall'altra parte del canale grido a Zappelli di abbandonare i chiodi che avevo infisso al posto di fermata, e di raggiungermi immediatamente. Ma anche qui sul margine dello sperone siamo in pericolo. Ci innalziamo allora un'altra quarantina di metri, fino ad alcune rocce asciutte e finalmente sicure. Il caldo è afoso.

Ora possiamo concederci un momento di riposo. La borraccia piena di vino rosso, che estraggo dal sacco come una reliquia, mi fa sorridere: oggi è il mio compleanno. Venire quassù, in fondo, è un modo come un altro per festeggiarlo. Mangiamo datteri e prugne secche, un paio di pastiglie di vitamine C, un sorso di vino, e questo ci pare il più bel pranzo che si possa desiderare.

Secondo i miei calcoli ci troviamo ben oltre metà parete. Ora ho la certezza che non ci sarà più possibile ripiegare, ma so anche di aver varcato il tratto chiave dell'intera scalata. Sotto di noi, quaranta metri più in basso, la parete rientra e scompare, non c'è che il vuoto. Appena si intravede abbacinante e lontana la zona del Colle del Gigante, null'altro. In cielo, all'orizzonte, naviga una sottile pergamena di nuvole altissime e spennate dal vento. Ai lati invece sfuggono erti scivoli ghiacciati, rotti soltanto dal profilo dei seracchi sospesi. L'occhio non riesce a cogliere un solo punto riposante. Raramente sulle Alpi mi sono trovato in un luogo tanto impressionante. Siamo attrezzati di fornelletto e sacco da bivacco, ma l'idea di dover pernottare su una simile lavagna ghiacciata ci spinge a riprendere subito la scalata.

Ricomincio a salire lungo una successione di nervature rocciose, strapiombanti e difficili da superare. Presto arriva l'ombra, che indurisce forme e profili. In breve il freddo si fa acuto, prende alle mani e fa rabbrividire. Il problema dell'uscita dalla parete, sulla cima naturalmente, si complica. Converrà forzare le innevatissime rocce superiori, oppure riattraversare l'imbuto glaciale per arrivare sul ghiacciaio pensile e da lì puntare alla cima? Decido per quest'ultima soluzione. Il canale-colatoio, quassù, ha una larghezza di circa ottanta metri, il doppio della zona bassa già attraversata, e appare tutto di ghiaccio vivo. Dunque ci vorranno due lunghezze di corda e questa volta obliquamente a sinistra. Si prospetta ancora un duro lavoro di piccozza. Fatti una quarantina di metri, cerco invano di piantare un chiodo di fermata su una roccia affiorante: non presenta alcuna fessura. Un paio di metri più in là entra in funzione un chiodo da ghiaccio, che però non dà molte garanzie poiché il gelo ha reso estremamente fragile la sottile superficie. Mi ancoro alla meglio al centro del colatoio. Mi faccio raggiungere dal compagno e riprendo la traversata dei secondi quaranta metri di canale.

Il secco gelo, subentrato a una giornata afosa, spacca le lastre di ghiaccio incollate agli strapiombi che incombono. Ne precipitano in continuazione, lacerando l'aria e frantumandosi sul pendio sopra di noi. Tutto va bene finché ci investono solo le schegge, poi cominciano ad arrivarci addosso i pezzi più grossi. Ho appena finito di piantare un secondo chiodo nel ghiaccio, al termine della seconda sfilata di corda, quando un fragore, seguito dal grido di Zappelli, mi fa sussultare: una lastra di ghiaccio l'ha investito. Il casco ne ha attutito il colpo, e lui, grazie al chiodo al quale ha saputo abbrancarsi in tempo, non è stato trascinato giù. Ma se avesse perduto i sensi?

Il pericolo si fa serio. Decido di piantare un chiodo nel ghiaccio ogni dieci metri, aumentando così gli ancoraggi che dovrebbero sostenerci nel caso ci colpissero altre scariche. Non sono trascorsi cinque minuti dall'incidente di Zappelli che tutta la montagna prende a tremare. Presso la vetta del Monte Bianco si è staccata una frana di ghiaccio colossale, che rovina giù di fianco a noi, sulla destra lungo il ghiacciaio pensile della «Poire». Questo grande salto fa da trampolino alla frana, e ciò che si presenta ai miei occhi è indimenticabile. Ho l'impressione di essere sfiorato dalla valanga, e Dio sa se non è vero. Per fortuna, rimango immobile sul muro di ghiaccio, in equilibrio sulle punte dei ramponi, con lo sguardo incollato a quel cataclisma. Tutto ribolle e rimbomba per parecchi secondi, poi un vortice di nubi bianche sale fino a noi assumendo riflessi violetti. Mi sento un completo nulla alla mercé di forze immani e regolate dal caso. E ancora allibisco quando, tornata la calma, rivedo le *rocce sinuose* percorse all'alba, completamente imbiancate dalla valanga di ghiaccio che di rimbalzo è passata fino al centro della parete del nostro Pilier.

I quaranta metri di corda disponibili sono finiti, e ancora mi trovo alle prese con la dritta parete di ghiaccio levigato. Mentre avanzo, faccio procedere anche il compagno, a corda tesa. Sbuco finalmente sul ghiacciaio pensile, sopra il grande seracco sospeso. Qui la neve è alta e farinosa, c'è il rischio che si produca una slavina. Percorro obliquamente l'intero pendio nevoso prima di individuare la possibilità di valicare la lunga crepaccia che sta alla base dell'ultimo scivolo. Ora mancano soltanto centocinquanta metri di candida parete per arrivare sulla vetta del Pilier, ma è uno scivolo di ghiaccio ertissimo e rivestito di neve polverosa. Questo versante nord sembra non voler cedere tanto facilmente.

La morsa del gelo già si fa sentire, e gli indumenti e le scarpe, che si erano inzuppati d'acqua durante il giorno, adesso si sono irrigiditi.

Supero un ultimo crepaccio, in piena parete, e punto dritto alla vetta del Pilier d'Angle. La raggiungo alle 18.05.

La cima si presenta come una lunga e affilatissima cresta nevosa irta di cornici. Da quassù un mondo nuovo si apre allo sguardo, ed è grandioso. Di fronte a me si profila il Pilone Centrale di Frêney; più in basso, alle nostre spalle, si apre il Colle di Peuterey sul quale incombe l'Aiguille Blanche. Parallela alla nostra via c'è poi la cresta dell'Innominata che sale dai profondi ghiacciai. Molto, molto più in basso, spuntano in quantità montagne verdi inondate di sole. L'occhio che durante il giorno si era inaridito torna a riempirsi di colori.

Pur disponendo ancora di qualche ora di luce preferisco arrestarmi qui sulla vetta del Pilier, su una comoda cengia rocciosa, e attendere che il gelo notturno indurisca la fragile cresta nevosa di Peuterey. Aspetto inoltre il sorgere della luna, che rischiarerà l'ultima parte di cammino verso la vetta del Monte Bianco.

A mezzanotte circa la montagna si inonda di luce e di ombre. Il freddo è pungente. Facciamo fatica a rimetterci in movimento, ma quando troviamo il coraggio di farlo è una cosa meravigliosa, e la neve ora scricchiola sicura sotto i ramponi.

Ai primi albori già stiamo per concludere la scalata della bella cresta di Peuterey, da cui si abbracciano orizzonti incantati e rigidi, spennati qua e là dagli artigli del vento che ha cominciato a levarsi frenetico. Ecco le ultime rocce, e infine la vetta massima. Quando mi affaccio dall'altra parte colgo lo spettacolo più suggestivo che possa capitare di vedere all'alba dalla cima del Monte Bianco: da una parte appare il versante italiano bagnato di luce calda e sfolgorante, dall'altra la Savoia ancora immersa nella notte.

Sulla Nord delle Grandes Jorasses, d'inverno (1963)

Come naturale evoluzione, comincia a imporsi nell'alpinismo il problema di scalare d'inverno le pareti nord d'alta quota, che sono in definitiva le più difficili e complesse, ma anche le più significative: costantemente ghiacciate, severe, prive di sole quando le giornate sono più corte.

Sarà questa la dimensione nuova dell'avventura alpinistica degli anni Sessanta.

Ovviamente sono molte le pareti nord delle Alpi, ma il meglio è sintetizzato in un trittico superbo: Cervino, Eiger, Grandes Jorasses. Tre affascinanti montagne simboli della bellezza, della difficoltà, nonché della storia della conquista delle Alpi.

Vinta nel marzo 1961 la Nord dell'Eiger, e superata nel febbraio 1962 la Nord del Cervino, resisteva ai ripetuti attacchi la Nord delle Grandes Jorasses, la più difficile e prestigiosa delle tre pareti.

L'insuccesso dei vari tentativi avvenuti sulle Jorasses aveva fatto maturare la convinzione che per scalare d'inverno questa parete occorresse adottare la tecnica himalayana di quel tempo, ossia la collaborazione di alpinisti che si suddividessero il compito dell'allestimento della via mediante chiodi, corde fisse e tendine dislocate lungo il percorso.

Il progetto, concepito appunto con metodo himalayano, viene messo in atto nella seconda metà del marzo 1962 da quattro alpinisti di tre nazionalità diverse. Ma è un insuccesso. Dopo quattro giorni di lavoro le cordate si trovano ancora all'inizio dello sperone Walker. Ignoro la ragione della loro rinuncia (non fu certo per maltempo) ma ho invece ben radicata in me la convinzione che la scalata invernale della parete Nord delle Grandes Jorasses, proprio per quanto di simbolico rappresenta, va rispettata. E per rispetto intendo che si debbano affrontare le sue difficoltà soltanto nello spirito e con i soli mezzi tecnici usati dai predecessori. D'altra parte che senso avrebbe scalare a ogni costo una parete simbolo come quella delle Jorasses ricorrendo al compromesso, all'uso di mezzi oggettivamente ingiustificabili! Non si farebbe che spogliarla del fascino dell'ignoto, dell'impossibile, della lotta che impegna tutto l'essere facendo emergere ciò che di meglio e di umano è rimasto in noi.

Detesto gareggiare per una montagna. Per questo sono stato lontano dalla corsa alle pareti nord invernali, pur includendole nei miei progetti. Provo però un tale disgusto per la mediocrità crescente nell'alpinismo che giuro a me stesso di farmi paladino della tradizione.

Conosco lo sperone Walker, appunto sulla Nord delle Jorasses, per averlo scalato in estate quattordici anni fa, ma soprattutto conosco i miei limiti di resistenza al freddo, alla fatica e alla solitudine in alta montagna. Questa per me è la base per poter pensare a una simile scalata. Quella base, per me, adesso c'è, e sono ben deciso a confrontarmi in pieno inverno con la grande Nord.

Compagno d'avventura sarà il giovane ma ben valido Cosimo Zappelli, con il quale ho raggiunto un buon affiatamento. Tenteremo la nostra impresa seguendo l'onesto criterio di avvicinarsi alla montagna, scalarla, e discendere a valle, sempre con le nostre sole gambe, senza servirci di un elicottero e radioline varie, come invece qualcuno, precorrendo i tempi, già ne fa ampio uso. Se nel rispetto di queste premesse riusciremo nel nostro intento, ebbene la scalata invernale alla Nord delle Jorasses sarà per noi un'affermazione personale, ovviamente, ma non di meno sarà anche un omaggio all'alpinismo classico, sempre da me convalidato e nel cui spirito già si erano misurate le generazioni che ci hanno preceduto.

Verso Natale, quando stimo siano buone le condizioni della montagna, parto con l'amico Zappelli diretto alla grande parete Nord. Discendiamo con gli sci la Mer de Glace risalendo poi il ghiacciaio Leschaux, onde raggiungere l'omonima capanna. Fino a otto anni fa, era un confortevole rifugio in uno degli angoli più incantati del Monte Bianco; ma una gigantesca valanga l'aveva un giorno colpita e distrutta, riducendola a un mucchio di travi e di lamiere contorte. Questo rudere sarà per noi un bivacco dove ripararci dal vento, se non proprio dalla neve.

Ma la stessa sera il tempo si guasta e l'indomani siamo costretti a ripiegare su Chamonix accompagnati da un'abbondante nevicata.

Segue un inverno crudo e nevoso. Al dire dei meteorologi il peggiore degli ultimi cinquant'anni. È senz'altro il meno propizio per tentare un'impresa di questa portata, ma ormai «il dado è tratto», e non voglio tirarmi indietro.

Il bel tempo ricompare finalmente un mese dopo, però con temperature da far rabbrividire un siberiano. Splende comunque il sole, il barometro è stabile su alta pressione e le informazioni meteo dalla Francia e dalla Svizzera assicurano bello stabile.

È martedì 22 gennaio. Fisso la partenza per l'indomani alle sette. A quell'ora, puntuale, arriva a casa mia Zappelli, ma con aria stravolta: «Non ne posso più dal dolore», dice, «ho un ascesso sotto la capsula di un dente». Dal suo viso già tondo sporge una guancia enormemente gonfia, gli occhi segnati da una notte insonne. È un duro colpo. Così, invece della funivia dei ghiacciai prendiamo la strada per Aosta, a cercare un dentista. Tolta la capsula e preso qualche antibiotico, il problema sembra risolto.

Prendiamo la funivia del Colle del Gigante nel primo pomeriggio. Ma la quota e il freddo sono i peggiori nemici del mal di denti. E al rifugio Torino la situazione precipita di nuovo. Come continuare con il compagno in queste condizioni? Sembra una congiura: dopo un mese e mezzo passato in attesa di prendere il via, ora tutto sembra sfasciarsi. Zappelli soffre e mi guarda in silenzio, è comprensibilmente avvilito, ma non rassegnato. Passa un'ora. Potremmo decidere di soprassedere per un paio di giorni, ma gli aspiranti alla prima scalata invernale alla Nord delle Jorasses sono troppi, e finiremmo per trovarcene qualcuno tra i piedi. Che fare? Attendiamo ancora un po' e alla fine, nonostante l'ora tarda, calziamo gli sci, e giù diritti per la Mer de Glace.

Il sole è prossimo a tramontare e il Dru, come un rogo, si inonda di luce rossa, mentre le creste più basse sfumano nel cielo violetto. C'è nell'aria un silenzio pesante, pieno di tensione: domani, forse, dovremo risalire questi pendii nevosi lungo i quali ora scivoliamo veloci con gli sci. Abbandonata la Mer de Glace là dove confluisce il ghiacciaio Leschaux, nel grigiore crepuscolare cominciamo a risalirlo con montate sugli sci le pelli di foca. Il freddo si fa pungente, Zappelli a intervalli regolari è colto da acute fitte al dente, continuiamo tuttavia il nostro cammino.

È notte fonda quando raggiungiamo ciò che è rimasto della capanna Leschaux. Comincia il rito della preparazione dei sacchi per la scalata.

Quanto potrà durare la nostra avventura? Quanti e quali viveri portare? Nel dubbio abbondiamo in tutto, e i sacchi risultano spaventosamente pesanti. È certo che non riusciremo con un solo viaggio a trasportare l'intero bagaglio fino alla base della parete. Consumiamo in fretta e in silenzio un piccolo pasto, poi ci sistemiamo per il bivacco al riparo delle lamiere. Qualche pillola sedativa consente a Zappelli di assopirsi.

24 gennaio. Ci alziamo prima dell'alba: il cielo è ancora stellato, il freddo morde, il termometro segna venti gradi sotto zero. Ancora una volta la partenza dipende dalle condizioni del mio compagno, che però adesso appare più sollevato. Ci carichiamo sulle spalle l'intero fardello, dopo aver messo gli sci ai piedi, e puntiamo verso la base delle Grandes Jorasses. L'aria schiarisce e la parete davanti a noi si presenta imponente e vitrea. Un cielo metallico sembra esaltarne l'inaccessibilità. La neve è crostosa e cedevole, sprofondiamo a ogni passo per un paio d'ore, schiac-

ciati dai pesantissimi zaini, e quando giungiamo alle prime rampe ci sentiamo spezzare le spalle. Allora dividiamo il carico in due parti uguali. Una prima metà resterà sul ghiacciaio, in luogo ben visibile, e con l'altra metà riprendiamo l'avanzata. Inizia così un lavoro di spola, un'ora e mezzo per volta, avanti e indietro.

Nel primo pomeriggio si alza un vento forte che spazza il ghiacciaio e solleva nubi di polvere gelata. Continuiamo ad affondare nella neve. La crosta di superficie dev'essere rotta a ogni passo per consentire un minimo di stabilità. In quell'immensa solitudine bianca ci pare impossibile di essere i soli ad avanzare verso la grande parete, ambita dai migliori scalatori del mondo. Eppure, a partire dalla Leschaux, non è apparsa alcuna impronta.

È quasi sera quando stiamo per riunire tutto il nostro carico ai piedi dello sperone Walker. Conficchiamo nella neve le code degli sci, che abbandoneremo, poi spianiamo alcuni metri quadrati di superficie al riparo di un verde seracco e ci disponiamo per il secondo bivacco sulla via di avvicinamento. Sta per giungere la notte e siamo stanchi, ma ciò non ci impedisce di fare un sopralluogo fino alla crepaccia terminale, per renderci esattamente conto dello stato in cui si trova la parete che ci attende. L'attacco, una lastra di ghiaccio vivo color verde smeraldo, si allunga decisamente erta. Salgo per alcuni metri. Non posso muovere un solo passo senza prima aver sbriciolato a colpi di piccozza alcuni decimetri cubi di fragilissimo ghiaccio per posare il piede.

Il buio ci sorprende ancora lì, ai piedi della muraglia: milleduecento metri di dislivello a picco, già difficile d'estate ma sconosciuto nelle sue condizioni invernali.

Torniamo al nostro ripiano per passarvi una interminabile notte di bivacco, un dormiveglia agitatissimo e logorante. Positivo però è il fatto che Zappelli si sia decisamente rimesso in salute. Verso mezzanotte si alza un vento teso, ungulato di gelo.

L'alba liberatrice ci coglie già in piedi mentre compiamo gli ultimi preparativi. Nei sacchi a spalla sistemiamo il materiale di uso più frequente, raccogliamo invece il resto in un saccone cilindrico di tela, destinato a essere issato via via con la corda.

Sono le otto e trenta del 25 gennaio quando iniziamo l'attacco vero e proprio alla grande Nord. Pianto un primo chiodo di assicurazione e comincia il duro lavoro di gradinamento sul pendio di ghiaccio vivo. Mi trovo subito a disagio vuoi per il freddo che mi irrigidisce nei movimenti, vuoi per l'estrema fragilità del ghiaccio dovuta alla bassissima temperatura; a ogni colpo di piccozza si infrange infatti come una lastra di vetro, irradiandosi di venature. Se non prendessi attente precauzioni rischierei di precipitare a ogni gradino incrinato, che si sgretola improvvisamente. Salgo in obliquo per una quarantina di metri prima di riprendere totale fiducia. Per un istante la montagna pare sorridermi mostrando uno spicchio giallo di vetta illuminata di sbieco dal primo sole. Zappelli, secondo l'intesa, prima di raggiungermi abbandona nel vuoto il saccone cilindrico che isserò in un secondo tempo. Lo vedo ondeggiare un paio di volte come un pendolo di orologio, e quando si ferma lo recupero tenendomi in equilibrio sul pendio ghiacciato. Una manovra che si ripeterà infinite volte nel corso della giornata. Tra noi ci intendiamo a monosillabi, risparmiando ogni parola, ogni gesto che non siano indispensabili. Il vento si è calmato. L'azzurra chiarità dell'ombra che ci avvolge è vitrea, il gelo polare, l'aria pare solida e sa di metallo. Ora sto inerpicandomi lungo uno zoccolo di rocce ghiacciate. Calzo i guanti, ma presto dovrò levarli e salire a mani nude per avere una maggior presa.

Un evento emozionante interrompe improvvisamente la quiete. Nel silenzio sepolcrale della montagna sale, sempre più sonoro, il rombo di un motore. Ed ecco comparire nel cielo, verso Chamonix, un puntino scuro che il sole a tratti fa brillare come una stella. È un elicottero e punta deciso verso di noi. Un amico sarebbe venuto a visitarci da lì a qualche giorno, ed eccolo, mantenendo la promessa. Fatto un cerchio nell'aria per studiare le correnti, la libellula di acciaio si avvicina alla parete fino a dare l'impressione di sfiorarla. Sotto la cupola trasparente l'amico che ci fa cenni di saluto. Ma questa visione ci fa anche capire quanto separati ci troviamo ormai dal resto del mondo. Ora provo disagio, che diventa quasi un sollievo quando l'elicottero si allontana.

Riprendo la scalata, ma non posso evitare di cercare con gli occhi i nostri sci, quei pezzi di legno rimasti conficcati laggiù alla base della parete. Sono, con noi due, le sole cose estranee a questa natura spietatamente indifferente all'uomo. D'inverno la parete Nord delle Jorasses ha la prerogativa di non lasciare mai intravedere all'orizzonte un minimo segno di vita. Quassù non giunge altro suono che quello della bufera, altro movimento se non quello delle tempeste e delle valanghe. Chi la scala in questa stagione potrebbe benissimo immaginare di trovarsi, per magia, nel vuoto Antartide o su un pianeta senza vita.

Ci siamo intanto portati all'inizio del grande scivolo di ghiaccio. Il saccone che ci tiriamo appresso è diventato quasi un'ossessione. L'attrito contro la roccia lo ha lacerato in più parti e temiamo che non possa resistere a lungo.

Verso sera credo di udire il verso acuto di una cornacchia, benché mi sembri improbabile in questo luogo privo di esistenza. Invece la cornacchia c'è davvero, e pare anche gradire la nostra compagnia. Nera e furtiva veleggia armoniosamente sul levigato fluire del vento. Con improvvise scudisciate d'ali, e sibilanti tuffi e cabrate, abbandona e riprende a cavalcare la curva dell'aria giocando con disinvoltura. A tratti appare sospesa nell'azzurro, immobile come fosse aggrappata al cielo, e subito riprende a descrivere parabole, volute e spirali di straordinaria eleganza. Guizza con esultanza e plana in un'estasi di volo silenzioso. Ogni tanto stride con verso aspro e sembra compiacersi delle sue stesse note, echeggianti nel vuoto. Quando scivola lungo i contorni della parete mi sfiora con un angolo strettissimo, ma più sovente la sua forma spicca, fugace e corsara, ora contro il candore dei ghiacciai, ora contro la cupola azzurra del cielo. Dicono che la cornacchia sia un segno di malaugurio. Trovo invece che la sua presenza, qui, sia infinitamente amica.

La luce svanisce rapidamente e l'ombra caliginosa della notte ci piomba addosso mentre sto ancora cercando un buon posto di bivacco. Finalmente, quando è già buio, riesco a conficcare un buon chiodo di assicurazione sopra due anguste protuberanze. Liberate dalla corazza di ghiaccio serviranno da giaciglio. Siamo a 3200 metri circa. Ci sediamo penzolando le gambe nel vuoto e ci imbrigliamo con anelli di corda che fissiamo al chiodo. Il tempo non desta alcuna preoccupazione. Il cielo è stellato e freddo come sempre, siderale. Benché ogni movimento risulti difficile, riusciamo a piazzare il fornelletto a gas e a prepararci una bevanda, appena tiepida per risparmiare gas.

All'alba di sabato il barometro è sceso di alcuni millimetri. In breve il cielo si riveste di sottili veli madreperlacei che vagano alla deriva verso sud. È un vento ancora buono. Penso che la perturbazione sia passeggera, ma non sarà così.

Una settantina di metri sopra di noi ci attende la prima grande difficoltà della parete Nord: la *Fessura Allain*. Ma per oggi, contrariamente al previsto, questa fessura la vedremo soltanto. Verso mezzogiorno, infatti, i compatti veli di nubi vengono lacerati dagli artigli di una vera e propria bufera, che comincia a sferzarci finendo per bloccarci su un terrazzino prima ancora di giungere al difficile passaggio *Allain*.

Il vento sibila mulinando il nevischio, che ci impedisce di tenere gli occhi aperti. La polvere di gelo penetra dappertutto. Mi prende la sfiducia, temo che dovremo rinunciare all'impresa. Passa tutto il pomeriggio e ancora non ho preso una decisione. Sopraggiunge la notte e il vento è sempre più furioso. Nonostante certe necessità impellenti non usciamo dai sacchi.

Alba di domenica. Luce fosca, vento ruggente, raffiche e vortici di neve, il maltempo persiste. Sarebbe saggio abbandonare l'impresa, ma questa parete mi è costata troppe ansie e sacrifici per rassegnarmi alla sconfitta. Siamo bene equipaggiati, e questa consapevolezza mi induce a rinviare di altre ventiquattro ore la penosa decisione. Mascherando la tristezza con una battuta, che vorrebbe essere allegra, dico al compagno: «Perché scendere proprio oggi che è domenica?»

La temperatura, che verso l'alba aveva toccato i trenta gradi sotto zero, nel primo pomeriggio accenna a mitigarsi. Il vento cade, e prima di sera il barometro sale di cinque millimetri. Questi sono indizi di buon tempo, la nostra costanza è dunque premiata. La certezza di poter riprendere la salita ci ridà l'allegria, e dopo aver salutato l'amica cornacchia che ha ripreso a volarci intorno ci disponiamo al terzo bivacco in parete.

Siamo rimasti fermi, appesi allo stesso chiodo per oltre quarantatré ore. Spunta la quarta alba e siamo ancora a quota 3300. Ci sentiamo però in piena forma fisica e morale. Nella notte ho maturato una decisione importante per la riuscita dell'impresa: abbandoneremo appeso a un chiodo il pesante saccone che rallenta troppo la nostra scalata, dopo avervi prelevato i viveri necessari per compiere un blitz che stimo non durerà più di tre giorni, a partire da questo momento. Entro questo breve termine dovremo quindi superare i novecento metri di parete che ci sovrastano. Dopo tutto, stando alle indicazioni del barometro, il bel tempo sta tornando, e un carico alleggerito favorirà sicuramente l'ascesa; anche se gli zaini a spalla d'ora in poi saranno molto più pesanti.

Verso le otto siamo pronti a scattare. La *Fessura Allain* ci mette subito a dura prova, sia perché ho i muscoli intorpiditi da quasi due giorni di gelida immobilità, sia perché le difficoltà tecniche non ci consentono di tenere i guanti. Al primo contatto con la roccia, e con il ferro dei chiodi, ho la sensazione di afferrare dei corpi roventi. Zappelli, estratto un primo chiodo dalla roccia, nella foga di una manovra se lo pone momentaneamente tra le labbra, ma un attimo dopo, quando se lo toglie, quel corpo gelido resta incollato alle labbra umide, ferendole a sangue. I giornali, riferendosi a questi giorni (lo leggerò al mio rientro), parlano di «una quinta ondata di gelo polare che ha investito la penisola»: nella bassa modenese vengono registrate temperature di meno venticinque gradi.

Il superamento della *Fessura Allain*, un tratto di soli trenta metri, richiede ben due ore di sforzi. La parete è liscia e strapiombante, i chiodi entrano a fatica nelle fessure della roccia intasate di ghiaccio, e tali agganci diventano insicuri. Il peso del sacco sulle spalle strappa maledettamente in fuori, le mani sono pressoché insensibili, così infagottati ci troviamo impediti nei movimenti. Poi, superato il primo impatto con la scalata, tutto in noi torna a rispondere perfettamente.

Sono le undici e trenta e sto per affrontare la seconda grande difficoltà della parete: il *diedro di 90 metri*. Le rocce presentano qui zone spoglie di neve, ma subito dopo ecco apparire spesse incrostazioni gelate, rimaste incollate persino agli strapiombi. Compiendo ampie spaccate devo prima ripulire questi tratti glaciali alla ricerca di appigli e di fessure. Bastano un paio d'ore per sbucare al di sopra del grande diedro. Ora ci innalziamo su placche levigate e quasi costantemente corazzate di ghiaccio. Il nostro morale e la scioltezza nei movimenti hanno raggiunto un tale livello che non soffriamo più né il freddo né il peso dello zaino. Ci dimentichiamo persino di mangiare, e neppure risentiamo del fatto che da cinque giorni praticamente non dormiamo. Siamo dunque in perfetta forma e il cielo è tornato terso. Per la prima volta sento in cuor mio la certezza che ce la faremo.

Alle quattro del pomeriggio siamo a quota 3600, sotto il famoso passaggio a pendolo, chiave di volta dell'intera scalata. La via si presenta improvvisamente sbarrata da una placca di rocce lisce e strapiombanti. Allora, con l'aiuto di un chiodo al quale appendo una delle due funi, mi calo nel vuoto per una decina di metri, poi, sempre rimanendo con le mani afferrate alla corda, prendo lo slancio e mi butto in un'ampia pendolata sulla destra, correndo sulla dritta parete: è come se mi muovessi in un mondo privo di gravità. Raggiungo così alcune asperità rocciose sulle quali mi aggrappo, al volo, e mi ci inerpico fino a raggiungere un terrazzino. Il compagno ripete la stessa manovra aiutato dalla fune che ci lega e che mantengo tesa e ben salda. Ora sfilerò la corda dal chiodo, recuperandola. Ecco fatto. È un momento cruciale perché una volta «tagliato il ponte» con la pendolata ci si ritrova isolati da tutto quello che sta sotto, e a lato: impossibile dunque ritirarsi lungo la via appena percorsa. Ma noi ci sentiamo ormai come catapultati verso l'alto.

Il sole pomeridiano, dopo aver fiammeggiato sulle vette attorno, muore lentamente come un tramonto di candele. Continuiamo a salire fino a quando ci imbattiamo in una grossa scaglia rocciosa incrostata di ghiaccio. La liberiamo a colpi di piccozza e a questa ci ancoriamo con le corde per passarvi la nuova notte di bivacco. Sarà scomodissimo, dovendovi restare eretti e addossati. Dapprima indugiamo, poi ci rassegniamo.

Sul pallido viola dell'orizzonte anche stasera le prime ombre avevano cominciato a dipanarsi, e la notte aveva preso a salire dal basso come acqua scura che tutto sommerge. Le prime stelle brillano a migliaia sospese nel cielo di cobalto. Sopra di noi sporge la massa scura delle temibili *placche nere*. Un altro giorno è passato e un'altra notte è discesa: la sesta. Non abbiamo la minima possibilità di variare la nostra posizione, riusciamo tuttavia a mangiare qualcosa, e persino a sciogliere un po' di neve sul fornello, tenuto con un braccio in equilibrio sulla scaglia. È un'operazione lunga e difficile, dovendo ogni tanto infilare la bomboletta sotto gli indumenti per sciogliere il gelo che tende a bloccare l'erogazione del gas, e a spegnere la fiammella.

In questi giorni ho ripensato spesso alla mia prima scalata su questa parete avvenuta nell'estate del 1949. Avevo diciannove anni, come il mio compagno Andrea Oggioni, e ci cimentavamo su quella che all'epoca era ritenuta la più difficile parete del mondo. Soltanto quattro cordate l'avevano scalata prima di noi, da quando, nel 1938, Cassin-Esposito-Tizzoni l'avevano vinta per primi. Ricordo quei giorni come i più intensi della mia vita, e anche i più esaltanti, nonostante la nostra indigenza. Era l'immediato dopoguerra ed eravamo così poveri da non possedere neanche un comune passamontagna. Tanto che dovemmo sostituirlo con un sacchetto di cotone, quello del pane, dopo avervi aperto due fori per gli occhi. Anche i nostri zaini erano residuati di guerra acquistati sulle bancarelle. La corda, già l'ho detto, era una pesante fune di canapa ritorta, e i chiodi li avevamo ricavati noi stessi da una barra di ferro e poi modellati sul fuoco a colpi di martello. Le vitamine, per affrontare una prova come questa, ce le avevano fornite una mezza dozzina di mele e qualche pomodoro, che andò subito schiacciato nello zaino. Eppure ci sentivamo i ragazzi più agguerriti e felici del mondo. Ricchi di voglia di vivere e di misurarci.

Nonostante il disagio che ci procura questo bivacco siamo tuttavia di buon umore, e riusciamo persino a scambiarci qualche battuta scherzosa. Cediamo infine alla sonnolenza. Nel dormiveglia ho la sensazione di scivolare via dalla scaglia rocciosa su cui siamo collocati, ma è un sogno e non accade nulla. Anche Zappelli sonnecchia. Poi all'improvviso sale un urlo, un mio urlo che ci sveglia entrambi di soprassalto: mi ritrovo spenzolante in un groviglio di corde. Come una premonizione il sogno s'era fatto realtà: i miei piedi, stando io così malamente addossato alla parete, erano scivolati sul ghiaccio ed ero finito appeso alle corde un metro più sotto. E pur finito lì riuscirò a risistemarmi.

Nell'attesa di riaddormentarmi mi guardo intorno. Sull'Aiguille Verte una grande macchia scura invade il cielo stellato. Consulto il barometro: è in lenta discesa. Il tempo sta per tradirci nuovamente. Da questo momento le ore che ci dividono dall'alba trascorrono angosciose e mi domando se ce la faremo a superare questa seconda metà della parete prima che sopraggiunga il maltempo.

Già ai primi albori del martedì ci muoviamo sugli strapiombi delle *placche nere*. Gli sci abbandonati ai piedi della parete mi appaiono stamattina ancor più piccini, fragili e irraggiungibili. Lunghi nuvoloni scuri galleggiano nel cielo all'orizzonte muovendo da nord-est: segno di tempesta vicina. La precede un forte vento che ci ostacola enormemente. La situazione adesso è radicalmente cambiata; dovremo giocare il tutto per tutto, a carte scoperte.

Per avanzare più spedito sono costretto a togliermi i guanti e a limitare al massimo i chiodi di assicurazione. Incalzano le difficoltà e procedo quasi sempre in arrampicata libera affidato alla presa delle mani. La temperatura è ovviamente rigidissima. Nell'aria c'è un biancore slavato, sospeso su una salamoia di toni grigi. Come in una fuga nulla dovrà più rallentare la corsa verso l'alto.

Passiamo così le *placche nere* e anche le ripide rocce sovrastanti, poi la *cresta a dorso di mulo*, il *nevaio superiore*, il *camino rosso*. E qui giunti, il giorno sta di nuovo per abbandonarci. Noto appena un tramonto di bagliori di fuoco sospeso tra le nebbie, in un clima siderale. La tempesta ci è addosso. Alcune raffiche di nevischio già ci avvolgono con un soffocato turbinio. Il termometro, che porto agganciato sul petto, appare bloccato sui meno trentacinque ma scenderebbe ben di più se la lancetta potesse ancora spingersi oltre il fondoscala. Fermarsi equivarrebbe alla paralisi. Ora abbiamo paura. Eppure dobbiamo superare assolutamente tutte le difficoltà che ci separano dalla vetta, prima che annotti, e malgrado il rischio di dover bivaccare ancora una volta appesi a un chiodo.

Quasi alla cieca superiamo una prevista traversata orizzontale sotto la *torre rossa*, a quota 4050, oltrepassiamo anche lo strapiombante camino che segue. Poi si sfalda anche l'ultima incerta luce, e non si distingue più nulla all'infuori della striscia bianca della fune che ci unisce. Qui mi slego dalla corda, la aggancio, passandola in un moschettone, al chiodo che a tentoni sono riuscito a piantare sopra di me, e infine su quella corda mi ci calo fino a tornare dove Zappelli era rimasto ad attendere, attanagliato dal gelo. In quel punto della scalata, un luogo qualsiasi, senza andare tanto per il sottile ci sospendiamo entrambi all'unico ancoraggio possibile, ossia alla stessa corda appena ancorata, che pende dall'alto. Ed entriamo finalmente nei sacchi da bivacco, che ormai così pieni di vento sembrano aver perso la loro funzione protettiva. A tal punto la bufera esplode in tutta la sua violenza sballottandoci di qua e di là dentro i sacchi gonfi come palloni. Qui il vapore del fiato si condensa istantaneamente creando una maschera di ghiaccio intorno al volto. Addormentarsi? Significherebbe non risvegliarsi più! A tratti, chiudendo gli occhi, ho la sensazione di trovarmi aggrappato a un relitto portato alla deriva dal mare in tempesta. Il vento brutale si schianta contro la parete con il fragore di un'ondata, i cui spruzzi sono aghi penetranti. Sono come un naufrago e la zattera è la stessa corda che mi trattiene. L'angoscia è totale, la notte eterna.

L'alba che segue è livida, scomparso è il ghiacciaio di Leschaux, dentro una cappa plumbea che preme su tutta la montagna. Soltanto l'Aiguille Verte e il Dru appaiono a brevi tratti come lontani fantasmi smagliati. Siamo a soli centotrenta metri dalla vetta. Ma come arrivarci? Che sarebbe di noi se ieri sera non avessimo raggiunto queste rocce finali? Ma adesso, come superarle? Cose drammatiche, considerazioni disperate. Ma da qui forse è la scintilla che ci scuote, fino a ritrovare la volontà, il coraggio di lottare ancora, per venirne fuori. Questo ora lo vogliamo, a tutti i costi, ed è vitale.

Ripartiamo dunque su questa grande spinta emotiva. Braccia e gambe non obbediscono subito ai comandi; ma in breve mi accorgo che le mie mani non sfiorano i gelidi appigli ma li stringono come morse. Non è più una semplice scalata la nostra, ma una lotta estrema per la vita. Ecco la cornice nevosa della vetta. Ancora trenta metri di rocce saldate dal gelo. Poi una placca di granito liscio frangiato di spessa brina. Le mani si incollano su questa placca, stringo i denti dal dolore, ancora un acrobatico volteggio, poi, spettrale sopra di me, si protende un gigantesco ricciolo di neve. Sembra una di quelle visioni che si incontrano passando dallo stato di veglia al sonno. Il suo lato sinistro ha una trasparenza verdastra. Cerco di romperla per uscirne fuori, ma una raffica di sinibbio mi acceca. Quasi a occhi chiusi, con le palpebre incollate dal ghiaccio, alzo la piccozza e la conficco al di sopra della cresta. Un attimo dopo mi rotolo dall'altra parte: sono sulla punta Walker, la vetta delle Grandes Jorasses.

Mi rizzo in piedi. Il vento mi spinge via. Muovo alcuni passi per stare in equilibrio, quasi incredulo di non dovermi aggrappare con le mani da qualche parte. Mi sembra impossibile che in un minuto soltanto si possano vivere realtà così diverse: dinanzi a me la liberazione da una lotta estrema che dura da sette giorni; dietro, l'incubo di una conclusione tragica quando ormai tutto sembrava risolto.

Non vedo il mio compagno ma ne immagino ogni gesto: il volto incorniciato di gelo, si aggrappa alle ultime scaglie ghiacciate, è preso dall'ansia di fare presto, di fuggire e un demone che lo insegue e si affretta per vedere al di là, verso il chiarore del versante italiano. Ha sete di luce, di profili orizzontali, di volti e di ricordi, non sente che il desiderio di ritornare a vivere, di scavalcare la cima per discendere subito a valle. Così, un minuto prima, ero io.

Ecco, anche Zappelli è sbucato dalla frangia nevosa della vetta. Il suo sguardo esultante eppur stravolto s'incontra con il mio. Ci abbracciamo. Anche la corda si rilassa per un momento: l'arco che fino adesso era teso sul precipizio si affloscia magicamente ai nostri piedi, in anelli disordinati. Tutto questo dura pochi attimi, il gelo ci paralizza, il vento ci ricaccia le parole in gola. Voglio fermare questo momento di vita in un luogo dove la vita non può esistere e ci fotografiamo l'un l'altro con la macchina incapsulata in un blocco di ghiaccio: chissà se le vedremo queste immagini? Poi fuggiamo via barcollando. Guardo l'orologio, sono quasi le dieci. Il fondovalle si indovina appena fra i turbini tempestosi. Nuove preoccupazioni prendono il posto di quelle che ci hanno accompagnato sinora. Non più la verticalità, la roccia sfuggente, il pericolo di rimanere bloccati sulla parete; c'è invece la minaccia delle slavine e dei pendii nevosi, che sembrano innocui ma che potrebbero aprirsi in una voragine, o trasformarsi in un labirinto dove è facile scomparire nella tormenta.

Mentre discendiamo la calotta ghiacciata delle Grandes Jorasses, lo stridore dei ramponi ai piedi vince il clangore del vento. Il ghiaccio ora cede il posto alle rocce ammantate di neve, che non costituiscono un problema. L'attraversamento del canalone Whymper mi procura qualche apprensione, ma la temuta valanga non si stacca. Continua però a nevicare. Temo un altro bivacco, sepolti nella tormenta. Alle *Rocce del Reposoir* ho una buona idea: compiere due calate a corda-doppia e poi filare giù diritti per il ghiacciaio. Qui la neve è alta e la visibilità scarsa. Affondiamo fino alla cintola, brancoliamo come ubriachi per aprirci un varco, lasciando dietro di noi un solco profondo. Ma perdiamo quota rapidamente. Il termometro segna ora quindici gradi sotto zero; quasi caldo rispetto agli eccezionali meno quarantadue registrati da un elicottero francese in quei giorni a circa quattromila metri. Mi slaccio la giacca imbottita e penso a quanto tempo l'ho tenuta addosso. Quando me la sono messa? Sette giorni fa, verso le tre del pomeriggio: ero sulla funivia che porta al rifugio Torino.

Alla capanna delle Grandes Jorasses non ci fermiamo, anzi non la raggiungiamo neppure, ma filiamo giù diritti per i canaloni delle valanghe, così fino in fondo alla val Ferret. Ci sarà qualcuno ad attenderci, penso. Invece laggiù non c'è traccia umana, la neve è vergine come sul ghiacciaio delle Jorasses. Non posso crederci, né riesco a trattenere un'imprecazione. Sono le 17.30 e fa ancora giorno. Per colmare quei pochi chilometri di strada, dove sepolto sotto la neve corre il manto asfaltato, ci vorranno circa tre ore: che beffa!

Quando entriamo nel bar che si incontra arrivando a Entrèves – ultimo avamposto al di là del quale, d'inverno, a quel tempo era il nulla – la gente si sorprende della nostra apparizione. Ci chiedono: «Ma, non dovevate arrivare domani?» Alzo gli occhi al televisore e capisco: con aria grave un esperto di alpinismo sta dicendo che, salvo complicazioni, Zappelli e io raggiungeremo domani la vetta delle Grandes Jorasses.

Chiamo un taxi che mi porti a casa. È il colmo, anche qui nessuno è in casa ad attendermi. Per una buona ora resto chiuso fuori dalla porta. È il mio ottavo bivacco.

Parete Nord del Cervino, d'inverno e da solo (1965)

Il favoloso Cervino e il grande Edward Whymper: due entità inscindibili nella storia dell'alpinismo.

Era il 14 luglio 1865 quando l'irriducibile inglese con i suoi sei compagni avevano conquistato per primi la vetta del Cervino. Poi, a tre giorni di distanza, arriverà là in cima anche il valdostano Jean Antoine Carrel, con i suoi compagni, lungo l'elegante cresta italiana del «Leone». Era iniziata l'affascinante epopea della montagna.

Ma quale il costo di tanta gloria? A pagarlo, e a caro prezzo, toccò purtroppo al gruppo vittorioso di Whymper. Quei sette uomini avevano cominciato a discendere dalla vetta appena vinta, quando Hadow cade e travolge Croz, immediatamente sotto di lui. La corda, gravata dal peso dei due corpi, si trancia contro un blocco tagliente, e in un attimo anche Hudson e Douglas vengono trascinati nell'abisso, inghiottiti dalla parete Nord. Fu così che quattro dei sei compagni di Whymper perirono nella terribile sciagura. Una delle più tristemente note nella bibliografia dell'alpinismo, una tragedia che lascerà nella vita di Whymper un segno indelebile.

1965, è l'anno centenario di quella grande conquista. È il pretesto per me per scalare ancora una volta quella mitica cima. L'intento – già era stato in passato un mio progetto – era di risalirla per la parete Nord in pieno inverno. Adesso, se l'impresa riuscirà, sarà l'omaggio più bello che io possa fare al Cervino e al suo magnifico conquistatore, nello storico anno della centenaria ricorrenza.

Fedele alle mie decisioni, da mesi ormai non penso più alle grandi scalate. Ho deciso di chiudere con l'alpinismo estremo. Sono invece prossimo a partire per un lungo viaggio avventuroso in Canada e in Alaska. Ma questo 1965 è molto particolare: coincide con l'anno centenario della prima scalata del Cervino, una data storica e commemorativa. Cosicché, nonostante i miei propositi, riaffiora in me, irresistibile, un vecchio progetto di tracciare una via diretta lungo la sua parete Nord riprendendo l'attacco dal 1928 di Mooser e Imboden. Ebbene ho deciso, scalerò il Cervino seguendo quel progetto. Aprirò una parentesi e la richiuderò subito dopo, senza rimpianti. Onorerò così, a modo mio, i cento anni della sua storia. Tenterò dunque quella via diretta sulla parete Nord e sarà necessariamente d'inverno: quest'estate un oceano mi separerà dal Cervino.

È fra gli intimi amici che scelgo i compagni di questa mia ultima impresa alpinistica: Gigi Panei, abruzzese, e Alberto Tassotti, carnico. Entrambi non più giovani ma sicuramente di salda tempra e colmi di entusiasmo. Anche loro, per amore della montagna, vivono ai piedi del Monte Bianco.

Attacchiamo il 10 febbraio. La parete è subito ripida, innevata e difficile. La cordata a tre, naturalmente, rallenta la progressione; le manovre sono lunghe e la giornata invernale è breve. Ma noi procediamo affiatatissimi e felici di essere quassù, e di esserci insieme.

Non incontriamo alcuna traccia dei nostri lontani predecessori, ma è intuibile che Mooser e Imboden si arrestarono ancor prima del passaggio che alla fine denominerò *Traversata degli angeli.*

In tre giorni complessivi di scalata, a partire dal fondovalle, ci portiamo al di là della appena detta *Traversata degli angeli*, dove attende un altro punto chiave della scalata: la barriera di rocce strapiombanti che segnando trasversalmente la Nord imprimono alla montagna un movimento quasi elicoidale. Qui durante la notte si scatena una bufera che di colpo ci inchioda senza speranza.

Avvolti nei sacchi imbottiti, siamo quasi penzolanti sulla parete. Soltanto due piccoli teli rossi di nylon, fatti a sacco, proteggono la parte superiore del corpo. Raffiche di polvere gelata ci investono a cento chilometri l'ora. I teli sbattono paurosamente, sempre sul punto di lacerarci. Così per ventiquattro ore consecutive; poi, di sera, la bufera raggiunge il suo culmine. Il mio telo si gonfia improvvisamente come uno spinnaker in pieno vento. Tassotti e io, avvolti nello stesso riparo, vediamo rompersi a uno a uno i suoi rinforzi interni, infine con un solo colpo il sacco-telo esplode. Non ne resta che un brandello sbattuto dal vento. Vi rimaniamo aggrappati disperatamente coprendoci il volto con quel che rimane, per non soffocare. E in quello stato passiamo l'intera notte.

All'alba rilevo che il barometro è precipitato di altri quindici millimetri: la bufera peggiorerà. Non ci resta che fuggire al più presto, sicché diamo inizio a un'acrobatica e penosa ritirata nella tempesta: quattrocento metri di calate a corda-doppia.

Ma a Zermatt ci attende una situazione piuttosto critica. Tassotti, maresciallo della Scuola Militare Alpina, non può transigere sui limiti della sua licenza, e deve rientrare subito al reparto. Panei, che è allenatore della squadra nazionale juniores di sci, deve fare i conti con i campionati ormai prossimi, e se ne va anche lui; mi lascia tuttavia sperare che tornerà. Resto dunque solo a «presidiare» il campo nell'attesa del compagno.

La notorietà, è provato, è una lama a doppio taglio. La stampa continua a sbandierare a grandi titoli il nostro sfortunato tentativo. L'importanza della nuova via invernale sul Cervino, la concomitanza con l'anno del centenario, e perché no il «fallimento di Bonatti», sono tre elementi che fanno notizia. Si smuove così un problema rimasto assopito per circa quarant'anni, istigando una competizione capace di attizzare anche il più freddo degli scalatori. L'operazione adescamento dà i suoi primi risultati: ecco sui giornali europei la notizia che il solito francese, o tedesco, o svizzero di turno si prepara a partire per riuscire là «dove Bonatti ha fallito».

Passano giorni di tormento, di vera persecuzione massmediatica, e per fortuna il tempo rimane sempre incerto. Ma, come temevo, Panei telefona e mi dice che assolutamente non potrà ritornare sul Cervino. «Ebbene, allora partirò solo!» gli grido furibondo, sperando di toccare le sue corde, di fargli sentire un senso di colpa per avermi lasciato solo, di indurlo infine a mutare la sua decisione. Ma niente da fare! Panei è irremovibile, e posso capirlo. Ho detto «solo»; ma è assurdo in un'impresa del genere. Convengo che la mia uscita non può che essere dettata da un impeto di ribellione; però già da questo momento comincio a considerarlo in modo diverso quel mio «solo», fino a dargli via via un senso più concreto e possibile. Ma sì, è la cosa più logica del mondo, mi dico pensando alla mia solitaria sul Dru e altro ancora. Perché mai non averci pensato fin dall'inizio?

Oramai non voglio altro, e da lì a un paio di giorni, non appena il tempo si ristabilisce, riprendo la via del Cervino. Solo.

La partenza, il 18 febbraio, avviene in un clima di tensione: sono state spese troppe parole sul mio precedente tentativo, perciò non voglio dar adito ad altri commenti. Farò tutto in gran segreto.

Quel mattino sono con me tre amici: Daniel Pannatier, Guido Tonnella e Mario De Biasi con il quale già ero stato in Siberia. Ho chiesto ai tre amici di accompagnarmi fin poco oltre lo Schwarzsee, simulando una normale passeggiata con gli sci, appunto per depistare curiosi e indiscreti. Là giunto, al riparo di una roccia indosso gli indumenti da scalata e preparo lo zaino. Ma al momento del commiato l'emozione mi tradisce. Vorrei apparire ai loro occhi sereno e scherzoso, invece riesco soltanto a balbettare un saluto soffocato, poi fuggo via. De Biasi, che si accorge del mio turbamento, trova un pretesto per accompagnarmi per un altro tratto di cammino.

Sopra di me il Cervino troneggia aspro in un cielo puro, quasi nero. Le sue rocce si mostrano taglienti, con attorno un vuoto ossessivo. Sono combattuto tra la necessità di convincere l'amico a rientrare, perché il cammino si fa sempre più insicuro, e l'egoismo di avere la sua compagnia il più a lungo possibile. Così lascio andare le cose per il loro verso naturale.

Raggiungiamo la capanna Hörnli a pomeriggio avanzato. Decido di continuare la marcia fino ai piedi della parete. Riprendo a salire e De Biasi continua a seguirmi. Poco più avanti gli verrà sbarrato il cammino da uno scivolo di ghiaccio vivo. Sul colle, appena al di là dell'Hörnli, il sole scompare dietro il Cervino ed entriamo nella gelida zona d'ombra. «Vorrei essere alpinista per poterti seguire», dice De Biasi da lì a poco, salutandomi con un abbraccio. Non so dire una sola parola, un nodo mi serra la gola. Riprendo il cammino senza voltarmi, non voglio vedere l'amico mentre si allontana. Eppure dovrebbe avviarsi, l'ora è tarda e una marcia lunga lo separa dal fondovalle. Nel superare un crepaccio sul ghiacciaio, un passo brusco mi obbliga a girarmi. De Biasi è ancora là.

Adesso soltanto esce dalla mia gola un grido di saluto. «Tutto andrà bene!» concludo. «Sì, Walter!» risponde l'amico, e sparisce al di là della cresta.

Sono stordito dall'emozione e dal profondo silenzio che avvolge la montagna nell'ora del tramonto. Mi guardo attorno e vedo un mondo vuoto e spento, che respinge l'uomo e la vita. Ogni cosa, stranamente, appare come sospesa. La roccia, il ghiaccio, la neve, la stessa montagna, tutto è lì in equilibrio tra realtà e immaginazione. Per non cadere nello sgomento mi impongo di non pensare più a nulla, e proseguo come un automa verso la base della parete. Supero il grande seracco, sul *plateau* soprastante ritrovo sulla neve qualche traccia delle nostre vecchie orme, ormai indurite e corrose dal vento. La scoperta non mi dà né sollievo né conforto.

Il buio mi sorprende sotto la parete mentre mi spiano sulla neve un riquadro dove potermi rannicchiare nel sacco da bivacco. Penso: «Se almeno arrivasse il maltempo!? Domattina potrei fuggire, tornare indietro. E se lo facessi già adesso?» Ma non è che la voce del fragile alter ego che in questo difficile momento vorrebbe averla vinta.

Un bagliore sale improvvisamente dal fondovalle: Zermatt si è illuminata. È uno spettacolo fantastico. Cento altri pensieri ora si intrecciano, e tutti portano sempre a una sola conclusione: non è meglio fuggire? Invece, e quasi non so perché, rimango lì. Passa l'intera notte senza che il sonno arrivi a placare i miei affanni. Gli occhi non riescono a distaccarsi dall'ombra nera della grande parete che incombe.

All'alba il freddo è insopportabile. Sfilandomi dal sacco mi ritrovo subito intorpidito. Quando sto per muovere i primi passi resto ancora per alcuni istanti indeciso se andare verso l'alto oppure verso Zermatt, infine prendo la via della parete, conscio di compiere una prova di coraggio verso me stesso.

La muraglia è subito ostile, devo piantare un chiodo per assicurarmi. Apro il sacco per cercarlo e frugandovi trovo un paio di inutili pelli di foca, capitate qui dentro non so come. A malincuore devo buttarle via. Zizì sembra sorridere. Zizì è l'orsacchiotto di pezza che il figlio più piccolo di Pannatier, l'amico di Zermatt, mi ha regalato come mascotte per questa avventura. Lo porto attaccato allo zaino da ieri pomeriggio e mi ci sono già affezionato.

Il tratto di scalata che segue mi assorbe completamente ed è una vera liberazione interiore. L'intera giornata trascorre poi rapidamente e quasi senza storia. Tuttavia la scalata mi assorbe talmente da scordare di nutrirmi. Procedo in parete in questo modo. Aggancio prima lo zaino a un chiodo, così come si assicurerebbe un compagno di cordata, poi mi arrampico per un'intera lunghezza di corda, che è di circa quaranta metri. Al termine di questa lunghezza fisso il capo della corda a un altro chiodo, quindi mi calo fin giù allo zaino, per caricarmelo sulle spalle e rimontare fino al punto massimo raggiunto. Naturalmente faccio questo levando via via gli eventuali chiodi piantati. Con questo sistema di progressione tempo e fatica non hanno misura. Per arrivare alla vetta scalerò il Cervino almeno due volte in salita e una in discesa.

La notte mi sorprende per la seconda volta in piena parete, quando mancano soltanto quindici metri per raggiungere l'unico spuntone che consenta un ancoraggio. Forzo al buio quei quindici metri e raggiungo lo spuntone roccioso appena in tempo per poter scorgere e rinviare i segnali luminosi concordati con l'amico De Biasi. E lui me li rimanda dal fondovalle.

Il vento inizia a spazzare la parete con raffiche brutali. Così, benché riarso dalla sete, non so decidermi a fondere della neve per prepararmi una bevanda. Alla fine vi rinuncio preferendo chiudermi nel sacco di bivacco.

Un carosello di immagini mi sfilano nella mente. Rivedo le *iurte* siberiane della lontana Jakutia, il volto di mio padre, il mare di San Fruttuoso e il suo Cristo degli abissi, le rose di un giardino di amici, l'ispettore Maigret che beve un grosso boccale di birra, i volti di persone amiche. E mi afferra ancora una volta un senso infinito di isolamento.

A notte inoltrata il cielo si oscura. Non sarà che il tempo voglia cambiare? Consulto il barometro, la lancetta staziona su valori alti. Se devo credergli non ho motivo di preoccuparmi, ma se cedessi all'istinto dovrei scappare per risparmiarmi ore di tempesta. Al mio rientro saprò che quella notte sul versante italiano del Cervino ha nevicato. Ma il giorno che sorge dissolve le nebbie e il tempo ritorna splendido.

È quasi mezzogiorno quando arrivo all'inizio della *Traversata degli angeli*. Le sue rocce, estremamente lisce e compatte, non ricevono che pochi chiodi, sempre malsicuri; inoltre queste rocce hanno una tale inclinazione da costringermi ai limiti dell'equilibrio per affrontarle. La *Traversata degli angeli* stavolta appare ammantata di uno strato di neve instabile che devo ripulire a ogni passo. Se almeno Panei si fosse dimenticato di levare quei pochi chiodi che a malapena ero riuscito a conficcare!

Sono centoventi metri di scalata obliqua, quasi orizzontale, su placche ripidissime, ghiacciate e infide. Roba da angeli, appunto. Queste placche mi impegnano fino a sera. Vi procedo con la massima cautela, a brevi tratti per volta, piantando radi chiodi che hanno un effetto psicologico più che di effettiva assicurazione. Poi torno indietro per caricarmi sulle spalle lo zaino, che pare sempre più crescere di peso. Procedo insomma con il solito sistema, avanti e indietro, ma essendo in traversata non posso appendermi alla fune.

Ogni tanto in cielo compare, molto lontano, un piccolo aereo che ha l'aria di curiosare. Dev'essere trapelata la notizia che mi trovo lassù, forse mi sta cercando. Comunque pare che ancora non mi abbiano trovato. Come rapaci portati dal vento questi aerei randagi salgono e discendono compiendo ampi cerchi. Ora appaiono opachi nell'ombra fredda della parete, ora rilucenti sotto i raggi del sole, come stelle in pieno giorno.

Verso sera raggiungo il luogo del bivacco dove la tormenta mi aveva inchiodato, con Panei e Tassotti, per un giorno e due notti. Lì vi ritrovo, posati sul terrazzino, una quindicina di chiodi e un sacchetto di viveri. Panei, da buon ultimo di cordata, doveva recuperare i chiodi che avevo piantato. Non prevedendo la ritirata era stato talmente scrupoloso nel levarli che fino a questo punto ne ho trovato soltanto uno. Nel sistemarmi per il bivacco mi sfugge il martello nel vuoto. Sarebbe un grosso guaio se non ne avessi portato uno di riserva.

Una volta ancorato alla parete, la mia prima operazione è quella di serrare il fornello tra le gambe e prepararmi qualcosa da bere. Nel mentre mi sorprendo a parlare ad alta voce con i miei compagni. Che qui non sono, naturalmente. Ogni sera, cessando l'azione, mi aggrediscono i pensieri e mille ricordi prendono vita. Sono i fantasmi che sempre mi accompagnano nelle imprese solitarie.

Davanti a me, oltre gli strapiombi sovrastanti dove ancora non può giungere il mio sguardo, c'è l'incognita; ma c'è anche la certezza di non poter più retrocedere. A rendere impossibile un eventuale ripiegamento sono le stesse rocce che si elevano da qui, strapiombanti ed elicoidali, nel loro andamento obliquo verso sinistra. Strutture che richiederebbero una serie di corde-doppie seguite da impossibili pendolate.

Sono accovacciato in bivacco su una specie di gradino, sospeso nel bel mezzo di un deserto verticale. Sotto i miei piedi, seppure irraggiungibile al mio sguardo, pulsa la vita. Una vita facile e allettante da immaginare per chi come me sta sospeso fra cielo e terra. Ma è anche una vita banale e deludente se per sfuggirla un uomo può arrivare fin quassù. Resta il fatto che l'isolamento qui è davvero vasto, quasi disumano. Mi chiedo se a questo punto non ho forse valicato i limiti del ragionevole e sfidato per orgoglio il destino. Ma saggezza e destino non valgono forse per ciò che noi siamo? Concludo le mie riflessioni riconoscendo che per me la saggezza, oggi, è stata quella di attaccare il Cervino, per superarlo e superarmi; e il mio destino dovrà essere quello di arrivare sulla cima di questo picco.

Guardo l'orologio: mancano pochi minuti alle 19.30. Zermatt appare ancora magicamente illuminata, ma non sono quelle le luci che attendo. Questa sera ho una grande notizia da inviare all'amico, laggiù nel fondovalle: ho deciso che continuerò la mia scalata fino alla cima. Mezz'ora più tardi, quando scorgo i segnali luminosi di De Biasi, rispondo con un razzo bianco di avvertimento, subito seguito da un altro verde a indicare che proseguirò la scalata. Il terzo razzo, quello rosso, con il quale avrei indicato il mio ripiegamento, è inutile. Lo getto nel vuoto.

Il mattino, lungo gli strapiombi, fatico molto per il gran peso dello zaino. Decido allora di liberarmi di tutto ciò che non ritengo strettamente indispensabile, e getto nel vuoto un pezzo di formaggio, cubetti di marmellata, biscotti, zucchero, latte condensato, minestrina in polvere, poi anche due bombolette di gas, quel po' di pancetta e di carne secca che mi sono rimaste. Insomma quasi tutto il mio cibo, poiché in imprese come questa si soffre più per la sete che per la fame.

Superata la barriera di strapiombi che preclude ogni possibilità di ritirata, non mi resta che puntare dritto alla vetta del Cervino. Ora mi arrampico in direzione di una seconda muraglia verticale e mi accorgo di farlo quasi automaticamente, con la mente quasi assente. Mi scuoto per fortuna non appena avverto che i pensieri mi sfuggono dal cervello, certamente intorpidito dalla solitudine e dal gelo estremo. Dovrò riprenderli per mano, i pensieri, e riportarli assolutamente al loro posto; rischierei altrimenti di precipitare. Mi arresto così più volte, e mi scuoto e mi risveglio come a liberarmi da uno stato di inerzia mentale: voglio insomma che la mente ritorni chiara e presente a se stessa, ogni attimo.

Al di là della muraglia la Nord mi tende una trappola: una vasta zona di rocce lisce e incrostate di ghiaccio sembra sbarrarmi nuovamente il cammino. Sono circa le quattro del pomeriggio e mi rimangono poco più di due ore di luce. Più in alto, oltre la zona critica, mi pare di scorgere, sulla destra, una discreta possibilità di fermarmi in bivacco. È là che dovrò arrivare.

Il cielo è sempre trasparente, ma l'aria attorno è come marmorizzata dal gelo. Non si ode che il leggero fruscio del nevischio che corre sui cristalli di ghiaccio. Nulla di quel che avvolge appartiene alla vita. Guardo Zizì, l'orsacchiotto di pezza: lui sorride sempre con i suoi grandi occhi di vetro giallo. Gli parlo come se potesse capirmi: «Cosa dici, Zizì, ce la faremo a raggiungere quel posto, lassù?» E istintivamente lo accarezzo. Mi accorgo di avere le mani sanguinanti e screpolate dal gelo. Finora non ho potuto tenere i guanti che per brevi tratti.

So di muovermi ai limiti del possibile, sono conscio di trovarmi talmente fuori dal mondo che se penso a qualcosa di vivo, alla normalità, mi afferra l'emozione. La parete qui è più che mai incrostata di ghiaccio, è persino deforme vista in prospettiva; ecco, sembra l'incavo di un'enorme conchiglia al cui centro sono io nell'atto di arrampicare. Se alzo gli occhi non scorgo la vetta, se li abbasso non vedo Zermatt.

Mosse dal vento, alcune pietre trafiggono l'aria sibilando e si perdono nel vuoto. Mi viene spontaneo associare questa immagine a quella della catastrofe di Whymper, cento anni fa. La valanga dei quattro corpi che precipitarono in quel lontano 1865 dev'essere passata proprio qui vicino. È un quadro angoscioso. Vorrei trovarmi già oltre.

È notte e sono stanco, molto stanco. La bocca è riarsa e la saliva amara. Non mi spiego quasi come sia potuto arrivare appena in tempo al posto del bivacco.

Ombre, vento, gelo, sazietà di pensare. Ancora una volta sono queste le cose che affollano la mia nuova, lunga notte.

Giunge finalmente il mattino. Sono le sei e mezzo di lunedì 22 febbraio e sta per concludersi anche il terzo bivacco in parete. Ma questo dovrà essere l'ultimo, assolutamente! Una corona di ghiaccioli brucianti mi incornicia il viso. Il piccolo termometro che porto appeso alla giacca a vento segna trenta gradi sotto zero. Notte insonne anche questa. Sto seduto su un terrazzino di trenta centimetri, che la sera prima avevo liberato dal ghiaccio. Appoggio la schiena contro la parete verticale.

Due anelli di corda, uno attorno al petto e l'altro alle ginocchia, mi trattengono alla montagna. Da almeno mezz'ora le mie mani, all'interno del sacco da bivacco, stringono nervosamente la piccola lampada a pile in attesa di poter rispondere al segnale luminoso che De Biasi mi invierà, presumendo che stia seguendo la mia scalata con un cannocchiale da una baita a fondovalle. Mancano pochi minuti all'orario convenuto. C'è luna piena. Ma il cono d'ombra proiettato dal Cervino rende la zona, da cui l'amico chiamerà, completamente buia. Adesso ho soltanto un pensiero: vedere i segnali luminosi e rispondere. Tre o quattro accensioni lente, poi tante rapide per dirgli che tutto va bene, che ho resistito anche questa notte e che lotterò ancora fino in fondo. Ecco il lumicino, sempre più piccolo perché io mi trovo sempre più in alto. Visto così, nell'ombra dura del Cervino, sembra la punta arroventata di un ago. Forse è l'ultima volta che lo vedrò, perché con un po' di fortuna oggi arriverò sulla vetta. Seguo quei suoi segnali, inviati con dovuta lentezza, e finalmente tiro fuori la mano dal sacco e rispondo con la stessa cadenza. Ora l'amico passa ai segnali più rapidi, che a differenza dei primi sono vivi e palpitanti come parole. Rispondo a mia volta freneticamente, come se gridassi a voce spiegata. Quella piccola luce di Mario, che sale dal fondovalle duemila metri più in basso, è l'unico segno umano che da tre giorni e tre notti mi accompagna.

Il cielo ingrigisce, albeggia. I lumi di Zermatt svaniscono a uno a uno nel candore del giorno. Poi è tutta un'immensità azzurra, purissima, senza orizzonte, priva di gravità. Ancora assetato di vedere e assorbire l'universo indugio davanti a quello spettacolo sconfinato. Ebbro di silenzi e di limiti estremi, il mio spirito vibra e si esalta. Cento anni fa Whymper era arrivato a Zermatt, in diligenza, e per scalare questo monte aveva organizzato una spedizione di guide e di portatori, come ancora oggi si fa sulle Ande e sull'Himalaya. In questi giorni un veicolo spaziale, il Ranger VIII, sarà lanciato dall'uomo sulla Luna per raccogliere e trasmettere informazioni visive sui suoi paesaggi. Fra non molto qualcuno vi poserà piede. Cento anni di storia e di vertiginoso progresso tecnico dividono queste due nostre imprese; eppure io, uomo del mio tempo, ho sentito ancora il bisogno di vivere l'avventura a misura d'uomo, quasi come un confronto tra Davide e Golia. Ma non sarà cosa soltanto visionaria, virtuale, utopistica? Ebbene io dico no. Sono certo invece che il mio piccolo razzo verde di ieri notte è stato accolto laggiù come un messaggio che ci fa sentire più umani.

La ripresa della scalata è violenta: un salto strapiombante di circa trenta metri di roccia malferma incombe sopra la mia testa e deve essere valicato. Gli aerei, che hanno ripreso a volteggiare sempre più vicini al Cervino, mi fanno capire che la vetta è prossima. Ancora una volta cerco di alleggerire lo zaino per essere più veloce. Butto via le due staffe e alcuni chiodi. Sono tentato di lanciare anche il casco, il mio glorioso casco che da quattro anni mi accompagna nelle più difficili imprese. Ma dopo un attimo di esitazione ritraggo la mano, e accarezzo le sue ammaccature come fossero ferite: a ciascuna di esse corrisponde una pietra caduta dal Monte Bianco, dalle Ande e da molte altre montagne. Lo ripongo nel sacco accanto all'orsacchiotto e riprendo a salire.

Sono sempre solo con la mia fatica. Gli sforzi di tutti questi giorni, e l'aria sempre più rarefatta, appesantiscono i miei movimenti. Mi sembra quasi di impersonare una figura biblica condannata per l'eternità a salire.

Verso le tre del pomeriggio, quando mi trovo a soli cinquanta metri dalla vetta, improvvisa e splendente appare la croce metallica fissata alla sommità. Il sole che la illumina da sud la fa apparire come incandescente.

Sono quasi abbagliato dai suoi contorni luminosi. Gli aerei, ormai numerosi e che nell'ultima ora mi hanno assordato con il loro rombo, sembrano intuire la solennità del momento. Forse per discrezione si allontanano un po' lasciandomi percorrere gli ultimi metri in silenzio.

Come ipnotizzato, stendo le braccia a quella croce fino a stringerla al petto.

Una medaglia che pesa (1965)

La nuova via sulla parete Nord del Cervino, nell'anno del centenario (1965) è il mio congedo definitivo dall'alpinismo estremo. Un'impresa, è vero, rappresenta innanzitutto l'affermazione di chi la compie, ma questa è nata anche come un atto d'amore verso le mie montagne, come ammirato ricordo del grande Edward Whymper, come commosso pensiero al prezzo di sangue pagato dai suoi quattro compagni precipitati. È scaturita infine come omaggio alla tenacia e alla irriducibile volontà di Jean-Antoine Carrell. E ancora più che una conquista alpinistica, essa vuole rappresentare una vittoria assoluta dell'uomo, l'affermazione di un'etica e di una morale. Questi, per me, sono i suoi valori essenziali.

Tuttavia la mia Nord venne classificata come «la scalata dei tre record inumani: diretta, solitaria, invernale». Effettivamente, commenterà un giornalista, con questa unica scalata «è stata scritta sulla parete una storia che quasi sempre richiede diverse puntate, spesso nuovi uomini e, qualche volta, intervalli di decenni». C'è chi la definì «straordinaria», come scrisse Dino Buzzati, e così pure il navigatore solitario Francis Chichester, perché «più che di risorse muscolari o di bravura tecnica, si impongono, in così folli avventure, la forza di carattere e le risorse morali». C'è invece chi (è un alpinista) volle sminuirne il significato parlando della necessità di «ridimensionare l'impresa». Il presidente della Repubblica Italiana, su proposta del ministro dell'Interno, premia con medaglia d'oro al valor civile questa «epica impresa che suscitava la commossa ammirazione del mondo intero e l'orgoglio della Patria», scorgendovi un «simbolo della superiorità dello spirito dell'uomo sulle forze materiali».

E da qui, per mesi e mesi, i quotidiani e i periodici italiani vanno avanti a pubblicare lettere e risposte dove per esempio si legge: «Bene ha fatto il presidente Saragat a premiarlo (Bonatti) pubblicamente, per sottolinearne l'alto insegnamento morale». È il signor F. V. a scriverlo, ma non è della stessa idea la signora M. B. da San Lorenzo della Costa, che definendo «inutile, assurda, vanitosa, temeraria» la mia scalata, protesta dicendo: «Valor civile? Ma che, forse il Bonatti ha scalato il Cervino per salvare un alpinista in pericolo?» Il signor Ferr. le risponde: «Bonatti meritevole di premio? Mi sembra evidente che lo sia. Basterebbe una medaglia sportiva? Direi di no... Escluso il *valor sportivo* perché troppo limitato e ormai compromesso, e non trattandosi di *valor militare* è evidente che il premio non può essere che quello del valor civile; che non comporta assolutamente il salvataggio di altre vite; può trattarsi di un gesto autonomo di valore, come è quello, per esempio, dei piloti e dei *pedoni spaziali*». Dopo aver fatto notare che «anche le poesie sono inutili e anche l'amore se non è diretto alla conservazione della specie», il signor Ferr. così prosegue: «Dubito che sia inutile, se non altro per la sua spiritualità, per l'indicazione che offre: in quegli stessi giorni in cui Bonatti, solo, scalava il Cervino, c'era chi brigava nel *giallo del Balzan*, una madre si uccideva con i figli, un padre sterminava la famiglia, *l'ultima raffica* veniva denunciato per emissione di assegni a vuoto, si dibatteva il processo per lo *scandalo della sanità*, la gente presentava false denunce dei redditi, la gente rubava, bestemmiava, fornicava; un gruppo di rapinatori, eccetera eccetera. Invece un uomo si gettava tutto dall'altra parte: a un'impresa, inutile, temeraria, assurda – qui ci sta bene – poetica. Qualche conforto ce lo ha dato, non può non avercelo dato». Ed ecco riaffiorare la fatidica domanda, che il signor Rocco Mariani antepone alle sue considerazioni: «Simili imprese a cosa servono?»

Secondo il signor Gaetano Gattinara, «essere pro o contro l'impresa di Bonatti vuol dire essere per la luce o per l'oscurantismo, e ogni uomo ha il diritto e il dovere di schierarsi da una parte o dall'altra». Più avanti aggiunge: «La sua impresa è tutt'altro che inutile, e anche se *inutile* fosse, è questo *inutile* che rende bella e poetica la vita: un fiore – in una casa – non è *utile*, ma è proprio questa sua *inutilità* che la rende bella». Lo speleologo Pietro Zuccato è di tutt'altro avviso. Si dichiara «perplesso» al conferimento della mia medaglia al valor civile. Dice che «se il criterio che ha permesso questa premiazione è da ravvisarsi nelle parole *per aver tenuto alto il nome e il prestigio della Patria*, bisognerebbe allora premiare anche tutti i vincitori di Olimpiadi... per non parlare anche dei campioni degli sport più noti e anche di coloro che, in silenzio e senza chiedere nulla, affrontano il pericolo per piacere personale, sì, ma anche per portare un contributo alla scienza. Ciò rappresenterebbe una più equa distribuzione di meriti personali». Il giornale risponde allora allo speleologo: «Non pochi hanno sostenuto – come è sua opinione, e come è del resto anche la nostra – che l'onorificenza più convincente a premiare l'impresa dell'alpinista solitario era la medaglia d'oro al valor atletico». E conclude: «È probabile che nel primo entusiasmo suscitato dalle eccezionali gesta di Bonatti e dall'eco che esse hanno avuto all'estero, le autorità competenti si siano dimenticate dell'esistenza della medaglia al valor atletico».

Seguono tanti altri scritti pro e contro la mia impresa e quindi la mia medaglia; ma di questi è proprio l'ultimo in ordine cronologico che sgomenta. Esso dice: «Uno sconcio da sopprimere... È giusto e morale che si assegni la medaglia d'oro al valore o al merito civile a Walter Bonatti?... Lo sportivo scalatore restituisca, quindi, la decorazione ricevuta».

Il lettore si chiederà forse perché abbia voluto riportare testualmente queste opinioni, insieme alle critiche che hanno accompagnato le mie esperienze di cui già ho narrato nei miei libri.

Ebbene, non parlerei volentieri di queste cose, se qui l'occasione non lo richiedesse, se non altro a riprova di quella caratteriale italianità, maculare, che in questi casi non manca mai di esteriorizzarsi pubblicamente. Ne va, come riflessione, che il nostro personale comportamento – nel bene e nel male – non sia mai soltanto quello da noi stessi causato ma dipenda anche dalle più sollecite influenze esterne. Io questo lo posso dire, al positivo, perché persone e fatti, circostanze e giudizi sono stati sovente motivo e sprone per le mie imprese. Per questo, dunque, sono agli altri debitore, almeno in misura di quanto il mio operato li ha interessati.

Se poi fra costoro c'è chi, pur avendomi seguito sull'allegorico Cervino, non ha saputo esprimere che aridi «perché?» e vuoti «ne valeva la pena?», ebbene non ho nulla da dire e niente da biasimare: perché ognuno è quello che è. Posso invece dire, rimarcandolo, quello che io non sono: allora non sono una finzione, e neppure una immagine che mi sono fatto di me stesso. Esisto concretamente così come sono e come mi esprimo. Con il mio modo di vivere non ho mai inteso «provocare» nessuno, come spesso sento affermare, ma piuttosto offrire qualche buon punto di riferimento e di confronto. Se poi qualcuno ancora ritenesse la mia concezione dell'esistenza un «insulto» al conformismo del nostro tempo, forse, proprio per questo potrei essergli utile.

Ho così concluso la mia vita di alpinista. Presto partirò per l'Alaska, un viaggio avventuroso tra una natura immensa e ancora inalterata. Una natura che nella sua essenza può ben sostituire degnamente le grandi «pareti nord» delle mie montagne.

Una solitudine di gelo (1971)

Se non proprio portato da un vento magico, come direbbe un orientale, è pur sempre muovendomi sulla spinta dei ricordi che sono tornato sullo Hielo Continental, il vasto ghiacciaio patagonico. Anche questa volta mi è compagno Forco Doro Altan, l'amico italiano trapiantato fin da ragazzo a Buenos Aires, e che tredici anni fa era già stato con me da queste parti.

Passo dopo passo, avanziamo quasi macchinalmente assorbiti dai nostri pensieri. Stiamo marciando su un'immensa distesa di ghiaccio spugnoso in uno dei recessi più solitari che esistono sulla faccia della Terra, luoghi che per averli così a lungo frequentati potremmo quasi azzardarci a considerarli di nostra appartenenza. Alcune delle maggiori cime circostanti, come il Cerro Adela, Ñato, Luca e Mariano Moreno, che è il più alto di tutta la Patagonia magellanica con i suoi 3537 metri di quota, erano state infatti da noi scalate, come primi salitori assoluti, già nel 1958.

Come tredici anni addietro siamo dunque arrivati fin qui dalla pampa attraverso il passo del Viento, dopo aver rimontato a piedi i venticinque chilometri della primitiva valle di rio Tunel. Sorrido ancora al ricordo del nostro passaggio nell'ultima *estancia* incontrata sul cammino. L'*estancia* da queste parti si identifica con la tipica fattoria di allevatori di pecore, e quella a cui mi riferisco sta proprio tra il lago Viedma e l'imboccatura della valle appena nominata. Appartiene agli Alvorsen, di origine norvegese. Là avevamo ritrovato soltanto Pedro, il più anziano dei tre fratelli, sopravvissuto agli altri due. Da lui avevamo avuto conferma che anche il vecchio Madsen se n'era andato. Andreas Madsen era stato, e rimarrà, una figura di primo piano nella storia pionieristica della Patagonia australe. E scomparso era anche l'indio Muñoz, annegato qualche anno prima guadando un fiume. La madre di Pedro, ottantacinque anni o giù di lì e fuori da ogni criterio biologico oltre che dal mondo degli esseri umani, al momento del nostro arrivo stava lavorando nel campo, rivoltando il fieno da lei stessa falciato il giorno avanti. Quando ci riconobbe prese a urlare lupescamente: «Ja caramba!» Poi, mollando tutto, era corsa fino a noi assumendo un'aria grintosamente materna. Nel suo intercalare aveva poi ripetuto ancora decine di volte il suo grido di guerra, dopo essere venuta a sapere che ci saremmo inoltrati nella cordigliera senza un fucile. Per lei queste valli non rappresentavano che il dominio di famelici leoni puma. Com'era sua abitudine, la donna ci aveva trattati anche questa volta con un'agrezza che sembrava quasi inimicizia; però, a ben osservare quel suo viso senza espressione di vecchia rugosa, si poteva notare che agli angoli degli occhi e della bocca tendeva a modellarsi, appena accennato, un inconfessato sorriso, e tanto bastava a conferirle indulgenza. Quando venne il momento del commiato non perse certo l'ultima occasione di apparire burbera. Infatti, compiendo con una mano il distratto e vano tentativo di ricomporsi sulla fronte i capelli canuti, che un vento svelto aveva appena scarmigliato, sentenziò: «L'estate è finita, le nubi non si alzeranno dalle cime nevose, e voi non vedrete niente!»

Ci eravamo infine incamminati carichi dei nostri zaini pesanti come macigni. Appena imboccata la valle di rio Tunel, e passato il ponte di corde sul fiume turbolento (ponte che oggi purtroppo non esiste più), ebbi quasi la sensazione che il tempo, qui, si fosse da sempre fermato. Nulla era cambiato dall'ultima volta che vi ero stato. I boschi, i sentieri, i corsi d'acqua, le praterie e le paludi smaltate di fiori, gli uccelli e gli animali in assoluta tranquillità, tutto era rimasto come allora, tutto fluiva dal ricordo, dalle nostalgie, e riprendeva il suo giusto posto nella realtà. Per anni aveva urlato dentro di me il richiamo di questi luoghi, avevo sentito un bisogno immenso di rivederli, e adesso ero qui, finalmente, e non volevo, non potevo trascurarne il minimo dettaglio. Così via via assorbivo tutte le forme e i colori che il mio sguardo riusciva ad abbracciare, e assaporavo la pace della natura che mi circondava, e anche quella dentro di me.

Ero dunque assorto nei miei pensieri quando un movimento improvviso dell'aria, accompagnato da un'ombra passata scura e fugace, mi fece alzare di scatto la testa: era un condor che roteava poco sopra ad ali spiegate. Ne seguiva subito un altro. Spinti da irriducibile curiosità – già lo avevo sperimentato in passato – i due giganti alati girarono più volte intorno a noi aprendo a ogni stretta virata le ultime penne delle ali. Ci stavano esaminando con vista acutissima, mettendo in mostra la nuda testa crestata e il caratteristico collare bianco: erano infatti due maschi. Tanta imponenza mi affascinava, ed ero rimasto lì immobile un bel po' a osservare la fierezza del loro premeditato volo. Poi, con un leggero movimento d'ali, salirono maestosi l'uno dopo l'altro lasciandosi trasportare da una corrente ascensionale, che li condusse presto a disperdersi nel gelido azzurro.

Colonne di pecore lasciate allo stato brado seguivano pigramente, in fila indiana, i loro sentieri attraverso radure acquitrinose; ma più addentro nella valle si fecero rade fino a scomparire. Ora, a rimpiazzare una così nutrita presenza di vita animale, presero a sgattaiolare in ogni dove torme di conigli selvatici: una vera calamità da queste parti; apparvero con sempre maggior frequenza tra le pozze paludose del fondovalle anche grandi oche bianche: i *caiquenes*. Solitamente, prima di allontanarsi in volo, restavano a lungo ferme e sospettose a guardarci finché non fossimo giunti fino a pochi passi da loro. Queste oche arrivano ogni giorno in compatti stormi dalle lontane pianure per rientrarvi la sera.

Improvvisi ciangottii rompevano il silenzio annunciando un rapido e colorato volo di *cunnurus*, i pappagalli magellanici. Il loro piumaggio dai bei toni verdi e rossi portava una nota allegra nel paesaggio austero, e spinti anch'essi dalla curiosità venivano qualche volta a posarsi sui rami secchi del tronco più vicino, ravvivandolo.

I faggeti dai grossi fusti rigogliosi adesso cedevano il passo a chiazze sempre più larghe di tronchi scheletriti, ma ancora ritti: erano i resti di antiche foreste incendiate dai pionieri con l'intento di ottenere buoni pascoli. Ebbene, quei tronchi possenti e mummificati, bianche ossa di alberi contro il cielo cupo, grotteschi simboli guizzanti di tragica luce e su cui il vento freddo modula il suo lamento, facevano sentire la suggestione che ancora si ha per le cose velate di mistero.

Il mattino seguente, dopo un'ora di marcia, arrivammo a quota 580, ai piedi di un faggio enorme. Era l'ultimo grande albero offerto dal tratto quasi pianeggiante di questa valle prima che cominciasse a inerpicarsi, accidentata, verso il passo ghiacciato. Non fu senza stupore che ritrovammo, a ridosso del grande faggio, la catasta di tronchi che quattordici anni addietro avevamo elevata a riparo del vecchio accampamento là da noi posto. La protezione era ancora tale e quale l'avevamo lasciata dopo averla costruita con le nostre braccia. Ritrovare dopo tanti anni una propria cosa abbandonata in capo al mondo, ebbene dà una certa emozione.

Ora dopo ora, proseguendo oltre questa nostra vecchia base, crescevano distanze disabitate, inabitabili. Soltanto i condor, altissimi, roteavano ogni tanto in fugaci apparizioni. Gli ultimi radi alberelli, già striminziti e contorti, spingevano le chiome verso valle: erano cresciuti in quel modo ed era il segno impresso dai venti prevalenti e gelidi che irrompono da occidente, dopo aver spazzato lo Hielo Continental. Ormai intorno a noi non v'erano che pendii sterili, franose e precipiti scarpate, torrenti impetuosi che sgorgavano dai ghiacciai vicini, e a dominare il paesaggio si ergevano i candidi picchi che sbucavano, come becchi di condor, da uno spesso collare di nubi.

Così arrivammo ai 1530 metri del passo del Viento, la porta d'ingresso al gelido nulla. Il Ghiacciaio Continentale Patagonico si apriva davanti a noi senza ritegno, ostentando tutto ciò che di più rude può offrire una distesa di gelo perenne a chi sta per affrontarla.

Prima ancora degli spazi immensi, e prima delle architetture colossali di cime e ghiacciai, erano i cieli a stupire, i densi azzurri che verso oriente a poco a poco sbiadivano e sfumavano fino a confondersi con i nevai. Il semplice atto di passare un colle e trovarsi in un mondo tanto diverso aveva del prodigioso. Ora davanti a me non si stendeva soltanto un immenso ghiacciaio ma qualcosa di ben più incredibile fino a sembrare del tutto immateriale. Solo forma e luce, un mare di luce su cui scorrevano trascinate dalle fredde correnti enormi formazioni di nuvole, subito rincorse dalle loro stesse ombre azzurre proiettate sull'abbacinante altipiano. Avevamo finito per bivaccare al di là del passo, al margine del ghiacciaio, e stamane di buon'ora ci eravamo rimessi in movimento diretti verso il Cerro Mariano Moreno.

È il 9 marzo e sono circa le dieci. Già di primo mattino un denso mare di nebbia si era andato formando davanti a noi inghiottendo a tratti i già spettrali profili del lontano Cerro Moreno. Sotto la livida coltre di vapori adesso si rincorrono strepitose raffiche di vento che sollevando pungenti ghiaccioli colpiscono in volto con violenza. Il tempo già variabile sembra disporsi alla burrasca, ma ciò è normale in Patagonia. Non diamo perciò molto peso alla cosa e proseguiamo il cammino. Non risparmiamo tuttavia una battuta ironica all'indirizzo di quella simpatica menagramo, la vecchia Alvorsen, che aveva paventato un cambio precoce di stagione.

Improvvisi squarci di nebbie svelano cupe visioni sui fianchi del Cerro Moreno, che si presenta contro uno sfondo di colore quasi violetto. Masse di nuvole lattiginose, appilate le une sulle altre, nette e ricurve nei contorni come gigantesche ondate, arrivano dall'oceano e rotolano sullo Hielo Continental. Alle nostre spalle invece, sul lato da cui siamo venuti e contrassegnato dal Cordon Adela e dal Cordon Marconi, scorrono e ribollono bianchi nembi frammisti e cumuli neri come l'inchiostro. Sono veloci, compatti e si susseguono all'impazzata rimontando gli scoscendimenti coronati di ghiaccio. Succede di vederli dissolvere di colpo oltre una cima, come risucchiati, lasciando al loro posto candidi brandelli e sfilacciamenti che sono subito ghermiti dai turbini ventosi. Poi vi sono guglie cristallizzate dalle tempeste e funghi di ghiaccio sospesi, che spuntano improvvisamente da un nembo che un attimo prima li avvolgeva, e che adesso torna a sommergerli con uguale immediatezza. Simili dimostrazioni di forme e di forze illimitate giungono quasi a suscitare inquietudine, ma nel contempo costituiscono spettacoli straordinari come soltanto questa natura selvaggia sa offrire.

Al ghiaccio secco e rugoso incontrato all'inizio era andata via via sostituendosi la coltre di neve crostosa che ora, ormai nel cuore dello Hielo Continental, si è ispessita mascherando infidamente i crepacci. In alcuni tratti è sparita la più piccola e rivelatrice increspatura, il pericolo è dunque grande e bisogna legarsi in cordata. Folco Doro fruga nervosamente nello zaino dove pensa di aver riposto la corda. Ma la corda non c'è. L'aveva invece sistemata in cima al sacco e certamente gli è sgusciata via in uno dei cento salti che fummo costretti a compiere attraverso i crepacci, a partire dall'inizio del ghiacciaio. Ripercorrere il cammino fatto richiederebbe non meno di sei/otto ore, ma soprattutto con scarsissime probabilità di rintracciare la corda, e men che meno le nostre orme iniziali, essendoci mossi in zona di puro ghiaccio.

Un provvidenziale spezzone di cinque metri di cordino, che trovo rovistando nel mio zaino, risolve il problema, ma in modo piuttosto rischioso.

Le schiarite sono sempre più rare. Cielo e neve si fondono in un unico biancore accecante. Solo ogni tanto traspare un'ombra, fugacemente, ed è difficile stabilire se si tratti della cima di un monte piuttosto che di una chiazza morenica, o di una scura nube, oppure della nascosta presenza di un crepaccio. Tutto può essere in questo luogo privo ormai di proporzioni.

Passate le ore cruciali, sul mezzogiorno il tempo migliora e premia la nostra costanza. Per altre lunghe ore avanzo compiendo un prudente sondaggio con la piccozza, a ogni passo, per provare la consistenza dei ponti di gelo sui crepacci da valicare. Il compagno, subito dietro, tiene teso lo spezzone di corda, pronto a strapparmi via qualora sotto i piedi si aprisse il vuoto: un'operazione questa che riuscirebbe soltanto se il crepaccio fosse stretto.

Giungiamo finalmente ai piedi dell'alto monte. Nell'immensità nevosa resa ancor più vasta dall'alternarsi di ombre e di luci, emerge, a lato del Cerro Moreno, un grande cono scuro. È un isolato montagnozzo roccioso che si eleva dal mare di ghiaccio. Decidiamo di scalarlo e di sistemarci sulla sua cima in bivacco. È un balcone ideale per cogliere ogni particolare del tramonto, che fin d'ora si preannuncia suggestivo.

Nel lento trascorrere delle ore, da quell'alto pulpito vediamo, come previsto, il paesaggio trasfigurarsi sotto l'influenza di luci variabilissime, grazie all'alternarsi di cieli foschi e cieli più pallidi. Ora, a stupire, è un raggio iridescente che lacera le nubi, e un momento più tardi il rapido formarsi di densi vapori avviluppati a una cresta. Da quei repentini mutamenti non possono uscire che forme evanescenti e cupole vaporose dai colori soffusi, volubili, che nell'ultimo atto del giorno passeranno dal giallo al rosso, poi dal color malva al violetto. Ma ancor prima che incominci il tramonto ecco prodursi uno squarcio di azzurro terso, che dà subito risalto ai picchi qui attorno ponendone in bella mostra le pareti, assurdamente rigonfie di ghiacci pensili; ma spiccano anche guglie sinistre sormontate da inverosimili funghi di gelo. Viste dall'alto, le distese di nevi lucenti si rivelano ancora più vaste, e anche più imponenti appaiono i solenni anfiteatri glaciali, i labirinti di crepacci, nonché, osservata nel suo insieme, la poderosa fiumana glaciale dello Hielo Continental. A tratti questa fiumana si rivela sconvolta da improvvise seraccate o solcata da paralleli cordoni morenici che ne disegnano il corso serpeggiante. Verdi laghetti risaltano un po' ovunque sul caotico Hielo.

Prima che si concluda l'ultima rappresentazione del tramonto, ossia quella specie di miracolosa irrealtà che il morire del giorno sa creare, e che, se il tempo non muta, si ripeterà il mattino seguente con il sorgere del sole, posso spingere il mio sguardo fino a quella zona che ancora mi era rimasta misteriosa. Lo Hielo, là in fondo, dopo aver disegnato un'enorme curva prende il nome di ghiacciaio Viedma e va a sfociare nel lontano grande lago omonimo invadendolo per un buon tratto. Qui l'immenso ghiacciaio, spintosi fino alla pampa, a soli 250 metri sul livello del mare, si arresta. Ma ciò avviene soltanto perché la temperatura moderata delle ormai raggiunte basse quote, consente finalmente il suo scioglimento con ritmo sufficiente a contrastarne l'avanzata. Su questo esempio posso immaginare i ghiacciai delle Alpi dilagare nella pianura padana al tempo delle grandi glaciazioni. Quando le solide e irresistibili fiumane del Quaternario calarono dai monti, colmarono le valli, invasero le pianure e nulla poté resistere a quell'avanzata devastante, che tutto cancellò.

Alle mie spalle, la parete del Cerro Moreno sale ritta e possente. Rivedo nel ricordo la via da me seguita nel 1958 per arrivare alla sua cima. Quella volta, per rendere possibile l'impresa, avevo dovuto camminare, e scalare, insieme ai miei tre compagni, per ben trenta ore, ininterrottamente; vale a dire una notte, il giorno seguente e ancora la notte successiva. Ciò fu determinante. Il fatto di aver compiuto in gran parte il tragitto nelle ore più sicure, quelle notturne, ci aveva permesso una marcia veloce, evitando inoltre un laborioso dislocamento di campi e di tappe.

Come già considerato, il cielo, a un passo dalla notte, si fa di porpora: è un crepuscolo che lascia sperare nel buon tempo. Ma al momento di illuminarsi le stelle, ecco scendere inaspettato un vento frenetico carico di nevischio. Lì per lì ci coglie quasi la certezza che il tempo stia per cambiare, ma forse è un falso allarme. Il cielo infatti, a notte inoltrata, finisce per smaltarsi totalmente di stelle. Invece non cesserà il vento. Passo l'intera notte a ricordare gli intensi momenti di tanti anni fa qui vissuti, e che così tangibilmente ancora si ripresentano, anche nelle incertezze. Inseguo fino all'alba le belle stelle australi che vanno alla deriva intorno alla simbolica Croce del Sud.

Il cielo a oriente comincia a schiarire dando forma al paesaggio, che adesso purtroppo mostra chiari segni di mutamento atmosferico. Infatti alcune formazioni di nubi gravide stanno ora impigliate sui fianchi del Cerro Moreno, e lontane, proiettate sulle candide zone alte dello Hielo, già avanzano come cattivo presagio le ombre cupe di ribollenti cumulonembi. La tempesta si prepara a scatenarsi.

Radente sullo Hielo, dapprima si forma una pesante foschia che presto si alza e muove verso di noi. È così che dal nulla si forma improvvisamente una nube, che sfaldata in nebbia ci avvolge. C'è qualcosa di mostruoso in tutto questo e mette subito ansia e timore. Affrettiamo a più non posso la partenza, e, raccolte nei sacchi le nostre cose, fuggiamo via correndo giù per la china morenica, fino a raggiungere il piatto Hielo. Per sorte le nostre tracce di ieri affiorano ancora ben marcate nella neve alta. Subito però si colmerebbero alle prime raffiche di sinibbio, scomparendo in un baleno. Invece non nevicherà che sul finire della lunga traversata, che faremo tutta di corsa, sotto un cielo greve, sferzati dai vortici che spazzano con fragore la spianata. Giunti infatti alla conclusione della maratona, e quando già stiamo risalendo le morene verso il passo del Viento, esplode la vera e propria bufera, cruda e violenta.

In prossimità del passo siamo quasi ricacciati dalle raffiche, solide di neve e guizzanti intorno a noi. Sfortuna vuole che appena al di là, e benché le nubi tendano ad alzarsi, il cielo si rabbuia ancor più minacciosamente sopra le nostre teste, e la neve si tramuta in grandine. Sono sottili e durissimi chicchi che picchiano con furore sulle mani e battono sonoramente sui panni gelati. A mezza via, a una quota compresa tra il passo e il fondovalle del rio Tunel, la grandine finalmente si trasforma in pioggia, sempre sferzante però, e in breve ci troviamo miseramente inzuppati ed esausti.

È quasi sera. La tempesta, alta dietro di noi, fa sentire ancora il suo muggito simile al fragore dell'oceano. Eppure, lassù in quel cielo impossibile, ignorando ogni logica, e fra le nubi sbrandellate e alte che ancora si rimescolano nella pioggia, c'è, imperturbabile, un condor che plana con ampi giri. È cosa davvero straordinaria. Penso che qualunque possa essere stata la spinta istintiva che lo ha portato fin qui, con questa burrasca, lo spettacolo che quel condor sa offrire adesso con quel suo volo solenne è qualcosa di assolutamente meraviglioso e inverosimile al tempo stesso.

La notte ci coglie su un difficile passaggio roccioso, che superiamo quasi a tentoni. È circa mezzanotte quando, brancolando nel buio, ritroviamo sotto il grande faggio di fondovalle il ricovero che molti anni prima avevamo costruito.

Qualcuno forse non ci crederà, ma siamo felici.

Alpinismo (1965)

L'alpinismo è nato circa un paio di secoli fa dagli esploratori delle Alpi che, dopo averne conosciuto valli e valichi, sentirono il bisogno di conquistarne le vette. Caddero allora a una a una quelle naturali fortezze piene di leggenda, ritenute spesso inespugnabili. Poi fu la volta delle creste, delle pareti, degli spigoli di quelle cime lungo vie sempre più dirette e più difficili. Gradatamente, quei naturali ostacoli dell'età pionieristica erano diventati ideali palestre dell'ardimento e della tenacia. Ma soprattutto, per alcuni, erano stati nobilmente assunti a pretesto per affermare le proprie doti, per ingaggiare una competizione con se stessi più che con la montagna, e per estendere nel clima dell'azione quell'affettuoso, ancestrale dialogo con madre natura. E qui l'alpinismo trascende veramente le sue origini per assumere un senso quasi filosofico. Direi che acquista un'anima, e subito dopo diventa un'espressione attiva ed eroica del nostro tempo.

Dio e patria, i valori supremi e contrastanti cui erano rivolti gli eroi del passato, e a cui le nostre contraddizioni interne rimasero fedeli con successo e con tanto misticismo, hanno perduto col tempo molto del loro ascendente. A dare fede e pace, oggi, non bastano più i re, le parole, i misteri: la vita stessa è una continua aggressione di domande, di provocazioni, di dubbi. L'intelletto ha sopraffatto i valori spirituali e morali prima ancora che questi si fossero sviluppati; così da una società decadente, scaturita da valori instabili e confusi, anche l'eroismo tradizionale, privato di confini, è dilagato, ahimé, svuotato quasi del suo contenuto e della ragione stessa della sua esistenza.

Ma qui nasce un nuovo movimento eroico dell'animo. Svincolato ormai dalle strutture della moralità classica, che sorreggeva i martiri e i guerrieri antichi, esso assume un altro profilo, più adatto al nostro tempo. A provocarlo sono le frustrazioni di una civiltà tecnicistica e la ribellione a una società collettivistica, una società felice quasi di poter confondersi con tutti «gli altri», e soddisfatta di poter sembrare piuttosto che di essere. È inoltre il rifiuto dei disinganni e delle bassezze a generare questo eroismo, ma è anche il rigetto di quella sicurezza promessa dal progresso, che una volta acquisita non fa più progredire l'animo. Si scopre così che il moderno eroe si manifesta «contro» invece di aderire «per», disprezza questo piatto e logoro mondo, ridotto a una «maledizione sottile», si fortifica l'animo voltandogli le spalle, rischia la morte per fuggirlo nella solitudine pura di una montagna selvaggia, di un oceano tempestoso, di un deserto.

L'eroismo moderno, questa nuova solitaria espressione del coraggio, assume quasi un aspetto vuoto e gratuito al confronto di quello antico, sempre diretto verso una condizione unanimemente consacrata. L'eroe d'oggi può quindi apparire come un cavaliere del nulla, un conquistatore dell'inutile che si muove secondo il proprio arbitrio e le proprie condizioni. Ecco perché per qualcuno può forse apparire assurdo e insopportabile. Eppure in questi moderni eroismi esiste una verità convincente e confortante. Essa trascende le premesse materiali e persino la pura, intima soddisfazione di chi li compie, in lotta a volte disperata con se stesso, con le difficoltà e l'incomprensione dei molti. Questa verità è la chiave stessa della verità dell'uomo. È il volto dei suoi sogni d'evasione, il grido di fuga dalle pressioni sociali, il rimpianto e l'ammonimento per una condizione naturale e dimenticata, ma forse non ancora irrimediabilmente perduta: è il simbolo che conferma la nostra dimensione umana, irreversibile e immortale. E tale verità, a ogni impresa di coraggio, echeggia, forse inconsciamente, come un inno alla vita, tra l'umanità che per un attimo è scossa dal torpore.

Scienza e saggezza, indispensabili al progresso umano, non sono la stessa cosa; il filosofo ce lo ricorda da lunga data. Accettiamo pure le cosiddette conquiste sociali, e con il nostro insaziabile orgoglio approdiamo anche sulla Luna e su altri mondi, ma non dimentichiamo che il destino dell'uomo è quello di diventare sempre più umano. Ecco cosa vogliono ricordarci le inutili quanto sagge «follie» degli attuali eroi.

Se ciò può rispondere ad alcuni perché di un certo alpinismo, di questo rimane tuttavia da vedere il profilo delle difficoltà e i mezzi e le tecniche per praticarlo. Ma è evidente che i «come» e i «perché» dell'alpinismo devono essere in perfetta armonia fra loro, affinché la scalata non diventi una cosa totalmente estranea al suo alto significato.

Rivediamo dall'inizio le tappe dell'evoluzione di questa disciplina. L'esploratore delle Alpi diventato scalatore di vette, deve, come tale, creare, inventare, fabbricare gli attrezzi e gli strumenti indispensabili per superare le difficoltà e i pericoli che la montagna gli oppone. Nascono così le prime rudimentali corde, le piccozze e gli scarponi chiodati. Poi l'alpinista si rivolge alle creste, alle pareti, agli spigoli dei picchi rocciosi e agli erti pendii ghiacciati delle alte montagne. Allora si perfezionano i vecchi attrezzi, si creano i ramponi da ghiaccio e i chiodi da scalata. Ora c'è chi considera una profanazione piantare un chiodo nella montagna (e magari poi accetta tranquillamente l'uso, non proprio indispensabile, dei ramponi da ghiaccio). Paul Prëuss sarà un simbolo di questi moralisti: siamo dunque alle svolte e alle contraddizioni di un'etica alpinistica che sta maturando e che crea i suoi profeti e i suoi discepoli. I chiodi, nati da poco, si piantano col martello nelle fessure naturali della roccia: prima come mezzo di assicurazione, poi, con l'aumentare delle difficoltà, come mezzo di progressione, là dov'è possibile piantarli. Questa tecnica permette allo scalatore di volgere le sue ambizioni verso qualsiasi montagna del mondo, allargando così il suo campo d'azione. Tuttavia, le cime conservano ancora – cosa essenziale – il fascino dell'ignoto e dell'impossibile, né si è ancora sciolto quel senso di lotta ad armi pari con la montagna e neppure si è eliminato il rischio e l'incertezza: elettrizzanti sproni del genere umano. Siamo così giunti ai primi cinquant'anni del ventesimo secolo e l'alpinismo è nella sua epoca d'oro, classica, intramontabile per i valori creativi e umani che vi si esprimono. Emergono ora nello scalatore una grande saldezza morale e fisica, una volontà indomabile, un'audacia cosciente, un freddo ragionamento, una logica intelligente e riflessiva, e non ultimo resta intramontata una colta e classica inclinazione poetica.

La «meccanizzazione» segna infine la terza e attuale tappa storica dell'alpinismo, e ne sono protagonisti molti degli odierni scalatori. Spesso, infatti, nel bagaglio di questi atleti della montagna figurano autentici attrezzi da costruzione: chiodi a *espansione* o a *pressione* (applicabili praticando fori in qualunque roccia viva), trapani (rudimentali o azionati da un motore compressore portato al seguito), e poi amache, radioline a transistor, carrucole e cordini fissi che, simili a un cordone ombelicale, collegano lo scalatore con la base della parete per essere rifornito del necessario e anche del non sempre indispensabile.

La tecnica, evidentemente, ha ormai preso la mano all'alpinista. L'uomo infatti si è oggi armato di tanti e tali mezzi tecnici da vincere con matematica certezza qualsiasi parete. Tant'è che dopo la prima scintilla d'avvio all'uso di questi compromessi, non c'è più stato strapiombo che, tentato, non si fosse vinto. Così ancora una volta il tecnicismo ha sopraffatto l'uomo mortificandolo.

È indubbio che questo meschino genere di scalata permetta prestazioni di limiti esclusivamente atletici, perciò il suo più autentico significato è andato ormai perduto. E qui si esaurisce automaticamente il mio discorso.

Ma perché tanto decadimento nelle moderne espressioni dell'uomo? Semplicemente perché la vita ci dà ogni giorno di più un cattivo esempio. Oggi, purtroppo, l'individuo è attento piuttosto al declino che all'incremento del domani; inoltre guarda sempre meno al passato. Per conseguenza disdegna le regole, la memoria di un passato, i comportamenti propri della tradizione pur di levarseli di mezzo: perché disturbano, irritano.

Per quanto mi riguarda, il mio alpinismo – ovviamente del genere classico – ha sempre trovato riscontro e chiarezza in ogni mia azione, nel mio modo stesso di vivere: confacendosi perfettamente al mio temperamento e rispondendo completamente alle mie necessità.

È dunque muovendomi nel solco della tradizione che ho sempre cercato di portare questa traccia più avanti, senza snaturarla, rispettando le regole di un gioco che ha un senso e un fascino proprio perché il «mazzo» non è stato truccato per vincere a ogni costo. È naturale quindi che le mie imprese alpinistiche abbiano acquistato sovente il valore di un'affermazione di principio contro le degenerazioni.

Da «Magia del Monte Bianco» (1984)

Era pomeriggio inoltrato e camminavo tutto solo verso le regioni alte del Monte Bianco. I raggi obliqui del sole di fine estate accendevano di vivide tinte le ultime ondulazioni di rododendro, che frammiste a chiazze di primule e campanule davano al paesaggio un ingannevole senso di calore. A ristabilire le cose v'erano i numerosi bracci d'acqua cristallina che scendevano impetuosi dalle fredde, nude morene. Una selva di larici e abeti si arrampicava compatta per qualche centinaio di metri dal fondovalle, prima di smorzarsi sugli scoscendimenti tra le colorite macchie di *Epilobium*, di adenostile, e i cespugli di mirtillo che anticipano l'alto brugo. Ai soffi balsamici che giungevano dal basso, pieni di aromi di conifera, spesso si univa il profumo della terra: umido, grasso, un misto di odori di felci, funghi e ceppi in decomposizione. Sulle balze, ormai frequenti, spiovevano densi cuscinetti di silene trapuntati di fiorellini rosei, guarniti di grassi ciuffetti di *Sempervivum*, mentre nelle nicchie spiccavano gli ultimi anemoni, i ranuncoli dei ghiacciai, sparuti garofanini e cento altri fiori minuti dai nomi strani e dai toni vivissimi. I dossi apparivano spesso punteggiati di un bell'azzurro vivo o di un celeste delicato, a seconda che vi fiorissero, seppure ritardatarie, macchie di genzianella o di «non-ti-scordar-di-me». Nell'aria risonante di cascate d'acqua irrompevano i fischi delle marmotte, cui facevano da contrappunto i versi acuti dei gracchi, che eleganti e altissimi roteavano tra i pinnacoli mostrando indifferenza ai rigori delle altezze. All'orizzonte, al di là delle verdi giogaie, cominciavano a profilarsi le bianche cime dell'Isère; e il Grand Combin, più vicino, risplendeva con i suoi nevai oltre i crinali della val Ferret.

Sempre più tenebroso nell'ombra serale rimaneva confuso il paesaggio antistante, i ghiacciai opachi appena profilati, dietro cui si alzavano informi muraglie di rocce merlettate. A esclusione del rifugio, eretto sul crinale del monte e che ignoravo nonostante i suoi grigi e invadenti cementi, non v'era traccia alcuna, non un segno recente di passaggio umano; gli alpinisti da queste parti sono come gli uccelli di passo, con la fine dell'estate se ne vanno. L'animo, per nulla infiacchito dalla faticosa marcia, era pieno di meraviglia, di attesa, di ricordi, e poiché nel pensiero tutto si collega ecco affacciarsi alla mente una serie di immagini fantastiche al cui centro mi ritrovavo protagonista.

Le stelle si erano alzate l'una dopo l'altra e risplendevano nitide benché il chiarore diffuso della mezza luna crescente si riverberasse su tutta la montagna. Un cumulo di vapori che si stava formando a ridosso di un picco si assottigliò e in breve la luce della luna tornò a diffondersi su tutta la montagna. In quel freddo pallore ogni cosa risultava falsata nelle reali distanze e proporzioni, per cui sembrava di trovarsi in un mondo immaginario dove tutto è possibile, popolato da spiriti allegri e grandi fantasmi. L'aria era piena di echi, di trasparenze e svelti colpi di vento si divertivano a rincorrersi. Assorbito da questa magia di forme opalescenti, mi ero fermato e quindi disposto a passare la notte al riparo di una roccia, avvolto nel sacco a pelo.

Il bivacco fu breve, poiché il rigore dei luoghi imponeva di riprendere il cammino nelle ore che precedono l'alba, le più sicure dai pericoli oggettivi. Erano dunque le quattro di una gelida notte di fine settembre quando ripresi a inerpicarmi su per la montagna, ormai senza luna, facendomi strada alla debole luce della pila frontale.

Procedevo a zig-zag sul dorso pietroso che tante altre volte avevo risalito, oppure disceso, nel corso delle mie scalate, e a dare più intimità al mio cammino era proprio quel sottile fascio di luce che proiettavo dinanzi a me, nelle tenebre, alla ricerca di un punto di riferimento. Dalle instabili morene ero approdato ai pendii nevosi e da qui alle rocce fessurate che mi avevano portato fino al Colle dell'Innominata. Era presto. La notte, che ormai si prolungava con il finire della buona stagione, era ancora profonda, tanto che mi bastò spegnere la lampada frontale per sentirmi come ingoiato dalla montagna. In attesa dei primi albori, mi accucciai appena al di là del Colle, nel sacco da bivacco, e aspettai in silenzio. A tratti sibilava il vento leggero, le stelle tremolavano lucentissime sopra le scure masse rocciose che mi circondavano; dal ghiacciaio Frêney saliva ogni tanto il tonfo sordo di un seracco in movimento. Le grandi fortezze rocciose sopra di me avevano cominciato a schiarirsi e l'Aiguille Noire de Peutery, in particolar modo, si elevava verticalmente con spietata imponenza, incurante del piccolo uomo, fragile come un niente al suo cospetto. Alla pallida luce del giorno che stava nascendo cominciai a calarmi giù per il Canalino dell'Innominata, quel tetro salto roccioso di un centinaio di metri che immette sul ghiacciaio Frêney. Non v'è ghiacciaio sul lato sud del Monte Bianco che appaia più travagliato di questo, irto di pinnacoli pericolanti e rotto da fenditure spaventose. Qui l'unica sicurezza possibile è il gelo mattutino, che riduce il crollo dei seracchi, e la rapidità è la sola difesa per chi si appresti ad attraversarlo. Conscio della sua fama sinistra avevo raggiunto l'inizio di quel dedalo di ghiacci frananti e a sbalzi cominciai a correre attraverso il Frêney: un ammasso scricchiolante di dorsi ispidi, di spire scagliose, detritiche, di biechi inghiottitoi pronti a ricevere tutto ciò che crolla convogliandolo fin giù nelle viscere della montagna. Erano bastati pochi minuti per compiere quella folle corsa e ora, fuori pericolo, potevo riprendere fiato e stupirmi al primo spicchio di luce rossa che compariva sulle creste sommitali del Monte Bianco. Ciò che avevo dinanzi era uno spettacolo grandioso che affinava il pensiero e instaurava un intimo dialogo con la montagna selvaggia.

Ora il sole aveva inondato di luce sfolgorante l'intero bacino superiore del Frêney, quaggiù si era invece levato un vento dalle raffiche taglienti che portava il gelo della notte. Superato un erto pendio glaciale avevo poi risalito un sistema di diedri rocciosi, a sinistra del pericoloso budello di ghiaccio che raggiunge la Breccia Nord delle Dames Anglaises. Ero così sbucato sulla cresta dell'Aiguille Blanche, poco al di sopra del punto dove si approda abitualmente. Non ero nuovo alla spettacolarità di quel pulpito, ma quel giorno sembrò che il Monte Bianco volesse mostrarsi persino nei suoi misteri più nascosti.

Luci, forme e colori di quanto si vedeva da lassù apparivano quel mattino come l'apoteosi stessa del monte, prova e simbolo a un tempo del suo dominio, della sua magia. Ma, a dare i toni più elevati dell'incantesimo che emanava quella vista, ecco aprirsi sotto i piedi l'immenso ghiacciaio della Brenva. Si stendeva come un arazzo qua e là appeso alle alte guglie sommitali, e arrivava fin giù nella valle ricamato d'argento, incastonato di smeraldi, opali, acquemarine. E al di sopra della Brenva l'incanto non diminuiva. Qui, sporgenze sospese nel vuoto; là, interminabili creste di scaglie gesticolanti, alternate a morbidi, lirici archi nevosi e cornici sospese un po' ovunque che apparivano come un'onda oceanica gelata un attimo prima di frangersi. E poi le fiere sagome dei verdi ghiacci pensili, letteralmente appesi alle pareti, e le cupole immacolate, i candidi picchi acuminati come denti di squalo; e ancora torri dalle fiancate verticali, strutture aggettanti di levigati graniti rossi, altre sommità aguzze e altre ancora, coronate da pile di massi tutti crepe e fessure. Ma a impressionare maggiormente, anche perché più vicina, era l'Aiguille Noire che, isolata e superba, innalzava la sua punta a dismisura, ferendo il cielo.

Ero completamente assorto nella meraviglia che mi circondava quando dal vuoto sottostante arrivò un'eco tremenda, come lo scoppio di un tuono prolungato. Una frana si era distaccata dal fronte glaciale della Brenva e rovinava a valle sollevando una nube ribollente. Rabbrividii, conoscendone l'origine e le proporzioni. Tuttavia rimasi, estasiato, sul mio pulpito a seguire quel primordiale rito della natura fino al suo totale compimento; la valanga per lunghi minuti continuò a rivoltarsi su se stessa con l'urto e il rimbombo della sua rovina.

Era tornata la calma ma il mio sguardo ancora indugiava là nel profondo groviglio di seracchi, veri palazzi di gelo sospesi sull'abisso. Quegli enormi ghiacci in bilico, il dedalo di crepacci, le sporgenze vertiginose, gli innumerevoli ponti di neve sospesi sulle voragini, l'eco paurosa degli schianti, nulla di più eloquente avrebbe potuto definire quella irriducibile zona di morte.

Dalle alte regioni da cui traggono origine i ghiacciai provengono in gran parte i resti sbriciolati delle orgogliose montagne, sono scorie di pietra prodotte dalle ingiurie del tempo, precipitate a valle e ora trascinate avanti, anno dopo anno, dall'irresistibile corrente di duro ghiaccio. Vedevo perciò affiorare, nelle zone più basse di questo immenso bacino collettore, enormi rocce e immensi cumuli di pietre e di sabbia, che arrivati a un declivio, nel loro lentissimo viaggio, o sul ciglio di un salto, sarebbero prima o poi rotolati giù insieme al ghiaccio dando un senso di catastrofe. Ancora più in basso, verso le foreste e al posto dei ghiacciai ormai disciolti, apparivano le vaste formazioni moreniche, cuneiformi o allungate a forma di sponda. Quelle enigmatiche testimonianze sfuggite al tempo parlavano di cose lontane e continuavano a porre interrogativi; era come se l'era glaciale fosse terminata appena ieri.

In pace, completamente distaccato dagli affanni del mondo, me ne stavo a ridosso di uno spuntone proteso sul ghiacciaio della Brenva e guardavo la Terra così come l'avrebbe vista un'aquila in volo.

Avevo ripreso a salire per rocce facili ma piuttosto insicure. Niente di ciò che toccavo pareva restare al suo posto e non di rado afferravo una scaglia che mi rimaneva in mano. Ciò accadeva ogni volta che mi inerpicavo su un tratto di parete rimasto a lungo immerso nella neve e dove il disgelo aveva poi liberato i resti dell'erosione rocciosa.

Per l'elevata temperatura di pieno giorno, si era formata a mezz'aria, sulla Valle d'Aosta, una pesante foschia lanosa che tendeva a espandersi verso la catena del Monte Bianco. Non c'era ragione di preoccuparsi data la stagione, tuttavia la rapida evoluzione delle nebbie mi induceva ad accelerare l'andatura. Ben presto le cime più basse della catena scomparvero, ingoiate dalla cappa nuvolosa che navigò fino a raggiungere i ghiacciai presso il Colle del Gigante. Là, dove pochi minuti prima scintillava il sole e il cielo era azzurro, in un batter d'occhio si rivoltarono grandi cavalloni di vapore. Gettavano coni d'ombra sulle nevi e formavano voragini luminose attraverso cui filtravano, come potenti riflettori, i raggi del sole.

La nuvolaglia che ancora si alzava muovendo incontro ai picchi più alti, cominciò ad arrivare anche qui. Bianca e leggera dapprima, sfrangiò la cresta sopra di me, poi, divenuta consistente, oscurò il cielo e prima ancora che raggiungessi la Punta Gugliermina mi trovai avvolto in un'orgia di vapori minacciosi. Faceva freddo e nell'aria sfrecciavano corpuscoli bianchi, erano come duri chicchi di riso che rimbalzavano sul dorso delle mani e battevano sonoramente sui vestiti.

Di colpo tutto il piacere della scalata se n'era andato, la montagna improvvisamente era diventata ostile e ancora una volta si palesavano la nullità e la fragilità dell'uomo di fronte alle forze elementari della natura.

Per fortuna l'inconveniente non durò a lungo, come previsto. Le nebbie intorno a me diradarono, si sfilacciarono sugli spuntoni dove erano rimaste impigliate, e già alcune grotte si erano aperte nelle nubi verso il basso lasciando trasparire il riverbero dei ghiacciai. La stessa cosa avveniva anche sulla cresta nevosa che stavo ormai per raggiungere, e qui il riflesso del sole era talmente intenso da ferirmi gli occhi. Avevo appena varcato la barriera dei quattromila metri di quota e le alte creste meridionali del Monte Bianco svettavano ora dinanzi a me con aumentata imponenza. Le nude rocce emergevano dalla neve con forme gigantesche e allungate, che davano alla parete l'austerità di una grande vetrata gotica. Fra quelle superbe strutture spiccava il Pilone Centrale di Frêney, quello per cui anni addietro avevo preso una botta che mi invecchiò di colpo. Pilone Centrale: bastava un ricordo ed era subito ieri!

Ero ormai arrivato sulla prima delle tre punte nevose allineate alla sommità dell'Aiguille Blanche de Peuterey e il cielo era tornato stabilmente azzurro; sembrava poggiasse come una cosa solida sulle cime. Ma il colossale ambiente aveva appena cominciato a mostrare una grandezza scenica, che era anche bellezza austera. Si elevava dinanzi a me il monolitico Pilier d'Angle e sulla destra si profilava la struttura più grandiosa e affascinante che l'opera del tempo avesse mai creato sul lato orientale del Monte Bianco: la parete della Brenva.

Per apprezzare le opere della natura, come quelle dell'arte, bisogna trovarsi nel giusto momento e nel conveniente punto di osservazione, altrimenti se ne perdono forme, colori e proporzioni. Ebbene, dalla cima dell'Aiguille Blanche ora io dominavo questa parete, e nel contempo la vivevo avendola più volte scalata in passato da ogni lato. Riconoscevo infatti ciascun dettaglio di quella precipite architettura, su cui assurde fronti di ghiaccio appese al cielo creavano prospettive ancora più fuori dalla misura dell'uomo e dalle possibilità che lo limitano.

Valicata l'ultima cima dell'Aiguille Blanche, mi calai dall'altra parte lungo lo scoscendimento di centocinquanta metri e raggiunsi le placide nevi del Colle di Peuterey. Dell'intera scalata era il solo luogo pianeggiante, ma anche il più solitario, tagliato fuori dal mondo da enormi pareti frontali, e, sui due lati, da immensi vuoti battuti soltanto dalle valanghe. Era sul mezzogiorno, faceva un gran caldo e la neve, ammollandosi, mi aveva inzuppato fino alle ginocchia. Un lastrone roccioso spuntava dal Colle come una bizzarra testa preistorica; decisi che sarebbe stato il mio bivacco fino a quando non fosse tornato il gelo a rassodare la neve.

Disteso al sole, a piedi scalzi, crogiolandomi nel sopore di una stanchezza voluttuosa, osservavo gli alti crinali intorno a me sui quali le nevi, colpite frontalmente dalla luce intensa, sembravano risplendere di una propria incandescenza: vere barriere di inaccessibile purezza. Una bassa linea di nubi persistenti macchiava l'orizzonte verso le catene dell'Isère. Regnava un silenzio disteso, una pace profonda che induceva a pensare. Meditavo, infatti, sulle ore attivissime appena trascorse e su quanto ancora mi aspettavo dalla scalata solitaria.

Amo ricercare me stesso nelle cose, nelle mie azioni. Sono anche geloso della mia indipendenza spirituale, per questo non avevo voluto dividere queste giornate con alcuno, ma viverle nell'intimità delle mie emozioni, a contatto con una natura familiare e meravigliosa dalla quale sarei uscito come da un sogno. Felice di aver sognato.

Passavano le ore. Inerte e alla deriva verso pensieri luminosi, mi ritrovavo più che mai immerso nel labirinto delle riflessioni, che mi portavano inevitabilmente verso la ricerca della mia verità. Perciò sentivo in me tutte le laceranti contraddizioni che sono nell'uomo, senza però riuscire ad approdare più in là dei nuovi contrasti che ne nascevano. Nel mio monologo ero comunque arrivato a dei punti fermi. Ero certo, per esempio, che nulla esiste sulla Terra che non sia di tutti, quindi anche mio. Sapevo che capire il bello significa possederlo. Potevo giurare che ci sono sempre delle porte da aprire in noi. Riconoscevo che le difficoltà non mettono alla prova la forza dell'uomo, ma la sua debolezza. Inoltre mi affascinava collocare l'esistenza della realtà soltanto nel riflesso del suo sogno. Ad altre difficili domande che mi ero fatto, e per alcune era rimasto aperto l'interrogativo, mi ero risposto che la vita, in definitiva, ha senso viverla con il massimo impegno, cercando di realizzare tutto quello che si ha dentro. Ero conscio che non avrei mai potuto privarmi di ciò che ritenevo giusto fare, pur con tutte le paure che ciò comporta. Capivo che molte mie idee sarebbero suonate per lo meno strane a un certo tipo di interlocutore, ma in tal caso il problema sarebbe stato suo. Sapevo ben radicati alcuni miei concetti e mi era sempre più chiaro che la mia stravaganza era forse preferibile a quella «saggezza» dei molti, laggiù, dove spesso la vita – incatenata dal consueto e regolata da tutte quelle pressioni che arrivano persino a trasformare l'arte e la fede in una merce – non è che una calma disperazione, un deserto di egoismo e di apatia. No, mi dicevo, non può essere bello un mondo dove le paure e gli entusiasmi spaventano i più, tesi come sono al risparmio di sé e dei propri sentimenti. Quando mi ripresi dai miei pensieri il disco del sole stava per scomparire dietro la cresta di Brouillard. Mi rivestii di tutto ciò che avevo poiché l'aria raggelò subito e il cielo ingrigito assunse una fissità glaciale. Passò altro tempo, che occupai nel prepararmi qualcosa di caldo, e in piccole altre faccende; poi osservai il tramonto fino all'ultima pennellata di rosa che scoloriva nel cielo.

Scomparso l'obbligo di tentare un'ultima fotografia riposi l'apparecchio nello zaino e mi coricai felice nel sacco a pelo, sulla stessa pietra di prima.

La luna crescente che inondava il cielo, luminosissima, aveva impedito alla notte di incupirsi, ma non di diffondere la sua calma infinita. Tutto era immobile nel gran gelo autunnale, il silenzio intatto, non giungeva il minimo scricchiolio dai ghiacciai, non un lontano mormorio di fiume dalle vallate profonde, non c'era neppure un alito di vento; brillavano soltanto le stelle, un grande mare di stelle dentro cui ci si confondeva. Così mentre la fredda luna allungava e ritraeva sulla neve le sue lame di chiarore spettrale, io ero lì, incerta e fragile statua di ghiaccio, a respirare la magia di una notte che sembrava venire da altri mondi. Ero ebbro di solitudine e di quella immaginazione che ti porta a volte dove vorresti essere.

Più tardi, quando sporsi la testa dal mio riparo, c'era una fredda oscurità, la luna era tramontata. Non ero riuscito a partire di sera al chiaro di luna come progettato, ma ora era nato in me il desiderio di assistere al prodigio dell'alba dalla cima del Monte Bianco; era perciò tempo di avviarsi. Uscii dal sacco da bivacco e subito rabbrividii, il gelo sembrò paralizzarmi, poi prevalse il controllo mentale sulla sofferenza del corpo, e la temperatura sembrò più sopportabile.

Il silenzio era di un'intensità che intorpidiva. Tornò in funzione la pila frontale e mossi i primi passi sul colle. I piedi ramponati crepitavano sulla neve cristallizzata e a volte sembrava proprio di udire un urlo levarsi dalla montagna. Risalii le rocce innevate del Pilier d'Angle al cui termine, sull'affilata cresta nevosa, mi investirono alcune raffiche di vento cariche di sottili cristalli gelati. Colpiti dal fascio luminoso della mia pila erano sembrati frammenti di stelle.

A separarmi dalla sommità ora non v'era che quello stupendo rostro ghiacciato che caratterizza il Monte Bianco di Courmayeur, l'antecima della vetta massima. Arrivai veloce in capo a quel ripido salto di cinquecento metri e appena varcata la grande cornice mi apparvero, dall'altra parte, i lumicini dei villaggi nelle valli ancora addormentate della Savoia.

La tenue luce delle stelle bastava adesso a illuminare il cammino, era un vasto, dolce pendio di neve asciutta e farinosa i cui profili si perdevano nel cielo. Di lì a poco riconobbi la cupola del Monte Bianco; pallida, quasi spettrale davanti a me.

L'aria a oriente cominciò a schiarire. Si levò di colpo il vento dell'alba, frenetico, che sollevò qua e là nugoli di polvere bianca. L'atmosfera si faceva più sottile, trasparente, in armonia con l'azzurro del cielo sempre più turchese. L'aria era purissima, siderale, come venisse da un altro pianeta; respirarla era come riempirsi i polmoni di cielo. Anche la neve su cui procedevo ora pareva trasformarsi in luce e appartenere sempre più alla volta celeste; si stentava a credere che tutto ciò posasse sopra solida materia, radicata sulla Terra.

Il dosso si era assottigliato, avanzavo ormai su un lungo crestone di ghiaccio e, quando questo si adagiò, mi trovai sulla cima del Monte Bianco.

Avevo raggiunto la mia meta e ora mi sembrava di vivere un momento profetico. Non v'era che luce e spazio davanti a me, e immense catene silenziose ammantate di neve perenne. Ben distinti fra queste ondulazioni, a oriente, emergevano il Cervino e il Monte Rosa, dominati a loro volta da un arco di vapori rossi che preannunciavano il sorgere del sole. Sotto queste cime fluttuanti si allungavano le grandi vallate verdi, che apparivano cupe per la notte non ancora disciolta. Il vento soffiava libero sugli spalti ed entrava gelido sotto i vestiti, ma non durò a lungo, perché il primo raggio di sole fece il suo ingresso trionfale nel bianco oceano di silenzio.

Quel che seguì appartiene più alla policromia dei sentimenti che a quella delle cose. Vero è tuttavia che le tinte calde dell'astro cominciarono a scivolare tra picchi, pareti, creste e canaloni creando un movimento caleidoscopico di luci e contrasti. Le cornici poco lontane presero a fiammeggiare di sottile polvere sospinta dall'aria e qui attorno, sulla neve, cominciarono a brillare migliaia di piccoli cristalli di gelo. Il cielo, solidamente azzurro, rimaneva la cosa più grande di tutte e abbracciava lontananze che stancavano lo sguardo. Le catene si accavallavano, si fondevano, tornavano a separarsi senza un'apparente ragione. Infiniti affioramenti emergevano alla rinfusa, le belle creste giocavano con le proprie ombre contenendosi la luminosità dei nevai, e i ghiacciai, laggiù, sembravano grandi laghi di luce incuneati tra le vette e sconvolti da improvvise burrasche di crepacci. Era un tripudio di splendori inviolati che la natura mi offriva con abbandono e ciò nutriva il mio animo. I pensieri lievitavano nel costante fluire dalle cose alla mente e dalla mente alle cose, sentivo nascere in me emozioni nuove, dimensioni ignote che sfuggono sempre al tentativo di spiegarle. Totalmente affondato nell'intima solitudine prendeva sempre più slancio la fantasia, adesso più che mai vedevo con gli occhi della mente, ascoltavo il grande respiro della natura, davo proporzioni umane agli infiniti, spaziavo fino a confondermi nell'universo; sentivo tutta la bellezza e la meraviglia dell'esistenza. Avevo finalmente trovato la verità, la sola verità possibile al di là di ogni supposizione. Era la verità del cuore.

L'ultima mia avventura in Patagonia (1986)

La nostra montagna era riapparsa nel chiarore spettrale della luna non appena toccammo la sommità del grande canalone nevoso. Fummo subito sorpresi da quel paesaggio che improvvisamente si apriva allo sguardo.

Era così diverso da come l'avevamo immaginato, e stentavamo a credere che fosse proprio quella la cima che il giorno avanti avevamo deciso di scalare. Adesso appariva assai più austera e lontana, quasi inavvicinabile per la serie di ghiacciai sconvolti che convergevano tutti in un imbuto profondo, alla base del monte. Come ho detto avevamo scorto quella cima soltanto il giorno prima da un crinale roccioso che si eleva poco al di là del colle divisorio; da una parte le snelle montagne più basse, dall'altra il compatto basamento su cui nei millenni si è formato l'immenso Hielo Continental, qualcosa come 25.000, o forse 30.000 chilometri quadrati di estensioni di ghiaccio costellate di cime. Una natura tipo Antartide, per intenderci, che seppure poco elevata – la quota media del grande altipiano si aggira sui mille metri – spinge i suoi fiumi di ghiaccio, alcuni larghi dai cinque ai dieci chilometri, fino al mare, dentro profondi fiordi.

Il motivo per cui ci trovavamo ora in questo luogo perduto in capo al mondo merita un commento.

Secondo il mio progetto iniziale, nato da un vecchio sogno, volevo inoltrarmi, in compagnia di due amici fidati, nella Patagonia cilena. Precisamente in quell'entroterra parzialmente conosciuto e totalmente disabitato, che si estende caotico tra l'altopiano ghiacciato continentale e i fiordi turbolenti dell'oceano Pacifico. Un'impresa lunga, difficile e in cui per ogni giorno di marcia avrei dovuto fare i conti con un ghiacciaio irto di pinnacoli, o con una foresta dove aprirsi il cammino a colpi di accetta. Poi vi erano le insidiose paludi, i guadi di fiumi selvaggi, gli infiniti saliscendi, magari su chine da capogiro per evitare un ostacolo improvviso o per contornare la gola profonda di un fiordo. E tutto accompagnato dal maltempo che avvolge quasi costantemente quell'estremo lembo di mondo. Ogni sera si sarebbe dovuto improvvisare un riparo per la notte, accendere un fuoco, difficile per il fradiciume del luogo ma indispensabile per chi come noi si era trovato tutto il giorno a macerarsi nella pioggia gelida. Infine, in quei meandri ostili e avari, avremmo dovuto cercare di che nutrirci.

Dall'alba al tramonto avremmo dunque teso l'agguato alla scarsa selvaggina, come animali affamati alla ricerca del pasto. Così concepita, la nostra esplorazione sarebbe stata un'esperienza unica e preziosa per la ricchezza che ogni giorno avremmo sentito crescere in noi.

Eravamo dunque certi di ricavarne qualche buon insegnamento, primo fra tutti quello di risvegliare in noi, rivalutandole, alcune di quelle risorse già possedute dall'uomo antico. Avremmo quindi vissuto una prova in assoluto isolamento dal resto del mondo, rifiutando di questo l'organizzazione e gli espedienti tecnici (radio, imbarcazioni, mezzi aerei di appoggio e di rifornimento lungo il tragitto) e affidandoci unicamente al bagaglio delle esperienze personali. La nostra non sarebbe stata un'arida impresa fine a se stessa, e neppure un'esplorazione vera e propria: ormai non serve più l'uomo per esplorare, c'è il «grande occhio» della tecnica che tutto vede e a tutto provvede. Tranne che dentro l'animo dell'uomo. Proprio dove volevamo approdare.

Ecco come immaginai e diedi vita al mio progetto, ed ecco qual era il senso della mia avventura. Così dunque, e soltanto così, avrei potuto vivere il mio sogno.

D'altra parte, nel caos delle moderne contraddizioni oggi si cerca l'avventura e si finisce per comprarla preconfezionata. Si inventa il falso rischio e gli si dà il nome di «prova di sopravvivenza» (che comunque risulterà sempre assicurata). Si esaltano imprese solitarie, ma accompagnate da apparecchi radio o altri bip-bip del momento, che all'occorrenza serviranno a levare questi «eroi delle solitudini» dal pasticcio. Preordinate realizzazioni da Guinness dei primati, ovviamente assistite e ben protette da un'organizzazione al seguito. Inoltre, per qualche inconfessato vantaggio si passa per impresa qualcosa che impresa non è, o non lo è più da lungo tempo.

Insomma, oggi più che mai ci accorgiamo di essere invasi da banalizzazioni, riduzioni merceologiche, inganni, speculazioni e falsi messaggi, talvolta intrisi di erudizione spicciola.

L'imbroglio ci assedia. Ciò che è di moda non garantisce mai la verità, come ciò che vale non è mai frutto del clamore pubblicitario. Non sarebbe bene fare un po' d'ordine, e rimettere le cose al loro posto?

Da parte mia, in risposta al crescente malcostume, avevo deciso di partire per la mia avventura alla chetichella, cioè senza inopportune conferenze stampa, come oggi si usa invece fare. Inoltre non avevo voluto accettare alcun tipo di sponsorizzazione. Un termine che adesso sembra avere, almeno nel mio ambiente, il solo significato di prostituzione. L'uomo d'avventura per sua formazione è uomo di ideali oltre che di fatti, e come tale non può corrompersi riducendo se stesso a portatore di pubblicità, dopo essersi venduto. Ma oggi c'è chi fa dell'avventura un prodotto, una comune operazione impostata sul tornaconto, e non mi riferisco certo alle agenzie di viaggio.

Tutto dunque potrebbe essere giustificato dalla necessità di raccogliere fondi per realizzare un'impresa? Niente affatto! Se mancano i soldi per andare in capo al mondo (ma volendo ne bastano pochi), e nessun ente riconosce il viaggio come di pubblica utilità, ebbene sono tre le soluzioni: o si provvede a guadagnarseli, o si ottengono in regalo, senza ridursi a immagine di un marchio di fabbrica (accettando coercizioni che inducono a forzature e persino a raccontare menzogne), o si resta a casa propria, che è assai più dignitoso. Ma quanti tengono alla dignità?

Perché la mia avventura potesse rispondere alle finalità preposte scelsi questo angolo australe proprio perché inesplorato. La sua geografia, con gli elementi di contrasto che la caratterizzano, è tale da rendere problematica la penetrazione nel territorio. Si tratta però di difficoltà imposte dalla stessa natura. Nella scelta del mio percorso non v'era dunque alcuna forzatura o irragionevolezza che potesse creare falsi e inutili problemi, come il volersi intestardire per esempio a seguire un cammino in linea retta. L'idea era di compiere il tragitto senza l'ausilio di altri mezzi che non fossero le gambe. Doveva essere un viaggio un po' all'antica, degno di quel paesaggio veramente grandioso e solenne che è la Patagonia.

Così un bel giorno ho preso il via insieme a due compagni. Sono due uomini capaci, maturi e di grande adattabilità, di vedute ampie e universali. Sono anche miei amici, con una perfetta sintonia sul piano umano. I loro nomi sono Melchiorre Foresti ed Elio Sangiovanni, primario di radiologia all'ospedale di Bergamo il primo, libero professionista, anch'egli di Bergamo, il secondo.

Ci saremmo mossi e sostentati in quell'impresa in assoluta autonomia di mezzi per l'intera durata dell'esplorazione, o per meglio dire avremmo beneficiato del solo equipaggiamento che saremmo riusciti a caricarci sulle spalle. Il suo peso non avrebbe dovuto superare i trenta chilogrammi, per non compromettere il recupero delle energie. Ci saremmo sostentati di caccia e di pesca, integrando le prede con vegetali raccolti nella foresta. Per sopportare il lungo periodo di dieta carnivora erano indispensabili nella nostra alimentazione. La necessità di vegetali ci aveva però creato non poche preoccupazioni: l'uomo non digerisce la cellulosa. Per di più le piante della Patagonia magellanica sono poco conosciute, e v'era il pericolo di incappare in qualche specie tossica.

Giunsi finalmente a impossessarmi della conoscenza base sulle piante commestibili della regione, una dozzina in tutto, ma era quanto bastava. A fornirmi quelle nozioni, dopo mesi di ricerche, fu l'opera di un botanico inglese, David M. Moore, attendibile perché aveva compiuto i suoi studi partendo dalla dieta degli *indios*, ormai estinti dopo il contatto con l'uomo bianco.

Ma le cose non andarono per il verso desiderato. Ancor prima di iniziare l'avventura, a Santiago del Cile, cominciarono i problemi. Prima di tutto venne a mancare la possibilità di procurarsi il cibo. Non sapevamo che la regione da noi scelta era stata dichiarata parco nazionale e per questo, giustamente, non sarebbe stato più possibile praticarvi alcuna forma di caccia. Ci venne invece concesso il permesso di pesca e ottenemmo anche la completa libertà di muoverci a nostro piacimento nel grande santuario dei fiordi magellanici. Fu un gesto gentile quello della Direccion Fronteras y Limites, così come quello della Corporacion Nacional Forestal, ma non bastò a risolvere il problema della nostra sopravvivenza. Le acque dei laghi e dei fiumi si rivelarono prive di plancton e di ogni altra forma di vita. Altrettanto sterili risultarono i fiordi le cui acque, per insufficiente salinità, non consentono la proliferazione del pesce di mare, né vita ai mitili e agli altri molluschi. Neppure le risorse vegetali del posto poterono sfamarci. Sul cammino infatti non incontrammo esemplari delle già scarse specie commestibili, solo la Chàura (*Pernettya mucronata*), una bacca rossa dal sapore blando, era relativamente abbondante alle basse quote. Riconoscemmo soltanto rare piante di *Taraxacum gilliesii*, un'erba perenne che assomiglia alla nostra composita *dente di leone*, e alcune pianticelle di *Apium* australe simile al sedano.

Scovammo anche tra i rami dei faggi alcuni grappoli di ter (*Cyttaria darwinii*), piccoli funghi sferici mucillaginosi, dal sapore dolciastro. Andando per tentativi scoprimmo infine che il gambo di un tipo di graminacea, tenero alla radice, si poteva mangiare senza tristi conseguenze. Le rimanenti specie commestibili non erano ancora giunte a maturazione, o non apparvero del tutto.

Ad accrescere le difficoltà fu lo spropositato peso dei nostri zaini alla partenza. Permaneva poi uno stato di innevamento abbondante fino a bassa quota, nonché un'eccezionale piena dei fiumi dovuta all'elevata temperatura di quella stagione primaverile. Infine sopraggiunse il mio incidente. Fu al secondo giorno di marcia, quando nelle acque profonde di una rapida mi causai una frattura al piede destro, la base della falange prossimale del secondo dito (lo confermeranno un mese più tardi le radiografie). La cosa, per fortuna, fu meno grave di quanto avessi temuto. Una volta infilato il piede rigonfio nella calzatura tenuta ben stretta mi fu ancora possibile camminare per i diciotto giorni che seguirono. Ma riandiamo a quel 20 novembre, quando cominciò la nostra avventura.

Con un piccolo aereo noleggiato per l'occasione ci eravamo spostati dalla cittadina di Coyaique fino a Caleta Tortel, l'ultimo villaggio sul golfo di Penas, in prossimità del grande ghiacciaio che si estende a sud del 48° parallelo. Con un volo di circa due ore, radendo i fianchi innevati di selvagge montagne, eravamo così giunti ai confini del mondo. Lo aveva confermato anche l'atterraggio, su quella striscia di terra chiara che, per seicento metri non uno di più, incide da fiume a fiume l'ultimo meandro del rio Baker. Una barca da lì a poco venne a prelevarci e in meno di un'ora eravamo al villaggio.

Tortel a prima vista sembra un luogo incantato, con quelle sue casette di legno sospese su palafitte, e le aeree passerelle in legno grezzo, che collegano le abitazioni. Ma appena svanito l'iniziale stupore, emerge la realtà di un luogo chiuso, grigio, freddo e piovoso. In effetti Tortel è schiacciato dai monti incombenti, compresso dal fiordo limaccioso e soffocato dalla folta vegetazione che lo circonda. Ma ciò che disorienta è il fatto che non possiede alcuna risorsa. C'è da chiedersi quale futuro offra questo posto alla sua gente, forse un centinaio di famiglie. Chi ci vive, pur privato di mezzi di comunicazione e lontano da ogni centro di attività umana, dimostra tuttavia un profondo attaccamento verso questi luoghi. Abitanti inselvatichiti e randagi? Può darsi. Raramente però ho incontrato gente tanto buona e ospitale come questa di Tortel. Se penso che da noi si vive ormai schiacciati tra partiti e mercato, tra mezze fedi e false bandiere, se valuto che per restare fuori dalla mischia si è mal sopportati, e se infine rifletto sulla necessità che abbiamo di restituire una dimensione più umana alle nostre ambizioni, ebbene, mi sento quasi defraudato rispetto a tutto quello che si ha, o non si ha, qui a Tortel. Parlo naturalmente per quello che sento, e il mio parere è tanto poco autorevole che non turberà nessuno.

Di notte piove a ondate successive, poi cala il vento e l'indomani di buon'ora, su una barca sospinta da un motore di dieci cavalli, navighiamo diretti a sud lungo una serie di canali burrascosi.

Il nostro punto d'arrivo è un'umile casetta di legno al fondo di un'insenatura che si sviluppa parallelamente al grande ghiacciaio Jorje Montt, nel fiordo Calen. È l'ultimo avamposto umano in queste terre. Quando lo raggiungiamo è pomeriggio avanzato. Ad accoglierci con stupore, ma altrettanta cordialità, sono una donna e un giovane sulla ventina: madre e figlio. Il resto della famiglia, ci dirà più tardi la señora Verta Muñoz, madre di Edoardo, si trova al Nord, occupato a sospingere la mandria di vacche e cavalli verso Cochrane, in fondo alla valle solcata dal rio Baker. «Il viaggio», continua la donna, «richiede almeno un mese, ma ne vale la pena.» Abbozzando poi un sorriso conclude: «A Cochrane arriva la strada, perciò si vende meglio il bestiame».

Fino a quel momento il nostro equipaggiamento era stato raccolto in sei sacconi di varia taglia, e il suo volume era cresciuto a ogni nuovo acquisto, a partire da Santiago, almeno per quanto concerne peso e ingombro. Per vari motivi, buona parte del materiale, pentolame, accette, trappole, reti da pesca eccetera, non si era potuto portarlo direttamente dall'Italia. Ci si dovette perciò accontentare di ciò che offriva il commercio locale. Fatto sta che al momento di convogliare il tutto in soli tre zaini ci troviamo veramente nei guai; tanto più che abbiamo ritenuto necessario portare con noi una riserva di carne fresca. Una pecora di media taglia era stata macellata per noi dagli amici Muñoz; dobbiamo dividercene le parti appendendole agli zaini già ridotti come armadi stipati. Per rimetterci in piedi sotto il peso dei carichi dobbiamo aiutarci a vicenda, e penso di non esagerare stimando di circa cinquanta chili quelle specie di carghe che porteremo sulle spalle.

Compiuto il primo guado sul grande fiume che solca la vallata, a un paio d'ore dalla partenza, troviamo con minore frequenza le tracce degli animali, che tuttavia ricalchiamo fino a quando svaniscono nella boscaglia o in una palude ingannevole. Affondiamo pesantemente fin quasi al ginocchio, calzando alti stivali di gomma. Gli scarponi da montagna, ben ramponati, serviranno per attraversare i ghiacciai. Per due giorni continuiamo a risalire l'ampia vallata dove le paludi si alternano a dense boscaglie, o a foreste di giganteschi Coìhue (*Nothofaguus betulodides*), il bellissimo faggio magellanico dall'alto fusto e dalle foglie verdi tutto l'anno. Incontriamo però con relativa frequenza il vuoto improvviso lasciato da un bosco incenerito; squallida testimonianza di un irresponsabile metodo di colonizzazione, il peggiore che si possa concepire per creare nuovi pascoli. Quell'opulenta vegetazione certamente terribile da penetrare, ma che tuttavia è espressione di eternità della vita e dell'equilibrio che la governa, diventa all'improvviso scheletro di se stessa. Con forme che sembrano quasi braccia imploranti e gesti di dolore, salgono dalle ceneri migliaia di bianchi tronchi, ossuti e caotici. Non posso fare a meno di pensare alle leggi promulgate, ma impotenti a evitare la distruzione degli ultimi paradisi terrestri. Qui un tempo tutto era stato massima espressione di vita. Ma quello stesso creato che da tempo immemorabile aveva visto innalzarsi i tronchi vigorosi di quei mansueti giganti, ora si presenta tutto incenerito, a opera dell'uomo. È la triste immagine di una Patagonia che nel primo Novecento aveva sofferto l'invasione di sventurati e cinici colonizzatori senza legge e senza scrupoli. Stringe il cuore, adesso, dover passare attraverso quei cimiteri osceni di ciò che è rimasto di quella natura irripetibile.

Il peso tremendo che mi opprime le spalle, e il procedere stentato sul difficile cammino, non rendono giustizia al grandioso paesaggio che meriterebbe ben più attenzione. Di quella insolita realtà colgo tuttavia qualche frammento, attimi di cose stupende che affido subito al pensiero. Così, in una prospettiva forse non del tutto reale, vedo e sento quel mondo attorno a me fino a esserne sommerso, fino a farne parte.

Ora sono nella foresta intatta e opulenta. Una profonda sensazione di pace, ma a volte anche di timore, mi invade non appena entro in questo grande mondo incantato, vera espressione di selvaggia verginità. Sono affascinato da quei solitari recessi, da quei giganti che innalzano possenti le loro chiome dominando gli oscuri antri che li generano. Ma al tempo stesso sono intimidito dalla forza segreta che emana da quella massa di piante di ogni tipo, età e dimensione, che cresce e si solleva brutalmente dalle spoglie di altri tronchi in decomposizione. Fra me e quella natura da sempre esiste un dialogo, un linguaggio intimo, un specie di intesa, come tra vecchi amici che hanno mille cose da dirsi. È così che il mio pensiero volge ai superbi signori del bosco, faggi, cipressi, magnoliacee (*Drymis winterii*). Ma la mia attenzione va anche alle specie minori del sottobosco. Il fogliame è assai denso e impenetrabile. Primeggiano gli spinosi Berberis, tuttavia si impongono viluppi di rampicanti che spingono ovunque i loro tentacoli, si avviticchiano agli alberi, o penosamente si contorcono nella calca delle specie più forti. E tutto si manifesta nell'evidente lotta verso l'alto, verso la luce, la vita che ogni pianta, piccola o grande, cerca e assorbe avidamente.

Al suolo, avvolti alle ramaglie e ai tronchi eretti o putrefatti, si sviluppano densi strati di muschi, licheni e varie crittogame, si intrecciano con grazia le epatiche e le felci. Il sottobosco, pregno d'acqua e cedevole, è un universo vegetale che trova nei ristagni uno sviluppo fantastico. Tutto qui è immobile e muto, la vita sembra essa stessa espressione di morte, solo ogni tanto giunge all'orecchio il mormorio di un torrente, o il verso sillabico di un uccello, più sorpreso che spaventato dalla nostra apparizione.

Muovendoci in un ambiente tanto austero, privi delle più elementari risorse ma consapevoli delle nostre prospettive, verremmo consumati dall'ossessione se non ci sforzassimo di recuperare un po' di quella spensieratezza che alimenta l'allegria. Penso che un po' di buonumore e un pizzico d'ironia bastino a rigenerare lo spirito, almeno quanto una buona colazione per tonificare i muscoli. A dire il vero, a noi basta già toglierci lo zaino dalle spalle per sentirci sollevati, in tutti i sensi. È di sera, con qualcosa nello stomaco, che ci è più facile sorridere, persino delle cose serie. Chi più ne ha più ne mette per prendere, e prendersi, in giro. Un amico a Santiago ci aveva chiamati «Elio, Melchiorre e Baldassarre». Adesso che ci sta crescendo la barba sembriamo proprio i Re magi venuti dall'Oriente inseguendo chimere in luogo di comete. Elio, il più giovane, porta l'anima scolpita in fronte. È sempre in lotta tra moderazione e intemperanza, e in questi giorni ha assunto l'aria arruffata del guerrigliero in cerca di rivoluzioni. Assai più contenuto nei modi e nell'aspetto è Melchiorre. Con quella sua voce sempre pacata, il viso un po' rigonfio e cosparso di candidi peli d'angora, ricorda vagamente la figura di Hemingway. Dal canto mio non so proprio a chi potrei somigliare, così malamente insaccato, come mi ritrovo, dentro un paio di brache abbondanti, con sopra un camicione da spaventapasseri. Una cosa è certa, non verrei mai scambiato con il modello dell'uomo d'avventura, un po' manierato e arrogante come lo vuole una certa immagine pubblicitaria. Ma parliamo di cose un po' più serie, della nostra attrezzatura, per esempio, che ci sta dando qualche fastidio. Soltanto l'utilizzo estremo che se ne fa riesce a palesarne i pregi e i difetti. I nostri zaini, appositamente studiati per prestazioni come questa, in realtà, alla prova del peso che li riempie, rivelano carenze per nulla trascurabili. Più di una volta quando qualche congegno del sacco non funziona sbotto e impreco contro chi lo ha costruito. Elio, che in questi casi sa tirar fuori il sarcasmo, rincara la dose e rimbrotta: «La colpa è tua, non succederebbe se accordassi la tua esperienza a quelli che lo fabbricano!»

I fiumi rappresentano per la nostra avanzata una spina nel cuore. È novembre, la stagione dello scioglimento delle nevi su queste montagne; e la Patagonia quest'anno è stranamente interessata da una temperatura mite. Ne consegue che i corsi d'acqua, già impetuosi per loro natura, si trovano costantemente in piena. Il nostro cammino si svolge quasi di continuo a ridosso del fiume, in cui si convoglia ogni scolo del disgelo. Quella corrente ammattita spesso non la vediamo neppure, tanto è fitta la vegetazione delle sue rive; ci raggiunge però, un po' più vivo o un po' più rauco, il poderoso respiro delle sue acque che si inseguono all'impazzata.

Il fiume svolge le sue spire, e nell'impeto scava le rive d'argilla tirandosi dentro intere porzioni di foresta. Cataste di tronchi e di rami emergono ogni tanto dalle anse, sospinte dalla violenza della corrente.

Seguiamo dunque le volute del fiume nei suoi capricciosi serpeggiamenti, e ora avanziamo attraverso faticosi pantani, ora siamo alle prese con fitte barriere vegetali, ma quando una gola del monte si fa impraticabile, allora non ci resta che cercare un guado nei ripiegamenti del fiume. Scelto il punto, il più delle volte esitiamo a compiere la traversata, e cerchiamo altrove; alla fine dobbiamo deciderci e quasi sempre passiamo proprio là dove un'ora prima non ci eravamo azzardati.

Per ogni guado i preliminari sono sempre gli stessi. Da un alberello ricaviamo a colpi d'accetta un robusto palo, poi ci leviamo stivali e pantaloni che leghiamo in cima allo zaino, infine entriamo nella corrente con cautela, controllando ogni movimento con l'aiuto del palo, che teniamo saldamente puntato a valle contro il fondo del fiume. Non tutti i guadi sono difficili, qualcuno però è pericoloso, specialmente se avviene in una rapida punteggiata di rocce, e se non offre alcuna possibilità di stendere attraverso la corrente una corda di sicurezza. Così è stato là dove ho riportato la frattura del piede. Tolti gli stivali per non aggravare il pericolo, già all'inizio mi trovo immerso fino alle cosce dentro una forza violenta, gelida, e dirò anche vertiginosa, non potendo fare a meno di fissarla attentamente per avanzare. A ogni passo il piede deve trovare il giusto appoggio sul fondo roccioso, invisibile nell'acqua torbida e spumeggiante. Sono nel bel mezzo della rapida quando il piede destro slitta di colpo e va a incastrarsi in un buco. Avverto sì dolore, ma non eccessivo. Lì per lì la cosa più grave è il fatto che non riesco a ritrovare l'equilibrio, e resto in bilico con il piede incastrato tra le rocce. Passano lunghissimi secondi, ormai non sento più né piedi né gambe per il gran gelo. Un fragore pazzesco mi ha frastornato e una frenesia di creste e cavalloni incalzanti mi dà il capogiro. Infine quando un mulinello impazzito si rompe e ribolle sopra miei fianchi, mi sento sopraffare. L'impeto diventa irresistibile, sta per rovesciarmi e tirarmi giù per la rapida. È incredibile come quell'acqua riesca ad annullare quasi completamente il mio peso nonostante il grande zaino che porto sulle spalle. Non so come sia andata da quel momento, non riesco proprio a ricostruire quello che ho fatto di preciso per vincere tanta furia, fatto sta che mi ritrovo sull'altra riva, zoppicante, stringendo in pugno il mio bastone.

Quella sera a ristorarci è un'abbondante scodella di brodo che otteniamo bollendo e ribollendo alcune ossa della pecora. Già sapevamo quanto è saporita la carne ovina, ci sorprende invece scoprire la delicatezza del suo brodo.

La nostra tenda è per due persone, ma ci accoglie tutti e tre. A dire il vero non ci stiamo neanche tanto male. Due di noi si sistemano in un verso, il terzo allunga i piedi tra le teste dei compagni. Tocca a me, e stasera la cosa mi procura qualche fastidio, per via del piede che finisce sotto le spalle di quello che si rigira nel sonno. Al che urlo, naturalmente, e tutti si svegliano. E poi stento a riprendere sonno. Sono momenti in cui tornano le immagini della giornata, in cui rivedo gesti e situazioni, paesaggi ed espressioni. Per liberarmene, cerco ancora una volta di depistarli sui binari dell'ironia. Ci riesco quasi sempre, ma ci sono eccezioni.

Da una visione, ancora oggi, non riesco a svincolarmi tanto facilmente. Mi riferisco a un episodio che accadde in questo stesso luogo sulla via del ritorno. Al centro del fiume impazzito emerge una specie di secca pietrosa con rocce affioranti. Ciò vuol dire che potremo compiere il guado in due tempi consecutivi, prima stendendo e ancorando la corda dalla riva al centro del fiume, poi ripetendo l'operazione dal centro all'altra riva. Riuscito il primo tratto stiamo per concludere il secondo. Sono ormai passato sull'altra sponda, e non potendo fare altrimenti assicuro a spalle la corda che prima avevo bene annodata a un pietrone in mezzo al fiume. Melchiorre, sostenendosi a questa corda, già comincia a venire verso di me penetrando sempre più nella corrente; Elio invece se ne resta al centro del fiume in attesa del proprio turno.

A dire il vero sono preoccupato per Melchiorre il quale, impressionato dal mio infortunio, non ha voluto mettersi a piedi nudi. Pensava che con gli stivali ai piedi avrebbero avuto una maggiore stabilità sul letto del fiume. Ma vi era anche il rovescio della medaglia da considerare. Giunto nel punto di massima corrente, che sale abbondantemente al di sopra degli stivali, l'amico si arresta, in difficoltà. Lo vedo sempre più teso, insicuro, non raccoglie i suggerimenti che grido al suo indirizzo mentre gli tendo al massimo la fune. Poi, l'incidente. Vedo il compagno girarsi prima su un fianco, come se una bolla d'aria al posto degli stivali lo spingesse in su, fuori dall'acqua. Per un attimo si sbilancia sotto lo zaino, che adesso gli pesa tutto da un lato, infine sprofonda nella corrente fino al collo. Ora le sue mani si aggrappano convulsamente alla fune. «Tirati su! Rimettiti in piedi!» gli grido a tutta voce cercando di vincere il frastuono delle acque, e intanto tiro sempre la corda come un disperato. «Insisti, tirati su!» continuo a urlare, ma è chiaro che non riesce a farlo trovandosi inchiodato dal peso del sacco. Ora rovescia la testa all'indietro, lo sguardo è smarrito, spalanca la bocca tra i flutti per respirare. «Elio! Corri, Elio!» urlo al compagno che in quel momento si trova a monte della secca e non può vedere né udire quel che succede. Ma la campana del fato ha ancora un rintocco: una mano di Melchiorre cede, molla la presa. L'amico si gira di colpo nell'acqua, e affonda di schiena. «Resisti, Melchiorre! Non mollare la fune! Elio! Elio!» riprendo a urlare a perdifiato, vincendo il clangore della rapida. Mi trattengo nell'istante in cui sto per buttarmi in suo aiuto, sarebbe follia se mollassi la fune, ma lo farò senz'altro se anche l'altra mano dell'amico cederà. Finalmente Elio mi ha sentito. Lo vedo correre tra le pietre, nudo, al centro del fiume, per venire ad afferrarsi alla stessa fune che trattiene Melchiorre. Ecco, lo raggiunge, lo afferra, riesce infine a risollevarlo ma con molta fatica, proprio a causa dei maledetti stivali su cui fa presa la forte corrente, e che impediscono ai piedi di affondare sul letto del fiume.

In cima alla lunga valle che sale dal fiordo Calen, ormai a ridosso delle bastionate che sorreggono lo Hielo Continental, si mostra all'improvviso uno dei laghi più attraenti. È frutto delle escavazioni glaciali del passato. Sul lato da cui vi si accede il suo aspetto è dolce. Le rive appaiono orlate di bosco e, simili al bordo di un tondo cratere, cingono le belle acque di un turchese lattiginoso. Dall'altra parte del lago invece si elevano altissimi e selvaggi dirupi a sostegno dei ghiacciai. Con impressionante frequenza su questi dirupi esplodono enormi porzioni di quei ghiacci in bilico. Tutto finisce dentro il lago, naturalmente, e diventa subito preda del vento che spinge avanti e indietro, come assurde vele, quei piccoli iceberg. A completare la suggestione di questo luogo, che pare uscito da un incubo, c'è un fiume rombante che sgorga dal ghiacciaio proprio sul ciglio del burrone. E da qui, con un unico salto di alcune centinaia di metri, arriva fin giù nel lago, polverizzandosi.

Nei pressi del lago, e appena un po' discosti dal fiume, poniamo il nostro accampamento: una piccola tenda con un telone teso sulle funi. Il fuoco arde tra due pietre e una pentola d'acqua appesa sulla fiamma frigna sul punto di bollire. Si addensano le nubi a ridosso dei ghiacciai e alcune raffiche di vento umido che scorrazzano nell'aria non lasciano presagire nulla di buono. Sornione, il fiume mostra di scorcio le sue rapide dai riflessi perlacei e brontola distante fra i grandi massi delle rive. Ovunque spuntano i resti di vecchi incendi. Grossi massi sparsi sul terreno si intonano perfettamente al grigiore generale. Un pallido sole con gli ultimi riflessi del tramonto tinge di porpora l'accozzaglia di vapori che avvolgono le cime. Più in basso invece le fiancate su cui si posano i ghiacciai, ormai offuscate e rigide come gigantesche quinte, pongono ancor più in risalto gli assurdi bastioni di gelo. Si tratta di colossali, minacciose muraglie irte di torri e di pinnacoli, minate da profonde fenditure dai vaghi riflessi azzurri e verdastri.

Improvvisamente, e come incitata da una potente mano invisibile, si produce la valanga. Nell'aria sale un boato secco che rintrona a lungo nella vale.

Si ha la sensazione che l'intera montagna stia per sfasciarsi, ma subito l'occhio coglie una fiumana di ghiaccio in movimento che ribolle e rivolta enormi blocchi di migliaia di tonnellate. Tutto avviene nell'impeto di una rovina colossale che si avventa giù dalle rocce, per centinaia di metri, sobbalzando fino a schiantarsi nello specchio d'acqua. Le onde che salgono dall'impatto si irradiano a semicerchio e rimescolano le acque fin sulla costa.

Durante la notte il vento prende più vigore e presto risuonano scrosci di pioggia sul telo che ci protegge. Il terreno si inzuppa d'acqua che, ahimè, filtra attraverso il fondo della tenda con ovvie conseguenze.

Bisogna spostare il campo al più presto ed è ciò che facciamo già di primo mattino sotto un deciso rovescio. Ma il vero problema è dato dal fuoco. Quando riusciamo ad accenderlo è tale il piacere, che vorremmo poter abbracciare le fiamme che salgono finalmente da quei ceppi maceri d'acqua.

Per tutto il giorno cade la pioggia con mutevole intensità, sotto un cielo di nubi scarmigliate, che scendono fino alla base dei monti. Nel pomeriggio, a rompere la monotonia di un situazione già di per sé pesante, sopraggiunge la sfuriata nota come *cerrazòn*. Odo prima un muggito nell'aria, che sale dalla valle, poi dal suolo decollano improvvisamente brandelli di foglie, rami e cortecce d'albero strappate dai vecchi tronchi bruciati. Infine, con violenza insospettata, queste cose cominciano a vorticare come dentro un grande imbuto dalle invisibili pareti, e salgono nell'aria, sempre più su, rapide come frecce scagliate contro il cielo, fino a confondersi con le nubi.

Il turbine si sposta sul fiume e ne sconvolge le acque, le solleva, le attorciglia, le riduce in polvere, le risucchia e infine le disperde nel cielo, da cui un giorno in forma di neve erano cadute. Caso vuole che l'epicentro del vortice sfiori appena le nostre tende, che tuttavia fremono e sibilano facendo eco all'urlo che scende dalle gole vicine.

È un momento emblematico di queste solitudini, dove in un clima lugubre sembrano combinarsi tutte le forze elementari della natura, le une in lotta contro le altre, per sedurre ma anche sgomentare.

Nel tardo pomeriggio le nubi si rischiarano, un vento moderato le sfilaccia aprendovi brandelli di azzurro. Un raggio di sole attraversa obliquamente tutta la valle e va ad arrossare una cresta nevosa. Sono attimi straordinari, sembrano creati apposta per essere ricordati.

Assistiamo allo spettacolo seduti intorno alla pignatta in cui bolle e ribolle un pezzo di pecora. L'avevamo razionata senza pensare che le mosche potevano batterci sul tempo e farne scempio, posandovi mille uova. Così è stato infatti, e ora soltanto una lunga bollitura potrà restituirci il pasto.

Una coppia di *caiquenes* (oche magellaniche) vola in cerchio sopra di noi, a prudente distanza, lanciando brevi versi. Fa un solo giro, poi, com'era apparsa, sparisce in fretta giù per la valle. È l'unica presenza di vita in tutto il giorno.

Lentamente, l'ombra fredda della notte comincia a inghiottirci, e il cielo si riempie di stelle. Ma stasera siamo ancora lì intorno alla rossa bragia assorbiti da mille pensieri, impigliati nei ricordi lontani. Il gelo improvviso che prelude al bel tempo, spacca i fragili sostegni dei seracchi in bilico sui ghiacciai. Sono gli invisibili Polifemi che, dall'alto dei loro domini, scagliano sull'intruso torri di cristallo, minareti di giada, piramidi di quarzo, e macigni di zaffiro e smeraldo a non finire.

Nel cielo terso del primo mattino mi sorprende l'apparizione di una nube bianca i cui pennacchi si innalzano sopra il ghiacciaio. È l'effetto del vento la cui furia investe e solleva l'acqua polverizzata del fiume, che d'un balzo precipita nella gola del lago.

Ripreso il cammino ci dirigiamo sempre più a ovest, verso le valli più in quota dove il bosco d'alto fusto cede a macchie rachitiche di faggio nano, salvo che nei canaloni, dove riparati dal vento crescono rigogliosi labirinti di ramaglie.

Già intorno agli 800 metri sul livello del mare dominano muschi di vario tipo, che formano un unico fittissimo tappeto dai bei toni verde-chiaro, punteggiato di vivissimi fiorellini gialli e rossi.

La temperatura sempre frizzante anche in pieno giorno è per noi una doppia fortuna, perché attenua la fatica e disperde noiosissimi sciami di piccole mosche, zanzare isteriche e tafani da capogiro. Gli insetti sono una vera calamità da queste parti.

Al di là di ogni colle, e nelle ampie conche, puntualmente c'è un lago più o meno grande ma sempre bellissimo, benché sterile. Il vento spazia libero e senza tregua, sibila tra i cespugli, increspa le acque, produce allegri sciacquii sulle rive dei laghi. Nessun altro suono rompe l'antico silenzio di questi luoghi. Non c'è traccia di animali, se non qualche rospetto. Alcune piccole pozze stagnanti sono invase dai girini, ma stranamente mancano i predatori. Più volte nella giornata ci appare il condor, che ad ali tese ruota altissimo e senza posa portato dalle correnti. Se vola il condor significa che almeno qualche piccolo animale esiste qui attorno, invisibile ai nostri occhi che non possono competere con quelli di un rapace.

Dal mattino che lasciammo Tortel tante cose sono avvenute, e molte lande disabitate sono già rimaste alle nostre spalle. Siamo sempre più stanchi, denutriti, tesi. Basta avere fame, per essere tesi. Siamo preoccupati per il cibo che non troviamo in alcun modo, né dentro né fuori dall'acqua, e che cerchiamo con sempre minori speranze. Fin dall'inizio seguiamo un itinerario che già avevo studiato, sia pure a grandi linee e su una mappa assai vaga; abbiamo perciò la possibilità di misurare i nostri tempi effettivi di marcia con quelli anticipatamente calcolati e a cui facciamo riferimento. I conti però non tornano, poiché giornalmente non riusciamo a percorrere che la metà delle distanze previste, pur faticando dall'alba al tramonto. La situazione critica, che era apparsa compromessa fin dall'inizio, ma che non avevamo ancora voluto accettare come tale, si protrae fin quando giungiamo sopra il fiordo Bernardo.

Siamo sul colle altissimo da cui si domina l'orizzonte; è proprio qui che guardando dentro noi stessi scopriamo il panorama, ancora più vasto e quasi disperato, delle nostre impossibilità. Troviamo allora la forza di vincere l'orgoglio e di interrompere l'irrealizzabile avventura tanto a lungo vagheggiata. Un'avventura che si è trasformata in un gioco crudele e assurdo, un affronto alla consapevolezza dei propri mezzi e dei propri limiti: una stupida sfida alla vita. La rinuncia non può essere che un ispirato momento di chiarezza; ma non sempre è facile eseguire ciò che ordina il buon senso. Dice un proverbio indiano: «Quando soffia la bufera, l'albero deve piegarsi o verrà strappato alle radici».

Come ho detto all'inizio, per vari giorni ci eravamo spinti, valle dopo valle, attraverso le boscaglie che rivestono l'imbasamento del grande Hielo Continental. Ma vuoi per le nubi, vuoi per le frapposte dorsali rocciose, non riuscimmo mai a spingere lo sguardo al di là della barriera. Ora però, quasi a premiarci della rinuncia appena fatta, abbiamo deciso di rompere il mistero delle cime sconosciute, vogliamo dunque vederle e sceglierne una, la più bella, per farne la nostra meta prima di cominciare la marcia del ritorno. Riusciamo nell'intento inerpicandoci in cima a un monte che si eleva sul lato opposto al grande Hielo; e la sera stessa, tornati giù al colle, fino alla nostra tenda, e da lì risaliti i contrafforti dello Hielo, bivacchiamo alla base del canalone nevoso che punta dritto alla nostra montagna. Ed è quello stesso canalone con cui ho iniziato l'intero mio racconto. Fu quindi così che la nostra avventura, che avrebbe dovuto svolgersi nelle profonde vallate, assunse improvvisamente un carattere alpinistico. Positivo, nonostante tutto.

Eccoci dunque nel cuore di una notte incantata, in cima a un crestone ghiacciato che avevamo raggiunto al chiaro di luna per dare l'assalto alla vetta bellissima e sconosciuta. La montagna da quassù ostenta un'imponenza insospettata, e tanto aereo è il suo aspetto da apparire ai nostri occhi ancor più elevata di quanto era sembrata dal basso. E pensare che ci eravamo sentiti ormai vicini alla sua cima. Nel silenzio profondo, il disco luminoso della luna propaga e diffonde i suoi raggi sulle bianche masse di ghiaccio, rendendo quasi immateriale quel grandioso paesaggio di cristallo. Qualche ora fa, dal nostro bivacco a ridosso di una roccia avevamo assistito a un altro spettacolo straordinario. Fino alle 22.30 di sera si era prodigato un crepuscolo a dir poco wagneriano, e mezz'ora più tardi, da dietro un costone, aveva cominciato a irradiarsi il chiarore del plenilunio. Ma fu alle 23.30 che d'improvviso, cominciando con uno spicchio, sbucò nel cielo una palla, che dico, un macigno smisurato di fuoco, rosso come magma appena rappreso. Ebbi l'impressione che un corpo celeste, un asteroide penetrato nell'atmosfera, fosse sul punto di schiantarsi sulla Terra. Non scorderò mai quella visione. Oltre alla luna, che stanotte è davvero stregata, migliaia di stelle colmano la gran volta del cielo, e brillano come avessero palpiti di vita attraverso un'atmosfera cristallina. Si distingue nettissima la Croce del Sud. Poderose cascate di ghiaccio riempiono gli avvallamenti e lunghi crepacci tagliano i pendii raggiungendo le sommità delle creste. Un'enorme parete rocciosa precipita sulla sinistra nel fondovalle e va a fondersi con la tinta cobalto della notte. Sulla destra invece si innalzano in successione candidi cupoloni glaciali la cui mole, se non fosse l'esperienza a garantirlo, ci indurrebbe a ritenerli ancora più elevati della nostra montagna, alla quale si collegano sulla linea di un enorme semicerchio. Ecco, è quella la giusta via da seguire per sfuggire ai trabocchetti che il buio nasconde nelle conche del ghiacciaio.

Sono le 3.30 e poco meno di due ore ci separano dall'alba. Sempre con i piedi ramponati, protetti dalla fune legata in vita, cominciamo a scendere sul lato opposto da cui eravamo venuti, verso la depressione che ci divide dalla base del primo cupolone. Ma qui, in una zona d'ombra dove non arrivano i raggi lunari, ci troviamo subito ingarbugliati in una rete di crepacci seminascosti e fra neve cedevole. Per un buon quarto d'ora brancoliamo in quell'ignoto minaccioso.

Nel cielo sempre ingemmato di stelle si vanno formando tenui velature e attorno alla luna si crea un alone di vapori, caratteristico segno di mutamento. Ma in queste regioni tanto soggette a sbalzi improvvisi chi può fare previsioni sul tempo? Non potendo accorciare le distanze abbrevieremo almeno i tempi affrettando il passo. Così inizia una gara di velocità con la tempesta annunciata. Superiamo il primo cupolone su ripidi pendii di neve molle, v'è ora un vasto pianoro sfavorito dalla neve crostosa e cedevole. Qui ci colgono i primi albori. Si annunciano con il tipico pallore in cui, mancando ombre e rilievi, è difficile stabilire le distanze. Avevamo seguito affascinati i vari mutamenti d'aspetto della nostra montagna, prima evanescente per la luce irreale della luna e ora appiattita dall'alba altrettanto ingannevole. La cima adesso appare per nulla austera e persino facile da raggiungere; si direbbe addirittura di poterci arrivare in pochi minuti. Intanto però la superficie su cui procediamo si contrae rivelando una serie insospettata di crepacci e di muri di ghiaccio, che continuano anche sulle pendici del secondo duomo. Proprio su questo cupolone ci raggiunge il primo raggio di sole, che pur filtrato dai lontani vapori arriva a noi pieno e netto. È una luce che evidenzia ogni piega, restituendo a ogni cosa le dovute proporzioni. Quest'alba ha inoltre il potere di ridurre sopra di noi le temute velature che erano andate intensificandosi. Permangono invece densi strati all'orizzonte.

Nessuna difficoltà si oppone più al nostro cammino. Procediamo quindi speditamente sulla dorsale nevosa che si allunga fin sotto la balza della vetta. Già fin d'ora possiamo affacciarci sugli orizzonti sempre più aperti alla nostra curiosità. Siamo entrati nel clima magico delle bianche solitudini, nel dominio del gelo e delle tempeste, dove insomma si concentra tutto il bello e l'orrido dell'alta montagna.

E finalmente la cima. Una cornice nevosa che si arriccia nel vuoto e su cui a malapena ci si regge in piedi, uno per volta.

Arrivare sulla punta di una bella montagna, tanto più se ancora intoccata, è sempre un fatto emozionante. Tuttavia si finisce per banalizzarlo con una serie di atteggiamenti cui è difficile sfuggire. Il primo è quello di scattare le rituali fotografie ricordo con tutte le varianti: a te, poi a me, a voi, a tutti noi insieme eccetera. Nel frattempo, soltanto con distrazione ci si cura di volgere lo sguardo attorno, e si fa quasi unicamente se indotti da qualche contingenza: scongiurare un pericolo, prevenirne un altro, commentare uno stato d'animo, quasi sempre un timore di qualcosa che si sta preparando. Per sentire veramente la vetta raggiunta e poterne vivere tutta l'emozione, bisogna esaurire i luoghi comuni e sfuggire a ogni distrazione. È molto più facile in solitudine. Non avrei mai chiesto ai miei compagni di lasciarmi per un po' da solo sulla cima del monte. Ma quando loro stessi, intuendo forse il mio desiderio, dichiarano che per non ostacolare le riprese fotografiche scenderanno ad attendermi ai piedi della balza, cento metri sotto, sono contento.

Così resto solo in un fulgore di luce, librato su un mondo tra nevi e azzurri purissimi. Mi sembra di aver raggiunto il limite dove hanno termine le cose terrene e cominciano i domini dell'assurdo.

Hielo Continental, eccolo finalmente disteso ai miei piedi in tutta la sua meraviglia. Ovunque è ghiaccio e neve da cui si elevano catene scintillanti, picchi giganteschi, creste affilate, bastioni rocciosi, pareti verticali, seraccate penzolanti sugli abissi. È la più completa rappresentazione di tutto ciò che può offrire di meglio la montagna. Ma ciò che più impressiona è la candida immensità fatta di estesi tavolati di neve, che si succedono e si dilatano in tutte le direzioni sino a dileguarsi in lontananze sconfinate, sino a fondersi nel cielo perlaceo, sino a traboccare nei fiordi marini in forma di vaste correnti di ghiaccio. A incidere il manto di questo incredibile Hielo emerge ogni tanto una zona di seracchi, che appare come una burrasca nel mare di ghiaccio, tra due tavolati.

Dopo le vastità dello Hielo Continental il mio occhio viene attratto dal grande vuoto che si apre sotto i miei piedi e ancora oltre, nel tentativo di riconoscere i luoghi nel fondovalle che già abbiamo percorso. Ne identifico due soltanto. A occultare il resto sono gli stessi bastioni rocciosi che da laggiù mi avevano impedito di vedere le cime. Su questo lato la nostra montagna è davvero impressionante. Le pareti rocciose, che le tempeste hanno corazzato di ghiaccio, culminano con protuberanze a fungo, collegate tra loro da precarie creste arricciate, oppure – così è la vetta – da rugosi rialzi e cornicioni sporgenti nel vuoto. C'è poi un salto netto e imperscrutabile di alcune centinaia di metri prima di ritrovare il ghiacciaio là sotto. Farei meglio a definirlo un'orrenda e sconvolta crepacciata, che scende sempre più compressa tra lisce pareti rocciose, per giungere sul famoso ciglio da cui si slancia di colpo il fiume glaciale. Mi riferisco a quel gran salto di acque polverizzate che si tuffano nel bel lago tondo, nei cui pressi mi ero fratturato il piede.

Il mio sguardo scivola ancora più in basso, sulle verdi vallate, dove serpeggiano le vene d'argento dei corsi d'acqua, e innumerevoli laghi scintillano al sole. Nell'immensa saggezza di questa fiaba sembra che tutto sia stato disposto da una mano intelligente.

Ma l'incanto continua anche verso i fiordi. Questi

bracci di mare che formano isole e insenature, e canali che aggirano montagne, penetrano foreste lussureggianti, lambiscono pareti dirupate, arrivano a ridosso di abbaglianti colate di ghiaccio. Il fiordo Bernardo da quassù è quanto di meglio si possa immaginare con le sue masse di ghiaccio galleggiante, né sono da meno, benché molto più lontani, gli spettrali iceberg che vanno alla deriva nel fiordo Calen, quello specchio di mare perlaceo che tocca l'immenso ghiacciaio Jorje Montt.

Una pletora di cime minori, ancora innevate, separa ed evidenzia le mille valli di questa regione. All'orizzonte si stagliano i colossi più elevati della Cordigliera patagonica, ossia il monte San Lorenzo a destra e la catena settentrionale a sinistra, dominata dal monte San Velentin. Un ricordo di molti anni fa si affaccia alla memoria, quando ero arrivato attraverso i fiordi fino a quei luoghi. C'è un ghiacciaio sul San Velentin che dopo decine di chilometri va a tuffarsi nelle acque di un'insenatura creandovi uno degli spettacoli più suggestivi dell'intera Cordigliera: la laguna San Rafael. Qui si danno appuntamento, con straordinaria armonia, alcuni elementi naturali nettamente in contrasto tra loro, come ghiacci e foreste, silenziosi iceberg e stormi di chiassosi pappagalli (*Conurus magellanicus*). E ancora, tempeste di neve e rigogli di piante tropicali, silenzi infiniti e strepitose frane di ghiaccio.

Quasi a rassicurarmi che tutto sia vero e non si tratti di un sogno, alzo lo sguardo sull'inesauribile Hielo Continental, scoprendovi qualcosa di nuovo che mi era prima sfuggito; un mutare di luci per esempio, o una lingua azzurrina di ghiaccio che penzola da un bastione, o una punta ritorta nel cielo rimasta fino allora nell'ombra, o tra le nubi a oriente. Mi accorgo che sul lato dei fiordi, per almeno cento chilometri, non esiste un'altra montagna ben elevata e definita quanto questa. Le sole alture sono cupoloni di modesta quota, che si susseguono fino all'orizzonte offrendo all'occhio un grande senso di quiete. Mi ricordano gli ultimi rilievi della catena Transantartica, osservati dieci anni fa nelle vicinanze del Polo Sud, dove lo spessore del ghiaccio è tale da sommergere quasi le alte cime.

Sul dorso longitudinale dello Hielo, emergono lontanissimi ma ben distinti, alcuni colossi di mia vecchia conoscenza. Rivedo non senza emozione il Cerro Lautaro, il Cerro Piramide e ancor più distante, parzialmente nelle nubi e un po' coperto dal Lautaro, il Cerro Mariano Moreno su cui ero salito la prima volta ventisette anni fa. Sempre sulla frequenza magica dei ricordi rivivo i momenti di quando lo scalammo. Con i miei tre compagni fummo quella volta i primi uomini a metter piede su quella cima, ma per riuscirci dovemmo ingaggiare una gara, oltre che con noi stessi, anche con il maltempo che arrivò a coglierci sull'ultimo tratto di scalata. Fu una dura prova che richiese trenta ore di marcia ininterrotta attraverso settanta chilometri di ghiacciai e di pareti. Camminammo una notte, un giorno e una notte ancora, senza sosta, per concludere quella maratona. In quell'occasione scalammo anche altre montagne bellissime, alcune ancora vergini, ora impossibili a vedersi da quassù perché nascoste dalla mole del Cerro Piramide: Cerri Adela, Ñato, Doblado, Grande, Luca. Arrivammo inoltre a soli 400 metri dalla vetta dell'ancora vergine Cerro Torre. Non erano ancora i tempi per quel genere di imprese, ne eravamo infatti i precursori. Ma quella volta – va detto per la storia – non furono tanto le difese della montagna bensì la beffa a impedirci di continuare la scalata.[1]

Stordito di luce ma galvanizzato dai ricordi, frugo ancora l'orizzonte abbagliante alla ricerca di altri monti familiari, e riconosco la slanciata pala del Fitz Roy. È incredibile! Questo significa che il mio occhio, a partire dai duemila metri del castello di ghiaccio su cui mi trovo, abbraccia un paesaggio di circa centocinquanta chilometri di raggio. È proprio vero che per vedere quanto è vasta la Terra bisogna trovarsi sospesi nel cielo, ma in un cielo pulito come questo. Non è forse esaltante essere alle soglie del Duemila e scoprire intorno a sé ancora tanta verginità?

Sugli elevati bastioni orientali dello Hielo, vale a dire sui Cerri Azul e Mellizo, si vanno ora espandendo gli strati nuvolosi che in un primo tempo parevano innocui. Masse grigie e scompigliate sospinte da nord-est sfumano i contorni delle cime, ma svaniscono subito dopo mangiate

1. Vedi capitolo su Cerro Torre, p. 69. L'anno successivo (1959), quando Mauri e io stavamo per ripartire con tutto il necessario per riprendere la scalata del Torre, apprendemmo da un giornale che eravamo stati preceduti da Maestri ed Egger. Quest'ultimo vi trovò la morte durante la discesa. Il sopravvissuto invece, da lì a qualche anno, per dimostrare non so che cosa, tornò sul Cerro Torre. Ma non trovò di meglio che trapanarlo fino in cima con un compressore a motore, per fissarvi gli *spit*. È un vero peccato che per la conquista del picco che forse in assoluto rappresentava il simbolo della purezza, si sia avuto così poco rispetto.

dal vento. Non è così invece all'interno, sull'altipiano dove si formano e ristagnano sempre più lunghi banchi di vapori. Sulle distese abbaglianti ora è scesa una luce scialba e un po' sinistra, ma pur sempre affascinante per quel senso di mistero che porta con sé.

Sono quasi due ore che vago con gli occhi e con la mente, con tanto entusiasmo da pensare che non esista al mondo appagamento più grande né montagna più bella di questa. Ma è stato così altre volte. Ora dovrò scendere a valle, verso la cosiddetta normalità, vale a dire nella realtà di una vita in cui ci si consuma a rincorrersi, senza capirci niente. Credo proprio, lo penso anche in questo momento, che per svelare a noi stessi l'assurdità del vivere quotidiano, non esistano punti d'osservazione migliori di questi luoghi, che forse rimarranno incontaminati. Da quassù il mondo degli uomini altro non sembra che follia, grigiore racchiuso dentro se stesso. E pensare che lo si reputa vivo soltanto perché è caotico e rumoroso.

Le nebbie ormai in subbuglio indurrebbero ad affrettarsi, ma ancora non mi decido a prendere la via del ritorno. Sono come soggiogato da questi luoghi possenti da cui emana lo stimolo antico, la suggestione delle cose che vengono da lontano e che il tempo sfiora senza mai intaccare. Ecco, l'ho capito, ciò che adesso mi sembra di sfiorare è la barriera del tempo ancor prima di quella dello spazio. Nell'aria c'è ora una segreta forza che governa la mente, la filtra, la esalta, ne fa la proiezione dell'anima. Per contrasto, il mondo laggiù mi appare ancora più lontano e buio, come può esserlo il nucleo interno della Terra visto dalle stelle. Mi rendo conto dell'enorme privilegio che ho nel vivere questi momenti, e quanto grande sia l'impalpabile ricchezza che ne deriva.

Alcune folate di nebbia scendono fin sulla cima, a tratti la avvolgono. Ora devo proprio andarmene. Mi calo fino ai compagni, rimasti a lungo fermi e intirizziti ad aspettarmi, e da lì perdiamo quota rapidamente, ricalcando le vecchie orme che ora cedono sotto i nostri passi.

Squarci sempre più frequenti nel cielo turbolento finiscono per liberare il paesaggio, ma non la nostra cima che resta prigioniera in un manto compatto di vapori. Già stiamo per rassegnarci quando... ecco il prodigio: altissimo nel cielo, un dente acuminato e candido si delinea per un attimo. Lo crediamo dapprima una nube tanto è diafano, ma nelle brevi apparizioni che ancora seguono non tardiamo a riconoscervi la nostra vetta, bella e fiera, che sembra volerci salutare. Appare ancora una volta, fuggevole. Poi, con la stessa rapidità con cui le nubi si erano diradate, si addensano di nuovo attorno alla sommità, e tutto ritorna nel silenzio e nel mistero.

Convegno Internazionale (1989)

Relazione di apertura del Convegno Internazionale «Montagna Avventura 2000 – URSS e Occidente, tradizioni e traguardi a confronto» (11 dicembre 1989)

Il Convegno ha luogo nella Casa Machiavelli, a San Casciano presso Firenze. La sala accoglie un Comitato d'onore, scienziati di particolari discipline, selezionati alpinisti tra i più rappresentativi di Unione Sovietica, Stati Uniti d'America, Giappone, Canada, Nuova Zelanda, Stati d'Europa. Un folto pubblico è presente. Scopo dell'incontro è quello di sensibilizzare il mondo della montagna e della natura in genere, sulla necessità di salvaguardare l'ambiente e gli essenziali valori morali dell'alpinismo.

La pratica dell'alpinismo e della montagna in generale rappresenta una delle massime espressioni che l'uomo ha inventato per il proprio piacere, sia fisico sia intellettuale. Purtroppo negli ultimi decenni il suo significato morale e culturale si è andato logorando.

L'alpinismo, nella sua forma più diffusa in questo momento, si disperde, almeno qui da noi, in una serie di sfaccettature da cui emerge un'enorme confusione, di tendenze e di motivazioni. Nel corso delle riunioni tenute qua e là negli anni Ottanta tutti i convenuti, in qualche misura, hanno finito per rimanerne invischiati. Il discorso privilegiato in tali occasioni riguardava il concetto dell'alpinismo oggi e la sua realizzazione filtrata dagli sponsor, dal valore dell'immagine, l'affermazione tecnica e il suo peso commerciale. Così si è parlato di classifiche, di corsa al primato, di record di velocità di una scalata, di prestigio e di supremazia sugli altri. Qualcuno dei convenuti aveva osservato che l'alpinista di questo tempo è soggetto a problemi psicologici, a crisi d'identità; si era anche accennato alla necessità di tornare a una pratica pulita della montagna. Ma poi tutti si erano trovati concordi nel ritenere che l'alpinismo, oggi, ha bisogno di soldi. Cioè del primo elemento inquinante di ogni cosa. È così che ogni impresa finisce avvelenata, corrotta, svilita, degenerata. Dunque oggi si punta soprattutto alla personale convenienza, e al business pubblicitario. Con la pretesa di passarlo per informazione, e con l'insolenza di giustificare tutto con l'anarchico rifiuto di regole, di ideali, di principi.

Ancora in un passato recente l'alpinismo era concepito soprattutto come appagamento interiore, e a tutti appariva chiaro che il gesto in sé di scalare picchi e pareti, per quanto vivo e pregevole, non potesse contenere la filosofia della montagna. La competizione, se tale si può definire, era per lo più con se stessi. Misurarsi con le difficoltà di una cima significava compiere una profonda indagine del proprio io. Ovviamente in tutto questo era implicito un confronto con gli altri votati allo stesso genere di imprese. E poiché era alle cime di imponenti montagne che ci si volgeva, si scopriva di trovarsi in perfetta comunione con la natura. Questo era l'alpinismo tradizionale, di cui fortunatamente non si è perduta memoria. Nei più maturi non è mai cessata la disponibilità ad accettare queste regole, mai scritte né codificate, eppure chiare a tutti e condivise. Noi non le subivamo, ma le facevamo nostre, ed erano fatte a nostra misura. Penso del resto che ciò avvenga per ogni tipo di gioco: una volta liberamente scelto, dovrà essere poi condotto onestamente. Se io dico di voler fare una partita a poker ma poi utilizzo più di quattro assi, ebbene vuol dire che uso un mazzo truccato per vincere a ogni costo. Così facendo non gioco veramente, ma baro. Inoltre non mi gratifico di quanto le condizioni e le regole del gioco possono offrire: lo stimolo in me dell'intelligenza e la fantasia. Né mi impegno nella partita, e certo non vi incontro sorpresa. Queste componenti vengono a mancare perché già a priori io so, e posso. Alla fin fine, che razza di gioco sarà mai il mio? Ecco perché mi sono sempre battuto, da trent'anni a questa parte, e ancora mi batto, per un alpinismo pulito, sincero, coerente e costruttivo. E tale sarà, appunto, se si rispetteranno fondamentali regole etiche. Sarà altrimenti tutta un'altra cosa che non trova più riferimento con niente e con nessuno.

Adesso c'è quasi un rigetto delle regole. Ma se noi rigettiamo le regole, rigettiamo il nostro meridiano di Greenwich su cui basarsi per misurare e misurarci. Senza punti di riferimento, senza regole, tutto è permesso, tutto è possibile. Ma secondo me non ha valore, perché, come ho detto, non è rapportabile a niente. Senza regole, non si è nessuno!

Che cosa c'è dunque al di là e al di sopra delle montagne, se non l'uomo? Fare alpinismo è uno dei mille modi di essere e di conoscersi. Andare in montagna non dovrebbe avere altro significato che quello di una ricerca, mai di una fuga perché a un certo momento bisogna saper rientrare nella propria individualità e nei propri sentimenti: il solo spazio possibile, prima del vuoto. La montagna dovrebbe dunque preparare ad andare più lontano. L'alpinista dovrebbe saper captare le cose, arricchirsene. Ha i mezzi per farlo, avendo conosciuto ampi spazi e la responsabilità dei propri atti. L'alpinismo è assai più di una tecnica, è assai più di un record e di una collezione di cime. Non basta saper aggredire una montagna, la curiosità e la riflessione sono ben più importanti per anticipare, per capire e per sentire. Far lavorare soltanto i muscoli e il cronometro, in montagna, sarà anche un gioco divertente, come sostiene qualcuno, ma ha ben poco a che vedere con l'avventura creativa. Inoltre, se in noi non c'è che l'atleta proveremo prima o poi la tristezza del declino, privi di risorse mai sviluppate. Da qui le inevitabili crisi esistenziali.

Molti scalatori d'oggi non la pensano così. C'è fra questi chi arrampica su percorsi atletici, su rocce super attrezzate, ma con l'ambizione di compiere imprese avventurose e creative. Ritenendosi ovviamente svincolati dai «tabù della tradizione».

Proprio oggi che il culto dell'avventura è tale da indurre a comprarsela preconfezionata, sorprende constatare come si possa arrivare a considerarla come un tabù da abbattere. Per contro, si eleva a nuova dignità una serie di gesti sterili che non potrebbero mai essere avventurosi.

Ma se davvero si vuole che l'alpinismo rimanga avventura occorrerebbe rinunciare a quei mezzi tecnici e a quell'organizzazione capillare che prevaricano l'uomo e la sua spontanea determinazione. L'avventura non può più manifestarsi là dove nell'uomo scadono l'ingegno, l'immaginazione, la responsabilità; là dove si demoliscono, o almeno si banalizzano, fattori naturali come l'ignoto e la sorpresa. E ancora non può sussistere avventura là dove vengono alterate, persino distrutte peculiarità come l'incertezza, la precarietà, il coraggio, l'esaltazione, la solitudine, l'isolamento, il senso della ricerca e della scoperta, la sensazione dell'impossibile, il gusto dell'improvvisazione, del mettersi alla prova con i propri mezzi, e non ultimo, senza più inventiva. Tutte cose che oggi sono ormai represse o addirittura cancellate nel quotidiano. L'avventura è un impegno che coinvolge tutto l'essere e sa cavar fuori dal profondo ciò che di meglio e di umano è rimasto in noi. Là dove il «mazzo» non è stato truccato per vincere a ogni costo, esistono ancora il gioco, la sorpresa, la fantasia, l'entusiasmo della riuscita e il dubbio della sconfitta. Dunque l'avventura.

Oggi, in montagna, tecnicamente tutto è possibile, è dimostrato. Sparsi nel mondo ci sono ancora tanti picchi e pareti, inviolati, che prima o poi qualcuno scalerà di certo, avvalendosi di tutte le sofisticazioni oggi in uso. A mio avviso però non si compirà nulla di nuovo né di interessante, poiché a quel punto si eseguirà soltanto qualche cosa che, sia tecnicamente sia sul piano dell'organizzazione, è già stato risolto. Allora io dico, almeno sulla montagna diamo spazio più all'uomo che alla sua tecnica, e prendiamo le distanze da tutto ciò che riduce, confonde, impoverisce.

Oggi più che mai ci accorgiamo di essere invasi da banalizzazioni, inganni, speculazioni di ogni genere, e falsi messaggi talvolta intrisi di erudizione spicciola. Ricordiamoci che ciò che è di moda non garantisce mai la verità, come ciò che vale non è quasi mai frutto del clamore. Se l'alpinismo è in buona parte fantasia, l'avventura è tutto ciò che accende questa fantasia. Ciò che conta non sono tanto le scalate eclatanti, ma l'umana avventura, il saperla creare indipendentemente dagli esiti. Soltanto così l'uomo, frutto delle proprie esperienze e della propria sensibilità, crescerà. E in questa crescita anche gli splendidi paesaggi in cui egli si muove, si dilateranno, quasi prodigiosamente, dando più spazio all'immaginazione e materia ai propri sogni.

L'impossibile e l'ignoto sono grandi dimensioni della montagna, non dovremmo sopprimerle. Dovremmo invece misurarci con esse e farlo con mezzi naturali, dettati dalle nostre limitazioni fisiche. L'impossibile bisogna saperlo vincere, non abbatterlo. Sono la mente retta e il cuore saldo che portano lontano, non certo la sola forza atletica; come del resto lo scalare montagne su montagne non vuole sempre dire migliorarsi, e ancora meno significa fare qualcosa di eroico. Eroico, semmai, può essere invece al giorno d'oggi restare se stessi, mantenersi individui, e come tali integri.

Anche l'ignoto, come l'impossibile, è una componente preziosa dell'avventura. Affrontarlo vuol dire porsi in diretta competizione con le proprie incertezze e la precarietà. L'ignoto corrode dentro. Con l'ignoto dinanzi a sé le difficoltà lievitano, mentre i limiti si contraggono. A volte però basta poco a ridurlo, a farlo scomparire. Un piccolo radiotrasmettitore o segnalatore elettronico sui generis portato in un'impresa sembra poca cosa, ma, insisto nella metafora, è come giocare a poker con soli assi in mano. Bisognerebbe invece lottare apertamente, con le proprie limitazioni, e passare le Colonne d'Ercole che sono in noi. Questo è ben altro che «minorazione masochista», come qualcuno insinua.

Parlare di conquista e di esplorazione, così com'erano in passato, fa un po' sorridere oggi, con il grande occhio della tecnica che vede e provvede a tutto. Il mondo si è molto ridotto e per lo più addomesticato: sappiamo ormai tutto e tutto possiamo. Una ragione in più per invertire la marcia verso i grandi spazi che sono in noi, e che rappresentano le ultime immense estensioni libere e sconosciute della Terra. Non possiamo guardare che dentro noi stessi per scoprire chi realmente siamo e che cosa vogliamo. Questa, non c'è dubbio, è avventura.

La curiosità è un altro elemento molto importante per arrivare ai grandi spazi. A questo riguardo vorrei azzardare che è la curiosità ad avere creato l'uomo. Forse l'avventura è cominciata proprio il giorno in cui la scimmia è discesa dall'albero, per curiosità appunto. Lo spazio, in tutta la sua complessità, è una necessità insopprimibile per l'essere umano. Tuttavia credo non occorra andare sul K2, in Antartide, o in Amazzonia per sentirsene tanto attorno.

Il mondo di Livingstone è finito, sembrano ormai leggenda anche le epopee di Amundsen, Scott, Nansen. Il presente invece – che contrasto! – non appare che un frenetico mutare di situazioni, di mezzi, di metodi, presto anche di mondi. Ma fino a quando l'uomo conserverà la sua preziosa capacità di sognare, ebbene, dinanzi a sé indietreggeranno tutti i limiti e i condizionamenti. Noi facciamo dei sogni, la nostra immaginazione ci dà delle idee; si tratta di sapere se riusciremo a materializzarle oppure no. Ma per saperlo dobbiamo agire in quella direzione.

Oggi tutti parlano di avventura, forse perché la realtà ne concede poca e sempre di meno. Le si attribuiscono però troppi significati, perdendo di vista quello vero. Ma attenzione: troppi «ci marciano» su quanto è stato ormai degradato a nuovo prodotto di consumo. Non confondiamo l'avventura con lo spettacolo, con il business che ne deriva. Non confondiamola insomma con qualche tipo di imbroglio e persuadiamoci anche che in questo nuovo e crescente desiderio generalizzato di inconsistente avventura, quasi sempre ci troviamo di fronte, più che ad avventurosi e ai loro *fan*, a vittime di una certa politica dell'avventura.

Vorrei ribadire ancora che l'alpinismo rimane un gioco prezioso e affascinante. Perciò come tale andrebbe praticato con buoni intenti, con sane regole, naturalmente adattate giorno per giorno ma sempre fedeli a sani principi. Dopo tutto, e fin da piccoli, non è giocando che si impara a crescere? Ma ancora devo rilevare che troppo spesso si mira invece al successo facile e interessato, al record da raggiungere con ogni mezzo, indulgendo quindi ai tanti compromessi e seminando stupore a ogni costo. Ormai sembra essere questo il solo motto. E certuni se cercano dei valori, lo fanno dimenticando quelli fondamentali.

Ma focalizziamo altri contrassegni odierni. V'è nelle ostentate e caotiche nuove forme di alpinismo una tendenza molto marcata, forse causata dai tempi che viviamo: la specializzazione. Dubito delle sue validità, fuori dall'ambiente scientifico; secondo me la specializzazione è sempre arida e limitante sotto l'aspetto umano. L'uomo non può essere che universale nei suoi interessi, nelle sue aspirazioni. L'uomo è fatto di slanci e di precarietà. L'uomo si identifica nell'ingegno e nella creatività. Anche l'alpinismo, dunque, dovrebbe essere più avventura e invenzione che non specializzazione.

Naturalmente la maggior parte delle mie considerazioni fin qui esposte riguardano cose e contenuti visti in generale, pertanto non si può negare che in alcune odierne prestazioni arrampicatorie, specializzate ed estreme, vi sia un certo quoziente di avventura; che però non sempre risulta spontanea e a volte raggiunge significati poco edificanti sul piano umano. A ispirare questo tipo di avventura, a sostenerla e spingerla, è quasi sempre un perverso meccanismo fatto di concreti interessi. Mass media, business e pubblicità tra loro coalizzati, formano una forza pressante e sempre più esigente, un potere ben combinato che segue, precede, inquadra e condiziona i suoi protagonisti. E questi si trovano presto prigionieri di una escalation impietosa, chiusi in una morsa che li forza a prestazioni sempre più strane e inedite. Costretti a un'affannosa ricerca della riuscita a ogni costo e con ogni mezzo, non possono più rinunciarvi, anche per i profitti che ne traggono. Così nasce la «nuova» avventura, anche quella alpina, come nuovo prodotto offerto dal mercato. I destinatari saranno naturalmente i ben pilotati spettatori, lettori e il pubblico in generale.

È cosa recente, almeno qui da noi, l'istituzione delle gare di arrampicata. Si tratta di una nuova disciplina, credo ormai regolamentata, che ha per fine la competizione tra *climbers*; un confronto che si svolge su rocciodromi appositamente allestiti. È nata così l'arena del virtuosismo puro, in cui si fa del mezzo un fine. La novità ha suscitato pareri discordanti e naturalmente anche pregiudizi. Tuttavia, al punto in cui si è ormai arrivati, non si può escludere che questo nuovo modo di intendere la scalata rientri nella logica della competizione sportiva. È allora comprensibile che l'atleta *climber* riponga in essa il proprio tipo di affermazione.

Un cenno ora a un ricorrente malinteso riguardo l'uso del termine *impresa*, addirittura *impresa fenomenale*, e dell'aggettivo *incredibile*, impiegati per definire una scalata compiuta per via normale e in condizioni normali, di un ottomila metri.

Imprese sono state sicuramente la conquista di alcune cime himalayane. Ma lo sono state fino a trenta-trentacinque anni fa, quando i mezzi tecnici di scalata, le conoscenze sulle quote rarefatte e le possibilità fisiche dell'uomo, non si erano ancora ben calcolate. Grandi incognite dunque permanevano, ritardando così la conquista del tetto del mondo, definito all'epoca il «Terzo Polo». Poi via via lo sviluppo fece un bel balzo in avanti, rispetto alle condizioni incontrate lassù da Hillary e Tenzing. Di anno in anno, allora, a partire da quei «primitivi» anni Cinquanta, l'equipaggiamento personale e i materiali tecnici sono migliorati, diventati più leggeri e razionali; e grandi passi hanno fatto anche l'alimentazione, la medicina, la farmacoterapia, la fisiologia. È mutata la misura delle proprie possibilità fisiche, della propria autonomia, e maggiormente è cresciuta la conoscenza dei propri limiti. Si è infine ridotto l'ignoto nonché il logorio psicologico che ne deriva. Proprio per tutto questo l'impossibile ha perso sempre più terreno, e anche le imprese hanno finito per diventare sempre meno imprese.

Un tempo la carenza di ossigeno degli ottomila metri fermava uomini d'eccezione, forti e determinati. Oggi vi arrivano ogni anno decine e decine di alpinisti, uomini e donne, giovanissimi e ultracinquantenni, nella maggior parte dei casi senza far uso delle bombole d'ossigeno. Fino al 1988 la vetta dell'Everest era stata raggiunta da 210 persone. Benissimo. Occhio però alla confusione. Tirate le somme, vogliamo ammettere che rispetto al passato molto è cambiato? E che il totale dei mezzi tecnico-fisico-chimico-psicologici che si ha oggi a disposizione è tanto significativo da poter credere che non abbia creato realizzazione e protagonisti fenomenali, bensì un enorme, prevedibile scadimento di limiti? Questa è dunque la nuova situazione. Da qui l'opportunità di adottare un nuovo metro di valutazione che non tolleri superlativi e iperboli.

Si presenta dunque così il panorama del mondo della montagna attraverso alcuni decenni di osservazione diretta. Sul risultato non c'è da stupirsi. Le giovani generazioni, loro malgrado, sono la proiezione del passato nel bene e nel male; sono il prodotto di tutto ciò che noi adulti abbiamo seminato a piene mani. I protagonisti della vicenda K2-1954, che ha posto in discussione l'onestà di una tradizione alpina, sono adulti; è ancora un adulto chi, avvalendosi di un motocompressore portato al seguito ha trapanato fino in cima il Cerro Torre in Patagonia.

Ma qui poniamoci una domanda. L'alpinismo, oggi, è malato e inquinato? Certamente lo è. V'è ipocrisia nel mondo della montagna? Sicuramente. Non andrebbe però imputata all'alpinismo in sé bensì all'uomo che lo pratica.

E di caduta in caduta, eccoci a uno dei più cruciali argomenti del momento: la sponsorizzazione. Penso che sia un fenomeno tutt'altro che condannabile, prezioso se ben usato, ed è anche antico. Attualmente però è dilagante e distorto nel suo intendimento. Quasi sempre si riduce a un vero e proprio negozio, una mercificazione di cose e di ideali che altera le regole del gioco, a volte la storia stessa.

La moderna sponsorizzazione, per chi ne beneficia (e ne costituisce con la propria debolezza la prima delle cause), finisce spesso per diventare una specie di coercizione. Questo aggrava ulteriormente le già grandi e implicite responsabilità. Lo sponsor, con il suo contrattare e mercificare, opera in qualche modo una pressione sullo sponsorizzato, che a sua volta può giungere a forzare uno stato di cose. Di ciò, in montagna, si può anche morire!

A questo siamo arrivati: non è più lo sponsor a fare da supporto a un'impresa bensì è l'impresa a ridursi al servizio dello sponsor, quindi del business, ad assoggettarsi dunque a tutte le implicite deformazioni. Ma non di meno preoccupa che la gente in generale abbia propensione, per sé e per gli altri, al compromesso, al facile concedersi per qualche vantaggio. Anche questo, innegabilmente, rappresenta un male sottile dei nostri giorni, corrosivo per la dignità dell'individuo.

Per quel corrotto e scorretto fenomeno psicologico, che vede l'uomo già in difetto spingersi per difesa fino all'autoinganno, il beneficiato dallo sponsor, vistosamente strumentalizzato e ridotto a venditore di bugie, sovente afferma tuttavia di essere un uomo libero e indipendente. Ma in realtà lo attende una spirale di svilimenti da cui sarà difficile scappare. Se poi la fortuna non dovesse assisterlo o non gli riuscisse quanto di clamorosamente preannunciato, la faccenda è anche peggiore dell'essersi venduto ed esposto al discredito. Deve allora ricorrere a qualche forzatura al momento di stendere il proprio resoconto. Senza contare i rischi che si può essere indotti a correre per non compromettere l'atteso compenso. Va da sé che tutto questo non costituisce la migliore condizione per garantire purezza e idealità al proprio operato. Né penso sia il caso di poter qui parlare di libertà d'azione e di scelte, una liberal-scelta che a questo punto sarebbe di cattivo gusto. Infatti chi in questo modo si pone al servizio di un venditore, pur nell'illusione di poter allargare il proprio raggio d'azione, presto non potrà che vedere la propria libertà di manovra sempre più ristretta e condizionata. Ne abbiamo visti i risultati significativi.

C'è poi chi annuncia che l'impresa che ha in progetto di compiere costerà una cifra vertiginosa, dovrà dunque procurarsi in qualche modo quella somma, ossia lo sponsor. Però giunge anche notizia che qualcun altro ha concluso un'impresa analoga all'esiguo costo di pochi milioni di lire. Un risultato ottenuto senza tanto baccano e in modo anche più brillante di quanto non riesca a certi nababbi dell'avventura. Ma il più delle volte non è l'impresa a costare grandi cifre, è bensì la sua teatrale messinscena, il supporto al business che qualcuno, siamone certi, farà.

D'altra parte è lo sponsor che impone le sue regole, e una volta sborsati i quattrini un ritorno deve averlo, comunque, esaltando dell'impresa – reale o così fatta credere – l'immagine che servirà a «vendere di più».

Pensare che certi tipi di sponsorizzazione, od operazioni analoghe nel risultato, possano risparmiare alpinisti e alpinismo – così si è auspicato – è a mio avviso come sperare che il peccato se ne resti lontano da chi manifesta i presupposti per commetterlo. Ognuno è libero di fare quel che vuole, ovviamente, e anche di provarne ostentate e convenienti fierezze, come capita di sentire; ma bisogna saper distinguere l'interessato dal sognatore.

Da qualche tempo si fa bersaglio della parola moralità. Fra gli attuali personaggi dell'alpinismo c'è chi la definisce «una cosa qualsiasi»; altri la ritengono una «deformazione», e altri ancora sostengono che «imbrogli le carte delle logiche categorie di una discussione». Esiste però un limite alla licenza oltre il quale v'è cinismo. Se volessimo considerare la moralità nel suo senso più vero – che comprende anche un criterio di stile e misura – ci accorgeremmo che essa non può in nessun modo «imbrogliare le carte». Al contrario rimetterebbe le cose al loro posto. La morale non può essere una deformazione. È un valore, una ricchezza che non pagherà mai in denaro, poiché il denaro di questa ricchezza è una cattiva misura. C'è poi chi afferma che il denaro non abbia morale.

Ma torniamo sull'argomento sponsor-business cui fanno capo in fondo questi discorsi. Chiediamoci fino a che punto l'avventura resti una scelta di vita cui dedicare il meglio di sé per realizzarla e realizzarsi senza sconfinare in qualcos'altro di puramente affaristico: indecente esempio quindi da proporre a un giovane proselito dell'avventura. Naturalmente questi discorsi non vogliono essere moralistici, né tanto meno intendono elevare un muro tra buoni e cattivi; vorrebbero semplicemente stabilire possibili relazioni tra alcune cause e certi effetti: eventualmente l'esistenza di uno sfruttamento da parte di chi dà o di chi riceve. E poiché il tutto, ben mascherato e confezionato a dovere, va in pasto naturalmente a un pubblico sempre troppo fiducioso e ricettivo, avvertiamolo almeno sulla significante differenza che passa tra un qualche errore, a volte neppure voluto, e una vera e propria compagine di questi errori ben calcolati e su cui si intenda «marciare».

Per finire non posso certo trascurare ciò che più di ogni altra cosa, in questo momento, viene imposta all'attenzione di tutti: l'ambiente.

Accantonata la tradizionale «conquista» alpinistica, raggiunti i più strani record di scalata, ridotta a sterile gesto, l'avventura montagna è barattata ormai con teatrali incontri *indoor*, nasce oggi un nuovo movimento nel mondo alpinistico. A sfondo ecologico stavolta, quasi a voler coprire un vuoto di interesse verso l'ambiente sociale. L'intento sarebbe quello di difendere i luoghi montani dall'inquinamento di ogni tipo, e ancora più ambiziosamente di voler riconsegnare la natura alpina a se stessa, ossia all'originale dimensione selvaggia. Ma, fino a oggi, da tutto questo non sono emerse che stonature, contraddizioni, e a mio avviso anche insensatezze. Balzano alle cronache propositi spettacolari, ma nessun rimedio di fondo. Portare a conoscenza della pubblica opinione qualche vergognoso mucchio di pattume abbandonato sui monti, e formulare inviti a non produrne altri, sono pregevoli atteggiamenti, che tuttavia lasciano insoluto il problema di fondo.

I modi di inquinare sono infiniti. Ma il punto è questo: se giustifichiamo certi compromessi dentro noi stessi, arriveremo sempre – attraverso tutti i passaggi che dalla causa portano all'effetto – alle conseguenze disastrose cui oggi assistiamo. Di fronte a certi modi, aggressivi, di insorgere in nome di una montagna da riconsegnare utopisticamente a se stessa e a pochi privilegiati alpinisti, viene spontaneo chiedersi se un certo modo di proteggere l'ambiente non sia che una politica furbacchiotta. Che annusa nuove correnti d'aria, impronta le proprie mosse a nobili cause e per avere successo le affida a protagonisti sempre disponibili alla provocazione. Io non vorrei polemizzare a oltranza, credo però che simili movimenti ambientalisti perché siano credibili e affidabili dovrebbero almeno garantire, in chi li rappresenta, la massima coerenza. Ma troppo spesso questa non c'è!

Tutti, credo, siamo ormai convinti che il problema dell'ambiente dipenda soprattutto da un fattore culturale-educativo, da noi molto carente. Vogliamo davvero dare il via a una bonifica? Ebbene concretizziamo allora questa operazione culturale. Ma facciamolo cominciando da noi, singoli responsabili del proprio ruolo. Ogni nostra mossa dovrà essere coerente all'impegno assunto, e sarà assai più convincente se la compiremo con misura e discrezione, qualità ben più accattivante del greve e superficiale scalpore cui spesso si ricorre.

Questo è quanto emerge oggi dal mondo della montagna e dell'avventura. Su alcune cose specialmente sarebbe bene riflettere, e promuovere quanto basta a restituire alle ambizioni una dimensione più chiara e pulita. Non spetta certo a me, né a chicchessia, dire che cosa si deve o non si deve fare. È compito di ognuno quello di crearsi un equilibrio rapportato al proprio costume morale. È perciò un'operazione strettamente personale e già molti si muovono in questa direzione. Io qui mi permetto soltanto di risvegliare il problema, di mettere in guardia chi non sa.

Traslando infine il tutto in un contesto più ampio, trovo che la società oggi abbia quel che si merita. Vive infatti il riflesso della propria insensibilità, del proprio egoismo, della propria intolleranza, della propria incoerenza. Ci lamentiamo che le cose vanno male, ma alla fin fine siamo noi i responsabili, lo è ciascuno di noi: siamo come tanti cucchiai d'acqua che fanno l'oceano. Anche all'origine di un discorso più ampio e concreto che miri a preservare la natura, non si dovrebbe mai dimenticare che è soltanto conservando l'Uomo, quindi il suo patrimonio etico-culturale, che si potrà arrivare a proteggere l'ambiente in tutta la sua complessità.

Che cosa augurarsi per quel «mondo nuovo» cui spesso, nei bei discorsi, si fa riferimento? Io dico auguriamoci che l'uomo abbia capito la lezione, e rispolveri quei valori che erroneamente ha ritenuto superati. L'uomo deve ritornare a essere più umano, più pulito e probo. Se vuole sopravvivere a quel «mondo nuovo» che lui stesso, e per se stesso, ha creato.

Da «Montagne di una vita» (1996)

La montagna, fin dall'inizio, è stato l'ambiente più congeniale alla mia formazione. Mi ha consentito di soddisfare il bisogno innato che ha ogni uomo di misurarsi e di provarsi, di conoscere e di sapere. Così, impresa dopo impresa, lassù mi sono sentito sempre più vivo, libero, vero: dunque realizzato. Nella mia vita di scalatore ho sempre obbedito alle emozioni, all'impulso creativo e contemplativo. Ma fu soprattutto praticando l'alpinismo solitario che ho potuto entrare in sintonia con la Grande Natura, e ancora più a fondo ho potuto intuire i miei perché e i miei limiti.

Affrontare in solitudine la natura più severa mi ha abituato innanzitutto a prendere da solo le mie decisioni, mi ha insegnato a misurarle con il mio metro e a pagarle, giustamente, sulla mia pelle. Dunque la solitudine è stata per me una scuola formativa, una condizione preziosa, un vero bisogno a volte; mai però un'angoscia. È proprio grazie a questi preliminari che ho potuto compiere ogni volta un viaggio affascinante dentro me stesso per meglio scrutarmi, capirmi, e anche per meglio comprendere gli altri e il mondo attorno a me. Il silenzio che accompagnava questa mia solitaria avventura a volte mi stordiva, con tutti i misteri che porta con sé; ma dire silenzio – ormai lo sapevo benissimo – voleva dire anche ascoltarmi, parlarmi, riflettere.

Mi sono chiesto tante volte se sono nato solitario oppure lo sono diventato. È certo però che alcune esperienze mi hanno fatto perdere molte illusioni nei riguardi degli altri. La mia indole resta in ogni caso quella dell'alpinista solitario.

Le mie imprese alpinistiche sono sempre scaturite dal sogno; da qui il concepimento di uno straordinario qualcosa. Tutto dunque è cominciato a esistere nel momento stesso in cui prendeva forma nella mia mente; tradurlo poi nella realtà non è stato che un seguito logico di quella prima invenzione. Per esempio, quando ho sognato, dunque immaginato, di poter scalare il Pilastro del Dru, da solo, e nel modo che tutti sanno, ebbene quello sì che è stato un privilegiato stato di grazia: ero entrato in una dimensione irreale dove tutto appare possibile e normale. L'aver poi realizzato questa magnifica cosa, la scalata del Dru appunto, non fu che una conseguenza naturale, logica e scontata, perché – dirlo pare assurdo – non fu cosa più valida che averla prima concepita.

È davvero quando sogni, a occhi aperti, che prendi coscienza di cose straordinarie; è quando credi fermamente in una intuizione, e fai tuo qualcosa di splendido, è allora che crei veramente, ed è soltanto allora che la tua anima varca le barriere del possibile e sa portarti ben al di là della materia. Questo io l'ho sempre profondamente creduto.

A mio avviso il valore di una montagna e quindi della sua scalata, è costituito dalla somma di elementi diversi e tutti importanti: l'estetico, lo storico, l'etico. Non potrei mai separare questi tre fattori, portanti, né ancor meno arriverei a prescindere da essi, poiché stanno alla base della mia concezione della montagna.

C'è chi, per ignavia, non sa vedere nell'alpinismo che un mezzo per fuggire la realtà dei giorni nostri; ma questo non è giusto. Non escludo che in chi lo pratica possa manifestarsi temporaneamente una qualche componente di fuga, questa però non dovrà prevaricare mai la ragione di base, che non è quella di fuggire ma di raggiungere.

Imporsi all'attenzione degli altri può essere una umana esigenza, e per chi vi sia portato è anche gratificante. Ma anche qui la notorietà per se stessa non significa un bel niente: un delinquente, per esempio, può possederla al massimo livello. L'essere invece seguiti, compresi, amati, è una grande cosa.

Sarei insincero se negassi il piacere che può darmi il successo e l'essere considerato dagli altri. Però i media, sempre, io li ho ascoltati con un solo orecchio. Ai miei tempi tutto quello che facevo sulla montagna costituiva notizia, informazione, ma ciò per me non era che un fatto alquanto marginale. Altrimenti, dopo il Cervino nel 1965 – non avevo che trentacinque anni – avrei fatto ancora altre imprese in montagna, fors'anche ripetendomi. Invece mi sono fermato. Questa, se vogliamo, è una dimostrazione che la notorietà era per me, in un certo senso, irrilevante. Infatti una volta raggiunta al massimo livello, io non l'avevo «sfruttata», anzi ero uscito dalla scena del grande alpinismo che me l'aveva procurata.

La mia vita di alpinista è costellata di esperienze vissute ai limiti del dramma, non posso negarlo. Va però tenuto conto che per oltre sedici anni mi sono mosso ai limiti estremi. Tuttavia la montagna non è stata per me soltanto un terreno di tragedia e di sofferenza – come spesso insinua chi mi vorrebbe masochista – ma soprattutto un luogo di gioia e di esaltazione, perché lassù ho vissuto ore, situazioni e spettacoli veramente unici. Sì – rispondo a una ricorrente provocazione – ho compiuto anche numerosissime ascensioni belle, sicure e fatte con animo tranquillo, dal punto di vista avventuroso però non potevano essere degne di nota.

Per difendere i principi portanti e imprescindibili della mia esistenza ho dovuto spesso lottare, anche duramente. Sono risultato un riferimento piuttosto scomodo per coloro che non vogliono o non sanno capire certe cose. Si insinua a volte che io sia oltremodo polemico e che non abbia un buon carattere; la verità è invece che io mi batto per le buone cause, e accolgo sempre la critica onesta, intelligente e costruttiva. Il resto si perde nell'aria, anzi, per me sono aria coloro da cui proviene la mediocrità e le sue diramazioni.

Sono tanti gli alpinisti dell'Ottocento che ho ammirato per il loro modo di guardare alle montagne, a prescindere dal successo da loro ottenuto e dal valore attribuito dai posteri alle loro scalate. Assai meno mi sono riconosciuto nel pensiero e nelle ambizioni dei miei contemporanei, pur magari apprezzandone le doti di scalatori.

Ho sempre considerato il compagno di cordata prima di tutto un amico sincero e fidato, capace di slanci, decisioni, e di una certa naturale paura. Ho sempre contato di poter intendermi con lui anche senza ricorrere alle parole.

E a me poco importava se in azione non si fosse poi rivelato un perfetto «battirecord». Purtroppo non mi sono imbattuto sovente in uomini di tal genere, al contrario mi è capitato che proprio quando ho creduto di trovarmi in perfetta sintonia con qualcuno è arrivata, a sorpresa, la delusione. So di essere solitario per indole, ma spesso anche per ripiego.

L'alpinismo per me ha significato sempre avventura, non poteva e non doveva essere altra cosa; e l'avventura ho sempre voluto viverla, ieri come oggi, a misura d'uomo. È dunque per conservare questa preziosa dimensione che nelle mie imprese, quando è dipeso da me, ho rifiutato ogni tipo di organizzazione e di supporto tecnico. Qualche anno fa, per esempio, avevo scelto di vivere una particolare esperienza in una terra ancora vergine, lontana da ogni insediamento umano. La mia preferenza era andata alla Patagonia cilena, la porzione australe segnata da profondi fiordi che vi penetrano dall'oceano Pacifico. Una terra che rimane a tutt'oggi tagliata fuori dal resto del mondo. Quello che là ho potuto fare è avvenuto a misura d'uomo e ciò ha portato in me una preziosa e nuova esperienza.

Ma se laggiù in Patagonia avessi voluto vivere soltanto un qualcosa di clamoroso – ma ovviamente al prezzo di una mia irrinunciabile coerenza – ebbene mi sarebbe bastato fare come altri fanno, ossia assicurarmi prima di tutto i collegamenti e rifornimenti mediante rapidi mezzi aerei, poi, compromesso non da poco, utilizzare ponti radio e segnalatori elettronici di vario genere, vale a dire infallibili strumenti satellitari del tipo «global positioning system» per garantirmi un perfetto orientamento e per conoscere le esatte distanze percorse o ancora da percorrere. A tutto ciò insomma avrebbe corrisposto un risultato assai sterile, atto soltanto a convalidare il successo dei mezzi tecnici impiegati. Un'avventura questa che oggi certamente non costituisce problema, ma neppure interesse sul piano umano ed emozionale. Ma c'è dell'altro. Sarebbe stata una sorta di inganno che distorce agli occhi di tutti ogni cosa. In definitiva un cattivo esempio di un qualcosa che, se spacciato per avventura, non si sarebbe mai potuto comparare con quella autentica dei pionieri di un tempo, e perché no, eroica. Non può esserci infatti avventura là dove mancano l'isolamento, l'incognita, la sorpresa. Fattori questi imprescindibili per una vera e classica avventura, dove, oltretutto, si mettono alla prova le ingegnose risorse dell'uomo, restituendo ai suoi personali limiti una più naturale dimensione.

Sofisticati mezzi e attrezzature, prodotti dietetici e farmaceutici degni dell'astronautica, nonché approfondite conoscenze nel campo medico, biologico, fisiologico e altro ancora, non possono che rivoluzionare e dilatare sempre più i limiti del possibile. Ciò considerato ancora una volta, non bisognerebbe confondere le cose d'oggi con l'irrealizzabile di ieri, quando lo sconosciuto era vasto e i mezzi per affrontarlo assai pochi e rudimentali. Nei materiali moderni, per esempio, ora è tutto razionale, leggero, resistente. Alle quote rarefatte degli ottomila metri la farmacoterapia adesso si sostituisce alle pesanti bombole d'ossigeno, e solleva anche dalla fatica muscolare e cerebrale. Grazie dunque all'evoluzione dei mezzi, e alla sicurezza psichica che ne deriva, ecco che l'impossibile nell'avventura retrocede ogni giorno di più, tanto da poter affrontare e rendere pressoché normali, ad alti livelli s'intende, una cosa fino a ieri impensabile. D'altra parte ognuno è figlio dei mezzi, dei limiti, dei sentimenti peculiari alla propria generazione. Questo lo comprendo e lo rispetto, anche se a volte è per me difficile entrare nella logica di tempi che non mi appartengono. Ne ho riguardo, ma a una condizione: che uomini e loro imprese, quando degli uni e delle altre si intendesse dirne o scriverne, apprezzerei che tutto venisse giustamente rapportato alla rispettiva epoca.

Ci si domanda a volte quale senso possa ancora avere l'alpinismo oggi. Dal canto mio penso che tutto quello che sa esprimere valore umano, perciò anche l'alpinismo, dovrebbe meritare almeno rispetto. Ma purtroppo non è sempre così, perché in un mondo che a quanto pare sembra essere sempre più disposto a premiare i furbastri e gli imbroglioni, nonché a darla vinta a corrotti e truffatori, è difficile far passare virtù come l'onestà, la coerenza, la responsabilità, l'impegno e gli slanci disinteressati. Tutti sappiamo che il vero malato di base, infetto e contagioso, oggi è la «cosa» pubblica, ossia lo Stato con le sue svilite istituzioni, con i suoi confusi e troppo spesso scandalosi intrecci di potere e di interesse personale. Ne consegue che la società, così compromessa negli effetti dei malgoverni, così coinvolta fino ad affogare nel riflesso delle proprie e altrui debolezze, giunge a stravolgere, o quanto meno a ignorare, persino i più elementari valori. Comunque fintantoché nell'alpinismo si manifesteranno fantasia, idealità e bisogno di conoscenza, anche di sé medesimi, ebbene sì, l'alpinismo continuerà ad avere motivo e ragione di esistere.

Come già ho detto, la montagna è stata per me soprattutto un motivo e un mezzo per andare oltre, per dare spazio alla mia curiosità, alla mia fantasia. Ma dalla montagna ho avuto anche altre motivazioni non meno importanti, come il vivere al di fuori di certi schemi sociali, limitanti e spesso deludenti; il muovermi in una natura grandiosa e genuina, che mi è congeniale; il misurarmi soprattutto con me stesso; il trovare una mia identità. Se delusione c'è stata, non è venuta dalla montagna, lo ripeto, bensì dal suo mondo, dalla sua gente. Ma ogni medaglia, si sa, ha un suo rovescio.

Così col passare degli anni avevo capito sempre più chiaramente che la mia vera indole era in fondo quella di vivere l'avventura nella sua espressione più vasta e universale. Dovevo quindi allargare i miei orizzonti e volgermi ai trecentosessanta gradi di un mondo che, seppure già intravisto, mi era ancora sconosciuto. Se ti è nato il gusto di scoprire, recita qualcuno, non potrai che sentire il bisogno di andare più in là. E così ho fatto. Al Monte Bianco comunque sono sempre tornato, anche dopo tanti anni, e l'ho fatto come si può tornare a un padre per dialogare, con tutto l'affetto e i ricordi che un figlio cerca nei genitori.

Spinto e sorretto da un innato desiderio di misurarmi, conoscere e sapere, prima sulle montagne poi in giro per il mondo, sono giunto oggi a ritenermi davvero realizzato nel senso più compiuto del termine. Adesso io conosco meglio me stesso e ciò che ho fatto. So quello che voglio da me e dagli altri. Ho ben chiaro in cuor mio che non può e non deve esistere una meta regalata, o comprata, ma essere soltanto voluta, coltivata e guadagnata.

«In vetta» (1998)
da «Il Sole 24 Ore»

Poco tempo fa raccontavo in una grande sala milanese l'avventura della mia vita che, partendo dalle imprese alpinistiche, era approdata ai luoghi più remoti, ardui e strani del pianeta: paesaggi ancora intoccati, che mi avevano visto protagonista di esperienze insolite, spesso estreme.

Nel dibattito che seguì alle domande di un ascoltatore, appassionato di alpinismo, traspariva una sorta di risentimento perché ero passato dalle montagne al mondo intero a vivere la mia avventura. Costui si sentiva un po' tradito. Episodi del genere, che ogni tanto si ripetono, mi fanno riflettere. Alcuni appassionati di alpinismo avrebbero voluto che io fossi rimasto per sempre soltanto alpinista, che mi fossi sempre espresso a forza di scalate e di strapiombi; e magari che fossi anche partecipe di problemi attuali sull'alpinismo, che non sono stati, non sono, né mai potrebbero essere i miei.

Capisco che nei più eccessivi di questi «ammiratori» possa manifestarsi un certo rincrescimento per il fatto di non vedermi più nei loro ranghi, e neanche partecipe dei loro discorsi. Ma in certuni vedo anche emergere, purtroppo, un rifiuto di voler capire ciò che non rientra nella loro visione delle cose. L'incapacità di liberarsi dal paraocchi impedisce di vedere che, al di là e al di sopra delle pareti da scalare, esiste un mondo immenso e sovente anche più interessante.

Naturalmente non voglio offendere i miei risentiti critici, ma solo indurli a una riflessione, invitandoli a guardare con simpatia quel naturale impulso di crescere che ognuno, anche inconsapevolmente, porta dentro di sé.

In conclusione, cercherò di chiarire ai lettori di «Il Sole 24 Ore» da quale naturale bisogno io sia stato spinto a «cambiar vita». Tutto, a mio modo di vedere, inizia dalla curiosità, dalla fantasia, che poi, via via nutrite da concrete esperienze, finiranno per donare conoscenza e carattere.

La montagna, ispiratrice della mia immaginazione e della mia sensibilità, fin dall'infanzia, con gli anni è sempre più diventata per me un mezzo per andare oltre, fino a consentirmi di soddisfare il bisogno di allargare a tutto campo i miei orizzonti. (...)

E ancora più a chiarire la scelta che stavo per fare, sentivo che iniziava dentro di me un momento di crescita. Dopo la montagna, e in considerazione delle premesse appena esposte, era naturale che approdassi a un mondo più vasto. Là, nel clima dell'azione affrontata il più delle volte in solitudine, avrei potuto continuare la scoperta e l'avventura del mio vivere, tra le forti e genuine manifestazioni della natura in terre ancora più lontane. Stavo dunque trasferendo il mio alpinismo estremo, con tutte le sue componenti psicologiche, fuori dal suo ambiente verticale, per inserirlo in un contesto avventuroso altrettanto intenso ma assai più vasto e possibilmente ancora intoccato. In definitiva, stavo affidando il senso della mia vita a un mondo per me ancora tutto da conoscere. Questo ho fatto, e dirò che dopo ben trentatré anni di questo mio vivere non sono ancora sazio di sognare quelle terre lontane. Sono sempre stati i loro grandi silenzi a raccontarmi le cose più belle.

Risposta a una provocatoria polemica (1999)

Un giornalista mi addebita l'uso di certuni mezzi tecnici di scalata

(...) I mezzi tecnici da me usati per le mie più significative scalate su roccia furono esattamente dello stesso tipo impiegato dai Cassin, dai Ratti e altri loro coetanei, nelle loro imprese degli anni Trenta. Va anche detto che quelle mie scalate erano avvenute su pareti che, se non tentate, erano state tuttavia valutate dai miei predecessori e da loro stessi ritenute inaccessibili con i mezzi tecnici di quell'epoca. Ebbene, e lo dico con orgoglio, quelle pareti io le ho attaccate e vinte proprio con i soli e rudimentali loro mezzi, appunto degli anni Trenta. Dunque è proprio con quell'attrezzatura degli anni Trenta che ho avuto ragione sul Grand Capucin nel '51, sulle Nord di Lavaredo invernali nel '53, sul Pilastro del Dru, e da solo, nel '55; fatta eccezione qui sul Dru per quanto riguarda le corde: una infatti era di nylon del tipo in dotazione alle truppe alpine dell'epoca, l'altra (vecchia e frusta degli anni Trenta/Quaranta) fatta di pesante seta ritorta. Mi pare quindi che questa realtà andrebbe conosciuta e non confusa con chi e con cose che vennero poi, negli anni Sessanta/Settanta.

A completare le mie testimonianze su questo personale periodo degli anni Cinquanta devo ribadire, poiché già più volte l'ho scritto, ma è rimasto inascoltato, che l'aver adottato da parte mia mezzi tecnici «superati» rispetto alla mia epoca, è ben altro che autolesionismo o perversione masochistica, come qualcuno ha insinuato; è bensì una sana e corretta regola del gioco da me scelto. Pur sapendoli limitati e limitanti, ho dunque adottato quei mezzi tecnici tradizionali degli anni Trenta, certamente per conservare un legame ideale con gli scalatori del passato, cui sempre ho fatto riferimento; ma anche per poter disporre di un valido e concreto confronto per misurare me stesso e quel che facevo rispetto a quanto in passato era stato fatto.

Le altre mie scalate che giudico per me importanti, vale a dire la Nord del Pilier d'Angle, delle Grandes Jorasses e del Cervino invernali, in quei primi anni Sessanta, erano del genere così detto di misto (roccia e ghiaccio). Sulle quali pareti la più progredita di questa attrezzatura tecnica non è risolutrice ma aiuta, bensì, e anche in notevole misura, a risparmiare fatica, ad abbreviare i tempi di scalata, e non ultimo ad aumentare al massimo la sicurezza della progressione. Ma tali mezzi, io non li ho mai adottati. Determinanti invece erano state per me l'accumulata esperienza di alta montagna, la resistenza fisica al gradinamento (con normale piccozza) e la forza morale che mi ero gradatamente costruita.

Nel mio armadio, dunque, i mezzi tecnici da usare per le mie scalate rimasero sempre e soltanto quelli normalissimi e tradizionali. Ossia, scarponi di cuoio e moschettoni di ferro (del tipo anteguerra) integrati poi verso gli anni Sessanta da alcuni moschettoni Allain in duralluminio; disponevo anche di qualche grosso cuneo di legno. Per lungo tempo le mie staffe rimasero semplici cordicelle di canapa annodate ad anelli in cui infilare i piedi, anelli sostituiti più tardi da tre pioli di ferro, forellato per ridurne il peso. Altri attrezzi da scalata che anno dopo anno si imponevano, tali come imbraghi, discensori, dadi o *nuts* di vario tipo, *bongs*, *friends*, doppie piccozze sagomate in modo da potersi aggrappare alle pareti di ghiaccio, ramponi super rigidi, e ancora altre diavolerie dai nomi inglesi, ebbene tutto ciò io l'ho visto soltanto in fotografia.

Questo è quanto, ed è parte della nostra storia alpinistica degli anni Cinquanta e Sessanta.

Un passo di una mia conferenza (1999)

(...) Scalare il Cervino d'inverno non era cosa nuova per me. Infatti, dodici anni prima, ancora ragazzo, ero arrivato lassù superando gli strapiombi di Fürggen per una via nuova. Ora, 1965, con l'impresa del Cervino ho così concluso un genere di alpinismo che per sedici anni avevo vissuto al limite estremo delle difficoltà.

Ma a tanti anni di distanza, e soprattutto considerando il disorientamento che oggi sconvolge il mondo della montagna – fattosi orfano dei valori che ha ritenuto superati e al tempo stesso in affannosa ricerca di spinte sostitutive in cui credere – voglio spendere una parola al riguardo attingendo a quelle che sono state le mie motivazioni.

Dato per scontato che ognuno è libero di pensare come vuole, di darsi le regole più convenienti alle proprie aspirazioni, libero quindi anche di praticare a proprio modo l'alpinismo, anch'io, per le stesse ragioni, ho scelto a mio gusto e misura un alpinismo confacente alla mia ideologia. È a quello tradizionale che fin dall'inizio mi sono ispirato. Questo modo tradizionale e classico di scalare montagne è un alpinismo che, nell'atto di misurarsi a fondo con la grande montagna, mette alla prova tutto di se stessi: fisico, principi e sentimenti, senza risparmio alcuno. E ancora. Questa da me definita grande montagna diventerà particolarmente austera e impegnativa proprio per la limitatezza dei mezzi tecnici che per affrontarla siamo disposti ad accettare. E sarà ancora più affascinante se le riconosceremo un valore storico, e un valore etico, oltre che estetico.

Mi sono a tal fine richiamato, e conformato, all'alpinismo degli anni Trenta adottandone, ovviamente, le essenziali, ma pur elementari e assai limitate attrezzature in uso a quei tempi. Ma perché avrei scelto tali «anacronistiche» limitazioni? Non certo per perversioni masochistiche, bensì per poter conservare una inalterabile misura di comparazione, quella sorta di meridiano di Greenwich immutabile nel tempo e nelle sue condizioni: la sola e affidabile costante per arrivare a un imparziale giudizio delle cose, e anche di se stessi.

Questo dunque mi sono imposto fin dall'inizio, e ancora lo rifarei; proprio per garantirmi un legame e un sicuro accostamento con il passato cui sempre ho fatto riferimento. Così impegnandomi sulle mie montagne, lo ripeto, ho potuto misurare a fondo me stesso rapportandomi a coloro che mi hanno preceduto, e ho anche potuto mantenermi in sintonia con le condizioni fisiche e psicologiche già possedute nelle loro imprese. Non ultimo, ho potuto valutare obiettivamente l'entità di ciò che sono riuscito a fare, rispetto a quanto fino ad allora si era saputo fare.

Se, ignorando il passato, ci riferissimo soltanto al presente per giudicare l'alpinismo – un presente sempre più tecnicizzato, sempre più portato ad abbattere di una scalata le peculiari difficoltà, le incognite, spesso anche l'impossibile – ebbene io credo che non arriveremmo mai a formarci un giusto e sereno criterio per capire ciò che è realmente l'alpinismo; e questo per non aver appunto considerato ciò che in passato esso è stato nei suoi limiti e nelle sue motivazioni.

Così dunque, dal 1965 dopo l'impresa del Cervino, avevo esteso la mia avventura al mondo intero muovendomi tra una natura diversa ma non per questo meno ricca di emozioni, meraviglie, genuinità, e nelle terre più lontane, ardue e strane del pianeta. Avevo dunque trasferito il mio alpinismo estremo, con tutte le sue componenti psicologiche, fuori dal proprio ambiente verticale, inserendolo in un contesto avventuroso altrettanto intenso e assai più vario.

Sul mio cammino non mancarono tuttavia le grandi montagne, al cui fascino naturalmente non restai insensibile. (...)

L'incanto delle emozioni (1999)

I suoni della notte sulla montagna hanno una loro magia del tutto speciale, ma che presto può anche tramutarsi in paura. Questo può accadere quando ci si trovi da più giorni appesi su una difficile parete, costretti nell'immobilità di un bivacco notturno. In tal caso, mancando l'azione, non si può fare a meno di ascoltare le proprie ansie e incertezze, quando non fossero già angosce. In simili condizioni dunque tutto si acutizza, si amplifica e non soltanto il disagio fisico. Allora un semplice ma improvviso refolo d'aria basterà a immaginare una tempesta in arrivo, e lo schianto lontano di una pietra che precipita nel buio richiamerà l'idea di una possibile valanga pronta a staccarsi sopra di noi. In questa atmosfera permeata di ogni sorta di suoni ecco, inaspettato, calare un immenso silenzio, quasi assordante tanto è assoluto. Sì, al cospetto di tanta severità non ci si può sentire che immensamente piccoli e fragili, ma anche spogli di inconscia presunzione, e restituiti finalmente alla nostra natura umana.

Ma un prodigio, nella notte, può anche presentarsi: l'apparizione, improvvisa e sfolgorante, della luna piena con i suoi riflessi che si spandono sulle nevi pallide. E d'intorno, nel cielo di pece, uno sconfinato oceano di stelle lucentissime che vanno alla deriva. Da qui l'incanto, la musica dei sentimenti; è la natura stessa a orchestrarla con il suo connubio di forme, di luci dense e penetranti.

Riflessioni (1965-2000)

Ascolta amico mio, la risposta è nel vento. Ci sono uomini che vanno nel cosmo e camminano nello spazio, altri si stupiscono che io provi gioia e soddisfazione profonda a misurarmi per giorni e giorni sulla parete Nord del Cervino. Ma l'aver inventato la macchina fotografica non esclude che si possa dipingere. **1965**

Questo mio volto vale il tuo e vale quello di un altro; sta poi alla tua sensibilità di volere o non volere ricavarne un beneficio. Facciamo un esempio. Io scalo «l'impossibile» Cervino, tu detesti la montagna. Da qui può innescarsi una intolleranza irritante verso coloro che fanno simili cose. Però sotto sotto, come essere umano, tu non puoi sottrarti alla considerazione che c'è qualcuno che sa fare certe cose straordinarie. Ed ecco la provocazione: anche tu potresti osare e spingere in avanti le tue possibilità, non importa in quale altro campo, per trarne meritato giovamento. **1971**

Io sono, sento di essere, il mio modo di vivere. **15 marzo 1980**

La paura, che sempre andrebbe vissuta conservando una certa padronanza, è tante cose assieme, anche differenti tra loro. Predominante è quello stato d'animo non sempre controllabile che afferra l'uomo quando è minacciato da un pericolo ineluttabile; la consapevolezza di trovarsi totalmente in balia del rischio fa paura ed è vera paura. All'uomo non resta allora che affrontarla con più dignità possibile. Chi ha coscienza della paura e ne conosce gli effetti ha già buone probabilità di prevenirla, mediante la preliminare prudenza. Spesso a me la paura è servita a stimolare il coraggio, anche quello di saper accettare la rinuncia di qualcosa, se necessario. La paura in ogni caso resta una bestiaccia da temere e sorvegliare; anche se, per assurdo, può essere persino una buona cosa, perché se la rispetti... fa campare di più. **Giugno 1981**

Il coraggio è prima di tutto uno stato d'animo che non ha ragione di manifestarsi in chi non conosce la paura. Resta in ogni caso un sentimento che rende l'uomo padrone, e signore, della propria dignità, sempre che a controllarlo siano la coscienza, la responsabilità, la determinazione.

Coraggio, soprattutto a livello individuale, è anche volontà civile di non rassegnarsi all'incalzante degrado morale; è inoltre quella buona cosa che consiste nel saper pagare sulla propria pelle i propri errori: virtù quasi estinta oggigiorno, ma per questo ancor più apprezzabile. Mai comunque il coraggio potrà essere frutto di uno sconsiderato quanto pericoloso impulso: il rischio che ne seguirebbe è per se stesso stupido, arido, insignificante. Va riconosciuto tuttavia un certo tipo di rischio, che se è molto limitato diventa persino stimolante e capace di dar sapore anche a una contingenza, e ciò rientra benissimo quale componente dell'avventura. È però un cavallo di cui bisogna saper tenere ben salde le briglie. Riepilogando infine sull'argomento rischio, sia benvenuto il coraggio della rinuncia quando questa si prospettasse, perché, se la montagna dice no, noi siamo ancora meno di niente. **Giugno 1981**

Credo proprio di essere stato la peggiore delle guide alpine. Il guidato, o cliente come si usa definirlo, non poteva essere per me che una persona molto amica, e certo non venale, come anch'io non lo sono. Perché unirsi in cordata per la vita e per la morte soltanto per soldi, pochi o tanti che siano, la trovo cosa mortificante e per me anche senza senso: ucciderebbe l'anima del mio alpinismo. Non potevo, né mai avrei saputo mettere tra me e la montagna, tra me e i miei compagni/amici un fattore economico. Ecco perché non mi piaceva il mestiere di guida, anche se mi avrebbe aiutato a sbarcare il lunario. Dico questo col rincrescimento di trovarmi in contrasto con il mio amico Gaston Rébuffat, che invece ha saputo idealizzare quella professione.

Col tempo finirò per sostituire il mestiere di guida alpina con quello di conferenziere, ossia con l'attività di raccontare a un pubblico le mie montagne. Questo ho fatto nella consapevolezza di far conoscere il mio mondo agli altri. **12 febbraio 1982**

La montagna ti cambia in quanto rende più esigenti, più riflessivi, più profondi. Nel mio caso mi ha cambiato portandomi verso i più vasti orizzonti del pianeta. **7 febbraio 1983**

Fare dell'alpinismo non è che uno dei mille modi di esprimersi. Così è per l'arte, lo studio, il mondo imprenditoriale: dove ognuno si realizza con i mezzi e i criteri che gli sono più congeniali. Sì, il volersi esprimere rimane una propria scelta. Ma chi nel corso della vita non lo avesse fatto, e deluso si scoprisse caratterialmente incompleto, non può certo prendersela poi con tutti, meno che con se stesso: per non aver saputo o voluto pagarne il costo. **26 aprile 1983**

Nessun rapporto può esserci tra la forza fisica e la forza morale, perché entrambe devono andare strettamente unite. Questo vale anche per l'alpinismo, che è forse un'attività dove la prestazione atletica sembra essere molto evidente e dominante. Ma attenzione, la sola forza atletica, in montagna, non porta tanto lontano. **1983**

Difficile dire qual è il mio ricordo migliore in montagna, il mio momento più privilegiato. Ce ne sono stati talmente tanti. Certo, un momento è già in sé privilegiato quando l'obiettivo è raggiunto, ma questo non è che la materializzazione di qualcosa che intimamente è già avvenuto in te; qui il privilegio andrebbe visto piuttosto come momento in cui si è concepito uno straordinario qualcosa. **4 gennaio 1983**

Ho avuto vari compagni di scalata con i quali a volte si è instaurato un buon rapporto di amicizia; così fu con Oggioni, Mauri, Mazeaud, Zappelli e pochi altri. La mia natura resta comunque quella dell'alpinista solitario, abituato a prendere da solo le decisioni, a misurarle col proprio metro, pagarle ovviamente sulla propria pelle. Mi è capitato di avere qualche divergenza di vedute con altri alpinisti, senza che questa sfociasse nella rivalità. Non concepisco la competizione, quindi la rivalità tra scalatori per una montagna, l'ho schivata sovente, perché quando sul mio cammino ho incontrato un pretendente alla stessa cima, ebbene quasi sempre siamo diventati compagni di cordata; o alla peggio gli ho ceduto il passo. **Maggio-giugno 1983**

Credo che il vero spirito dell'avventura alpinismo si trovi soltanto nell'uomo che concepisce e poi vive questa avventura; meglio se in compagnia di pochi fidati amici di uguale sensibilità. Mai comunque fiderei sul livello idealistico di un'organizzazione. L'organizzazione massiccia, fredda e impositiva, soddisfa soltanto i ragionieri e i generali. **Maggio-giugno 1983**

L'età per me non può essere un fatto riduttivo: in quanto la vivo è un accrescimento. Con un maggior senso critico, maturato appunto dall'età, vedo le mie realizzazioni sempre meglio inserite nel contesto del momento in cui le ho vissute. Non di meno stanno alla base di una mia evoluzione, che è seguita. **Maggio-giugno 1983**

Una lezione che ho imparato presto è che il coraggio e il successo non sono mai perdonati; questo perché pongono chi non perdona davanti alle meschinità della propria vita. Qual è il messaggio di chi scala una montagna «impossibile» e vince, ma che potrebbe anche perdere? È che ci si può provare, con rispetto, coscienza e paura. Per l'incognita però che la montagna ha in sé, e che di colpo può duramente palesarsi, si può anche desistere, per poi riprovarci. Ma l'uomo non ama chi gli ricorda quello che potrebbe essere e invece non è. **18 agosto 1983**

K2, una sigla magica, un sogno impossibile, e ancor più per i miei soli ventitré anni di età. Mai avrei potuto immaginare di essere uno dei protagonisti della conquista della sua cima: la seconda più alta della Terra. Ma un bel giorno fui chiamato a sostenere i preliminari e selettivi esami psicofisici mirati a formare la squadra di undici uomini idonei a quell'impresa. Eravamo così divenuti gli astronauti di trent'anni fa, perché in effetti, con quelle prove, risultammo le cavie dei veri e propri astronauti di oggi. Infatti il professor Rodolfo Margaria, eminente fisiologo italiano, fu il primo ad aver studiato, e sperimentato su di noi, le possibilità e i limiti del corpo umano a grandi altezze. Così ognuno di noi, a rotazione, era entrato più volte nella speciale camera di decompressione, e portato là dentro per tempi lunghi senza indossare bombole di ossigeno, a quote di tropopausa di oltre undicimila metri. Successivamente il prof. Margaria porterà i suoi preziosi risultati scientifici in USA, dove stava nascendo il centro spaziale di Cape Canaveral. Da lì la preparazione dei primi veri astronauti della storia. Noi undici italiani avevamo dunque collaborato a questo grande progetto compiendo quel primo lancio nello spazio che allora si chiamava K2. **24 luglio 1984**

Non sempre lo sviluppo è evoluzione, potrebbe essere anche il suo contrario. Per saperlo occorrerebbe disporre di una specie di «meridiano di Greenwich», ossia di un punto fermo e valido quale riferimento per poter giudicare. Ma esiste? Comunque anche le involuzioni potrebbero costituire delle buone spinte per ripartire in avanti. Siamo però un po' tutti figli dei nostri limiti. **23 febbraio 1985**

Durante gli estremi rischi affrontati non mi sono mai sorpreso a pregare nel modo «tradizionale». Ma si può pregare anche pensando, sperando, lottando. **23 febbraio 1985**

Sono vari gli alpinisti del mio tempo che ho particolarmente ammirato. Ho però sempre evitato di appiattirmi su un modello. Butto lì dei nomi: Lionel Terray, Gaston Rébuffat. In America ho recentemente conosciuto gente stupenda come Allen Steck e altri come lui. Ci sono poi tanti alpinisti dell'Ottocento che ho molto apprezzato per il loro modo di guardare alle montagne, a prescindere dal successo o dal fallimento delle loro scalate. **23 febbraio 1985**

Le imprese non sono fatte per essere ripetute. Tuttavia sono ritornato dopo venticinque anni sul Grand Capucin, quasi in pellegrinaggio, per rivedere le sue rocce, per toccarle ancora una volta. Dopo tanti anni, certi passaggi su quegli strapiombi mi pareva di averli affrontati appena la settimana prima. Erano come incisi nella mia mente, forse perché quei momenti si vivono con tale intensità che non li perdi più per la vita. **23 febbraio 1985**

Non esistono «tue» montagne, si sa, ma esistono tue esperienze; sulle montagne che hai scalato possono salirci altri, naturalmente, ma le tue esperienze non te le piglierà più nessuno. Non sono neanche da vendere ad altri, le puoi però regalare a chi vuoi. **23 febbraio 1985**

Non si decide di essere celebri, ma può accadere di esserlo. Imporsi all'attenzione degli altri è un'esigenza umana, tuttavia la celebrità di per sé non significa un bel niente: un delinquente può esserlo ai massimi livelli. Ma essere seguiti, compresi, amati, è una grande cosa. **Dicembre 1986**

Se non si punta che all'exploit sportivo, in montagna, si proverà la miseria del declino: ci si ritroverà un giorno nudi nel vuoto. Bisogna sapere a un certo momento rientrare nella propria individualità, che è il solo spazio possibile, l'altro non esiste praticamente più.

L'alpinista, più di ogni altro, dovrebbe saper captare le cose, arricchirsene perché ha i mezzi per farlo, avendo conosciuto certi spazi e la piena responsabilità dei propri atti. La montagna dovrebbe preparare ad andare più lontano. L'alpinismo è molto più che un muscolo e una tecnica. Non basta saper arrampicare, la curiosità e l'immaginazione sono ben più importanti, per anticipare e vedere. **Dicembre 1986**

L'azione di scalare una montagna dev'essere una somma di valori e non un risultato cronometrato indulgendo con tutto il resto. Bisognerebbe con fantasia e coerenza stare alle «regole del gioco». Attualmente invece si addiziona, si fabbrica, ma non si inventa nulla, salvo il record di qualcosa. L'avventura è per sua definizione la scoperta, la sorpresa, l'andare con interesse verso ciò che non si conosce. Tutto invece appare calcolato e interessato negli attuali exploit. **Dicembre 1986**

Il Monte Bianco è vecchio, ma non esaurito; è soltanto finita una sua forma di esplorazione. Quando il Monte Bianco era sconosciuto, l'uomo ha dato vita e forma alla propria curiosità: scalando ha spezzato un tabù e ha sentito la necessità di affermarsi. Ecco, si può dire che la fantasia per un certo tempo si è incarnata nell'alpinismo. Ma vinto l'ostacolo, occorre andare oltre. Si profilano nuove Colonne d'Ercole e anche quelle vanno affrontate, forse anche superate, fino alla consapevolezza che le vere Colonne sono in noi. È con quelle che dobbiamo misurarci. Il campo di gioco, appunto la montagna in questo caso, è soltanto il mezzo per raggiungere uno scopo. **7 agosto 1986**

Oggigiorno si parla del raggiungimento di cime di ottomila metri come se si trattasse di memorabili imprese. Va detto che la conquista di qualche Ottomila è stata effettivamente una grande impresa, ma così era stata oltre trent'anni fa, quando l'impossibile era grande, lo sconosciuto era vasto, i mezzi inadatti e l'equipaggiamento rudimentale. Non bisogna allora confondere le cose di oggi con le impossibilità di ieri. Nei materiali odierni tutto è più leggero, resistente, protettivo, razionale. La farmacoterapia si sostituisce alle bombole di ossigeno, solleva dalla fatica muscolare e cerebrale. Perciò, grazie all'evoluzione dei mezzi, ecco l'impossibile retrocedere ogni giorno di più, fino a rendere pressoché normale, ad alti livelli s'intende, una cosa ieri impensabile.

L'eccezione, per definizione, non può essere che prerogativa di pochi. Ma al presente, sono decine e decine gli uomini e donne, giovani e meno giovani, di oltre cinquant'anni qualche volta, che scalano cime di ottomila metri senza bombole d'ossigeno. L'alpinista, oggi, è dunque un superuomo? **4 gennaio 1987**

Si sa benissimo che osservando l'andamento meteorologico, la temperatura, l'ora, nonché scegliendo un equipaggiamento idoneo e tenendo conto anche di una certa qualità di neve, ghiaccio, stagione, ebbene si riducono enormemente i pericoli della montagna. Quel rischio quindi che lì per lì può sembrare del cento per cento viene ridotto soltanto a valori minimi, se non addirittura portato sul bordo dell'imponderabile. **12 ottobre 1987**

Non esiste, come qualcuno teorizza, la scalata moderna, antica o futura, esiste soltanto e semplicemente la scalata, e come tale non è che un mezzo, una possibilità per soddisfare le proprie attitudini di tipo avventuroso, idealistico ed emozionale. Non facciamo però confusione tra alpinismo e tecnicismo, tra avventura e spettacolo. Al presente, e chiaramente palese, è di moda la scalata virtuosistica. Ebbene, quando vado al circo apprezzo molto gli acrobati e gli equilibristi in quanto tali, come di pari grado apprezzo anche le esibizioni quasi altrettanto considerevoli di alcuni atleti della montagna. Questi ultimi però non esprimono che il gesto di appendersi a un appiglio, naturale o artificiale che sia. E qui il gesto, in tale contesto e per quanto pregevole possa essere, è... piuttosto sterile. Sicuramente non manifesta alcuno dei valori ideali ed emozionali contenuti nella filosofia della montagna. **Giugno 1988**

Uscire superstite dalla morte certa è sempre una grossa esperienza che sposta più in là la misura dei propri limiti. Intendiamoci, è un'esperienza questa che uno non deve certo procurarsi volontariamente, magari anche in nome del rischio per il rischio. A salvare, in ogni caso, saranno soltanto l'abilità, la forza e l'esperienza che uno possiede. Ma ci vorrà anche un pizzico di fortuna. Il risultato resta comunque una grossa affermazione personale, e chi l'avrà conseguita apprenderà, inoltre, che i suoi limiti sono arrivati fino a quel punto. Nel bene e nel male, dovrà perciò tenerne ben conto per il suo futuro. **10 marzo 1989**

So che è rischioso rifugiarsi nei ricordi. Perciò, per quel che mi riguarda, io riattualizzo il mio passato, lo macino nel mio pensiero fino a trasformarlo in forza viva e presente. Pertanto non credo di correre il rischio di cristallizzarmi nel passato; non lo vorrei proprio. **10 marzo 1989**

C'è chi dice che le esperienze che contano nella vita siano quelle pagate sulla propria pelle. Altri invece sostengono che se avessimo tenuto conto della saggezza millenaria espressa dall'uomo, saremmo diventati perfetti. Però asetticamente e monotonamente perfetti, aggiungerei io. **6 agosto 1989**

È di ciascuno scegliersi un gioco, ma di questo si dovrà poi anche rispettare le regole. Io come gioco avevo scelto l'alpinismo degli anni Trenta; mi piacevano di quell'epoca la fantasia e l'immaginazione che lo personalizzavano, ne approvavo i semplici e limitati mezzi tecnici di scalata, condividevo anche lo spirito che animava quegli uomini votati a un idealismo avventuroso e romantico. Il tutto mai imposto ma che tutti sentivano proprio. Posso anche dire di averne sempre rispettato le regole. **16 dicembre 1994**

Aprire una via logica ed elegante su una montagna richiede di saper individuare, nelle sue difficoltà, un percorso semplice e pulito per raggiungerne la cima. È la stessa montagna a indicarlo. Certo bisogna impararne il linguaggio, conoscerne quindi e utilizzarne le debolezze, intese come le migliori condizioni in cui la montagna ci si presenta. Credo di aver saputo usare al meglio i momenti di sua «non belligeranza». **Maggio 1995**

Mito è un termine molto elastico, perciò bisogna prenderlo sempre con riserva, considerarlo quindi con giusta critica: il mito ti chiude gli occhi, trascina le folle. **Settembre 1995**

Dato che l'età non può essere per me un fatto riduttivo, poiché la vivo come accrescimento, ritengo di aver vissuto, e di continuare a farlo nel modo più attivo e umanamente arricchente. Credo quindi di aver soddisfatto ogni mia ambizione e realizzato ogni mia aspettativa. Con ciò non voglio pormi a modello di nessuno. Se però c'è qualcuno che mi pare sintonizzato con il mio modo di essere e di sentire, ecco allora scattare in me il dovere e l'orgoglio di portare a lui il mio messaggio. Un messaggio che non dovrò mai tradire, sennò uccido il mio essere e i valori di cui ho vissuto. Va detto però che vedermi soltanto come alpinista è vedermi solo per metà; anzi assai meno di metà, considerando che all'alpinismo, quello di massimo impegno ed espressione, non ho dedicato che sedici anni della mia vita. Se nasce dunque l'opportunità di essere utile a qualcun altro, non posso essere che felice e fiero: è qualcosa che considero importante. Credo che ogni uomo senta il bisogno di trasmettere le proprie esperienze, di passarle ad altri, e che lo senta maggiormente andando in là con gli anni. **Settembre 1995**

In montagna sperimenti e sviluppi doti spartane che ti vengono imposte dalla stessa natura. Se praticata in un certo modo, la montagna è una scuola indubbiamente dura e a volte anche crudele, però sincera come non accade sempre nel quotidiano. A me ha insegnato a non barare, a essere onesto con me stesso e con quello che facevo. Ciò malgrado, se io traspongo questi valori nel mondo degli uomini, mi troverò immediatamente considerato uno sciocco, e comunque sarò punito, perché non ho dato gomitate ma le ho soltanto ricevute. È davvero difficile conciliare queste diversità. È l'eterno conflitto tra due realtà, due vite che lì per lì si direbbero congeneri e che l'una serva a fortificare l'altra; in pratica sono invece come due linee tra loro divergenti. Da qui allora l'impegno di fortificare l'animo, di scegliere che cosa si vuole essere, e farsi talmente forti che scelta una direzione non si abbia poi a soccombere alla tentazione di imboccare l'altra. Naturalmente costa rimanere fedeli a un ordine che ci si è dati, poiché ha sempre un prezzo restare fedeli a se stessi. Ma nel costo c'è anche la consapevolezza che, se sempre si potrebbe in qualche modo far quadrare i conti con gli altri, guai se non li facessimo più quadrare con noi stessi. **Settembre 1995**

Guai se l'uomo non avesse il senso e il rispetto dell'impossibile, non sarebbe certo arrivato al grado di conoscenza e di progresso che ha invece raggiunto. In tutte le cose della vita, si sa, è l'impossibile che stimola a provarci. Per quanto riguarda la montagna, l'impossibile ha un senso, e un merito, se lo affronti e magari lo vinci; perde invece di significato se lo demolisci. Lo *spit* ovvero il chiodo a espansione, per esempio, distrugge l'impossibile, poiché il suo uso richiede la perforazione della roccia. Ci si lamenta tanto che agli scalatori è sempre più ristretto il campo. Be', ciò accade proprio per l'uso che si fa di questi mezzi perforanti, che di una parete distruggono ogni «impossibile» difficoltà; fino a rendere la stessa scalata ingannevole e insulsa. **22 giugno 1995**

Mi sono misurato varie volte con la morte, ma soltanto per un fatto accidentale. Non sono mai andato a cercarla per vedere chi dei due era più forte. Sarebbe stato stupido farlo. La montagna mi ha insegnato che ciò che vale costa, e può costare anche la vita. Per un grande ideale si potrebbe anche rischiare di morire, ma soltanto per questo. **1995**

No limits è un'espressione suggestiva, ma cosa vuol dire per davvero? In montagna non esiste l'impossibile soltanto se si è determinati a distruggerlo, spianando ogni difficoltà mediante l'uso eccessivo di mezzi artificiali. Ebbene, come si cerca di preservare la natura in generale, anche in montagna, sulle sue difficili pareti rocciose, bisognerebbe salvare l'«impossibile» dalla sua distruzione. Sennò si toglie all'alpinista quel banco di prova che è il misurarsi, il mettersi a confronto con una forza più grande di noi, appunto l'«impossibile». **22 giugno 1995**

Ho sempre ammirato alpinisti di ogni epoca, ma è soltanto nel pensiero di quelli dell'Ottocento che mi riconosco, perché questi si avvicinavano alla montagna con l'uguale mio spirito. Mai nessuno però ho assunto testualmente a modello. Ho dunque letto, visto, ascoltato e valutato molti alpinisti, ma soltanto per creare me stesso, non per imitarli. **3 novembre 1995**

La montagna migliora soltanto chi è portato a migliorarsi. Non migliora certo gli inerti, o gli spavaldi, o chesso... Sono le regole spartane che aiutano il processo di formazione del carattere. È passando attraverso la difficoltà e la durezza delle cose che si affrontano, con la fatica e la sofferenza che esse richiedono... Ma ci vuole anche una volontà! Che la montagna in sé tiri fuori il meglio di un individuo, credetemi, è soltanto retorica. **12 novembre 1995**

Ho sempre sostenuto che la bellezza di una montagna e l'importanza della sua scalata fossero date dalla componente storica della stessa, da quello che è avvenuto sulle sue pareti. Questo perché è l'uomo a dare vita alle montagne, altrimenti non restano che dei grandi e sterili mucchi di pietre. Il Cervino, la sua forma, il suo slancio verso il cielo possono essere visti (e lo sono sempre stati) come il simbolo dell'alpinismo, come metafora dell'ascendere. Tutto questo è affascinante, e non di meno lo è anche la storia della sua conquista, a partire da Whymper, da Carrel, ma anche più tardi da tutti quelli che si sono cimentati sulle sue linee superbe. **Settembre 1996**

Leggo qua e là che alcuni psicologi e osservatori accademici attribuiscono alle motivazioni di base dell'alpinismo una sorta di immaturità, e una forma di infantilismo insuperato, così dicono. Sostengono inoltre che la montagna sia come una grande madre che restituisce all'alpinista un'identità non sviluppata autonomamente. Ebbene, modestamente ma senza alcun dubbio, io dico che questi signori dispongono di una cultura nata ed esercitata soltanto a tavolino. Perché se qualcuno di loro avesse un po' di più vissuto la vita come meriterebbe di essere vissuta, probabilmente respingerebbero quei loro concetti.

L'alpinismo ha invece la forza di creare degli uomini e di allargare i loro orizzonti. **Settembre 1996**

Devo dire come premessa che, prima sulle montagne poi dentro una natura selvaggia, sono stato sovente molto vicino alla morte; con questa a volte ho quasi convissuto, come compagna di viaggio, ma non perché mi ci senta votato, tutt'altro; è stato bensì per vivere intensamente, dando così ancor più valore alla vita. E allora, tutto questo, sarebbe forse una contraddizione? Un'affinità degli opposti? Un'apologia del pensiero forte, e quindi supporto all'eroismo? Ma cosa sarà mai oggi l'eroismo, in un mondo senza più ideali, ma dove trionfano soltanto i compromessi della mediocrità? Ebbene, eroe adesso non è più soltanto colui che passa attraverso le grandi epopee, questo era in un tempo passato; ma al momento l'eroe è forse semplicemente chi non scende a misere mediazioni. Eroe sicuramente è l'uomo che sa degnamente rimanere libero, e in coerenza con i propri principi. **Settembre 1996**

Qualsiasi avvenimento, che potenzialmente è in sé una notizia, quando finisce nelle mani dei media oltre che sfruttato viene sovente anche storpiato nelle sue ragioni. Io non sono affatto favorevole a questa speculazione. È capitato anche a me, dopo un'impresa, di essermi trovato al centro della notizia, ma per ragioni ben diverse da ciò che accade oggigiorno con abituale assiduità. Voglio dire che io non ho mai annunciato a priori quello che stavo per fare, e magari ricorrendo a una conferenza stampa come oggi è in uso. Dice il proverbio: l'orso bisogna prima cacciarlo, poi si potrà anche venderne la pelle. In ultima analisi può essere persino giusto, a cose fatte, lasciare che il mondo che ti segue partecipi in qualche modo alla tua esperienza, al tuo successo, ma soltanto dopo averlo ottenuto. **21 febbraio 1998**

La mia concezione dell'alpinismo non poteva che indicarmi nuove frontiere ritenute fino allora impossibili; sempre però da conseguire con i soli mezzi tradizionali. Ma se poi si elimina l'ignoto, se ci si aiuta con la farmacoterapia, con i tanti supermezzi tecnici oggi messi a disposizione, e divenuti in voga, ebbene cambia tutto. Non vorrei essere polemico a oltranza ma qui una domanda si impone: che cos'è oggi l'impossibile, e lo sconosciuto, quando ormai la scienza e i ritrovati tecnici risolvono ogni difficoltà, e spesso spiegano persino i conclamati misteri? Non c'è più nulla di intoccato nel mondo che riservi incognita, problema, dunque avventura. Tutto si invalida, e nella scalata tutto ormai si riduce al solo gesto atletico. **17 ottobre 2000**

Anziché servirsi della montagna quale mezzo per allargare i propri orizzonti, tanti frequentatori della scena alpina vedono la montagna soltanto con il paraocchi. È un peccato che siano tanto limitati, e proprio loro che vivono sempre in contatto con la natura grandiosa, nella condizione di provarne sensazioni e ricavarne le riflessioni che essa può suggerire. Sì, costoro potrebbero raggiungere mete più elevate coltivando la propria sensibilità. Invece parlano solo di pareti e di tecniche per scalarle. Le montagne – come lo sport, il lavoro e l'arte – dovrebbero servire soprattutto come mezzo per far crescere l'uomo che è in noi. **Agosto 2000**

In realtà dovrei essere catastrofico, ma non voglio esserlo. La storia dimostra che a ogni declino segue una rinascita. Voglio credere che la rinascita attenderà la società di oggi, così svuotata. Ma di sicuro non vivrò tanto da vederla. **Agosto 2000**

Attenzione, libertà non significa licenza, «carta bianca» per tutto. Nella nostra società si paga per essere liberi: gli uomini liberi sono scomodi, e presi di mira. E io ho sempre pagato per tutto questo, però ne sono contento, perché ho vissuto in assoluta e coerente libertà facendo tutto quello che ho voluto e potuto fare. **Agosto 2000**

Io non ho figli miei. Rossana, la mia compagna, ne ha due che hanno a loro volta quattro e cinque bambini. Nove nipoti senza essere stato padre, non è male, vero? **Agosto 2000**

Alcuni alpinisti sono stati veramente miei buoni amici. Lo è stato specialmente Carlo Mauri. Era caratterialmente diverso da me ma ci intendevamo perfettamente sul piano umano, spesso anche senza parlare. Cari e molto particolari, e tali rimasti nel corso della vita, sono anche Pierre Mazeaud, che io considero un fratello, e Riccardo Cassin, che invece considero un padre. Alcuni anni fa a causa di una pericolosa infezione da sala operatoria sopravvenuta a un normale intervento alla schiena, rimasi in un letto per vari mesi ingessato dal ginocchio al collo; ebbene Pierre Mazeaud, a quel tempo ministro del governo francese, mi è stato accanto per un'intera settimana, Poi arrivò Riccardo Cassin, portandomi affettuosamente la pappa reale delle sue api. Questi sono fatti, non belle parole di circostanza. Entrambi dunque mi furono semplicemente vicino con l'atteggiamento giusto nel momento giusto. **Agosto 2000**

Non credo al destino. Il destino è quello che sappiamo creare per noi stessi. Io non ho mai fatto affidamento sulla fortuna. C'era l'imprevisto, è vero – come per esempio sul Pilone Centrale del Monte Bianco – ma questo esiste ovunque. Mi sono formato passo su passo, anno dopo anno, di esperienza in esperienza. Questo non è destino, ma un continuo crescere. **Agosto 2000**

La coerenza è sempre preceduta dalla consapevolezza delle proprie scelte, delle proprie decisioni. La coerenza ne è il passo successivo. È il compito di tener fede a quello in cui credi: è rappresentata dalle cose e dai valori che, nella vita, scopri essere i più idonei a te stesso. Ma non è una strada senza uscita, non equivale a cocciutaggine, bensì resta sempre aperta a tutto. **Agosto 2000**

La montagna, nella storia della cultura occidentale, ha sempre ispirato i grandi scrittori di ogni tempo. Però non ha toccato tanto l'animo dell'alpinista. Infatti la cultura del mondo alpinistico, e la sua storia, si è lasciata andare alla deriva, fino a trovarsi oggi confinata in una letteratura di secondo piano, se non addirittura in una scrittura di sola curiosità.

Io non vorrei essere troppo crudele con il mondo della montagna, ma una cosa va detta. Se a creare e affermare concetti fondamentali sulla montagna, come quelli espressi da un Buzzati, un Maraini e pochi altri, è stata una vasta e solida cultura oltre che una profonda sensibilità, al contrario, invece, oggi a suggerire la scrittura dell'uomo di montagna e a orientare quello che lui fotografa, salvo rari casi non sono che la tecnologia che egli usa nelle sue scalate e l'agonismo che l'accompagna. Tutto ciò limita, ovviamente, e fa decadere. Fino a ridurre la cultura della montagna a un'algida esaltazione del gesto arrampicatorio. E come tutti i gesti, può essere anche il più bello e spettacolare, ma sempre un gesto rimane. **8 febbraio 2000**

Estrapolazioni da «K2 – La verità 1954-2004» (2005)

È il 1985. Sono passati ventiquattro anni da quando ho pubblicato la prima edizione di *Le mie montagne* (1961), dunque per tutto questo tempo non ho mai fatto mistero delle mie esperienze sul K2, anzi, richiesto e provocato ne ho parlato fino a oggi con sempre maggiore chiarezza, per i più duri d'orecchio. Ma a nulla è servito. Addirittura c'è chi pensa, e lo ha anche scritto, che converrebbe ignorare le macchie del K2 per amore patrio, per salvare il mito di un vanto nazionale. Incredibile! Così oltre che immolarsi a un frainteso amor patrio si finirebbe, anche nella migliore delle ipotesi, per sottoporsi volontariamente al giogo dell'opportunismo. In me, amor di patria e di verità, lealtà e tutto quello che attiene al «profondo» di me stesso, non tollerano né compromessi né ambiguità.

Piaccia o no, siamo dunque arrivati alla resa dei conti, e questa stesura ne fa prova. È finito anche il tempo delle repliche, ce n'è stato fin troppo, e chi ancora discute o avanza ragioni lo fa ormai aggrappandosi ai vetri. Ora bisogna convincersi che su questa vicenda non rimane più nulla da discutere, nulla da scoprire che sia già stato ampiamente portato alla luce, nulla da provare che non sia già da tempo provato. Si dice giustamente che ognuno possiede la propria verità, i fatti però hanno un solo volto e restano sempre gli stessi immutabili fatti. Le mie denunce, dette e ripetute fino alla nausea nei miei articoli, nei miei libri, e ora raccolte in questo processo, non sono dunque interpretazioni o ipotesi, ma fatti precisi, dati concreti, inalterabili testimonianze. Mai però furono ascoltate. Tanto che ancora oggi, 1984, per commemorare il trentesimo anniversario del K2, il Consiglio del Club Alpino Italiano non sa fare di meglio che attingere (ostentandolo persino) agli invalidati «documenti ufficiali». Infatti la presidenza del CAI, nella riunione del suo Consiglio Centrale (15 settembre 1984), ritiene, insolentemente, di pubblicare proprio in quella ricorrenza un articolo che, «nell'ufficializzare la celebrazione del trentesimo, ripercorra brevemente le tappe della importantissima conquista **attingendo dai documenti ufficiali**...»

Certamente sarebbe cosa onesta, e doverosa, che almeno gli addetti ai lavori prendessero atto di queste cose ridando all'impresa del K2 un minimo di nobiltà e giustizia. Nessuno invece l'ha ancora fatto! Pare addirittura non si riesca neppure a capire che non è certo per me che andrebbe compiuta tale operazione – io, ormai, non ne ho più alcun bisogno! – ma pulizia e chiarezza andrebbero invece fatte per lo stesso mondo della montagna, per la sua dignità. Tutto questo, in conclusione, dimostra una volta di più che sulla volontà di vedere trionfare la giustizia, e la pulizia – cose di cui facilmente ci si nutre e ci si compiace soltanto a parole – prevalgono in pratica la debolezza, e l'abitudine, di convivere con la menzogna.

L'egoistico e cieco «quieto vivere» resta dunque ancora ben radicato nella lista delle nostre limitazioni.

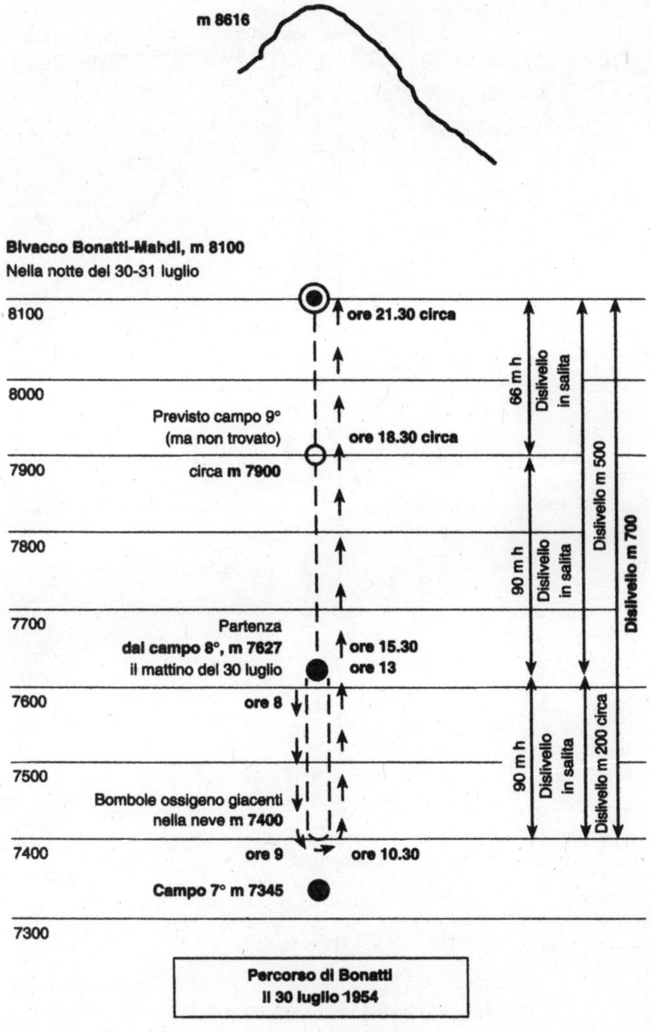

Percorso di Bonatti
il 30 luglio 1954

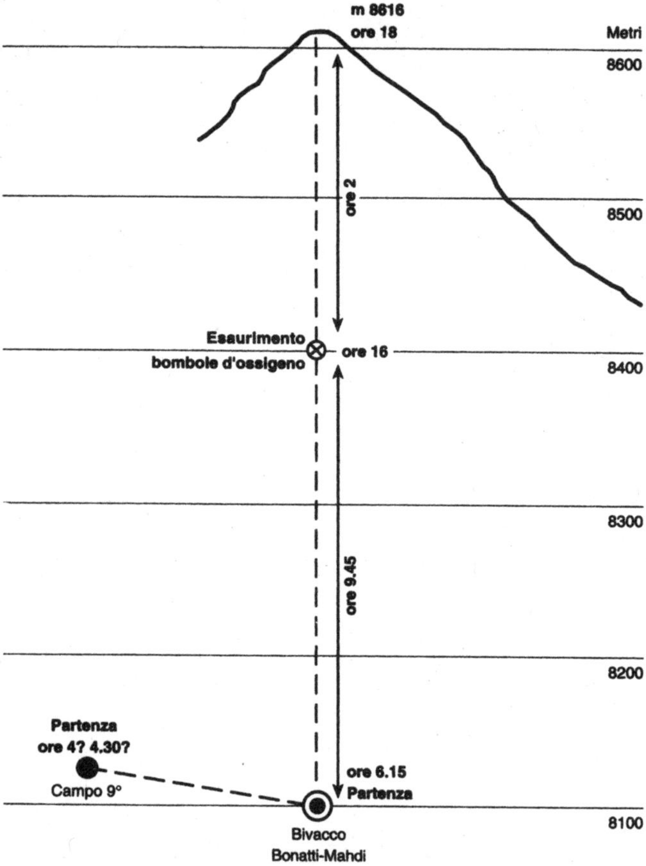

Percorso alla vetta
dalle Relazioni
di Compagnoni e Lacedelli

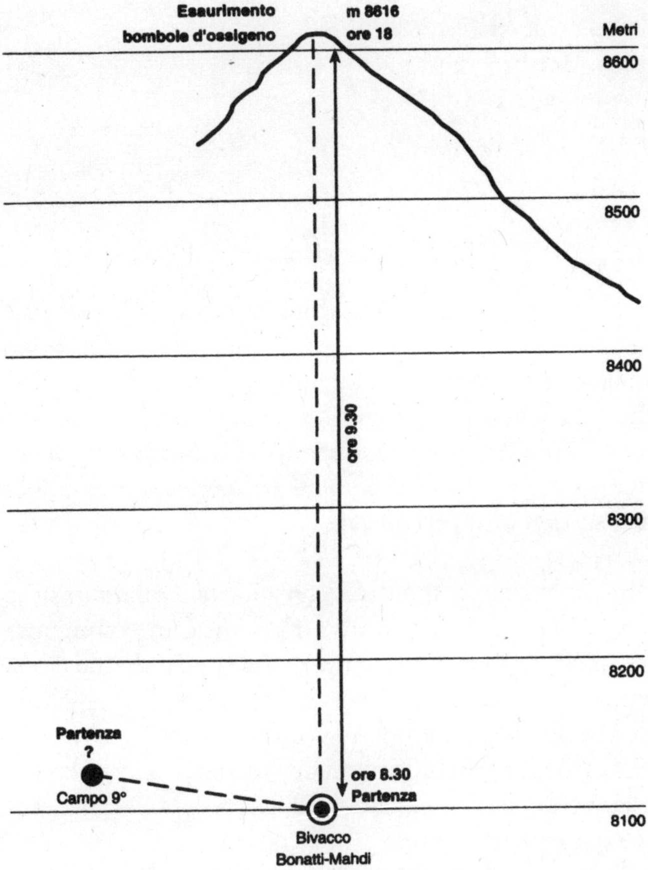

Percorso alla vetta
come accertato
da Bonatti

Commento a «Processo al K2...» (1987)
di Robert Marshall

Che risposta si può dare alle domande finali di Bonatti? Davvero Compagnoni e Lacedelli partirono dal nono campo alle 4.15, salirono lentamente per circa dieci ore respirando ossigeno per poi partire come razzi per la vetta dopo che le bombole si esaurirono? In assenza di prove dirette, possiamo affidarci solo all'aritmetica, e i calcoli di Bonatti sono molto persuasivi.

Miracolosamente, mentre si avvicinava il quarantesimo anniversario della conquista del K2, e questo commentario era già stato scritto da tempo, una specie di macchina del tempo si materializzò davanti ai miei occhi. Sfogliando una copia di «The Mountain World» del 1955, da tempo esaurita, trovai l'articolo originale di Ardito Desio con la descrizione della conquista del K2, corredata da due fotografie scattate sulla vetta.

Nella prima, Compagnoni ha posato a terra il basto con le bombole dell'ossigeno. Si vedono sullo sfondo le montagne del Tibet. I suoi guantoni di pelle sono per terra nella neve. Sta togliendo i guanti interni per fotografare a sua volta Lacedelli. Ha buttato indietro il cappuccio. **E ha ancora sulla faccia la maschera col tubo di collegamen-**

to, due ore dopo che, secondo il suo racconto, l'ha strappata via per evitare di soffocare! La fotografia è chiara e nitida, non c'è possibilità di dubbio. Compagnoni è in cima al K2 e c'è ancora ossigeno!

Nella seconda fotografia lo sfondo è lo stesso, anche se l'angolazione è diversa perché la macchina fotografica era più in basso. Ora la maschera e il tubo di Compagnoni sono gettati sulle bombole dell'ossigeno ai piedi di Lacedelli. I due alpinisti si sono scambiati di posto. Lacedelli, che si è tolto i guanti interni per scattare la foto di prima, ha messo in tasca le mani nude. **I baffi e la barba sono contornati da un cerchio di brina.** Ha respirato profondamente in uno spazio limitato e il vapore acqueo emesso dai suoi polmoni gli si è condensato in faccia ed è gelato. Ma lui è appena salito in cima al K2 lungo il versante est di fronte al sole abbagliante del pomeriggio; se il suo viso fosse stato scoperto, nelle ultime due ore il ghiaccio sulla sua barba si sarebbe sciolto. In altre parole, Lacedelli **si è appena tolto la maschera!**

Rimasi a fissare le due fotografie, esterrefatto. Come ha potuto chiunque, me compreso, leggere il libro di Desio senza accorgersi di questi fatti ovvi? La soluzione del mistero venne dalla consultazione di *La conquista del K2*: le fotografie della vetta non erano le stesse di quelle pubblicate su «The Mountain World». La fotografia di Compagnoni con la maschera non c'era. Al suo posto è stata pubblicata una fotografia mossa, di qualità inferiore a quella con la maschera dell'ossigeno. La fotografia di Lacedelli era la stessa, ma il ghiaccio sulla barba non è un dettaglio così evidente da far capire a un osservatore casuale il suo significato reale.

La relazione di Compagnoni e Lacedelli sulla salita alla vetta è esplicita: «...All'improvviso, a distanza di pochi secondi l'uno dall'altro, proviamo entrambi una sensazione orribile. Il respiro ci manca, un opprimente calore ci investe testa e piedi, le gambe vengono meno, non si riesce più a stare in piedi. Quando ci mancò il respiro, facendoci piombare in una prostrazione atroce, si restò per un attimo sgomenti. Poi ci rendemmo conto: l'ossigeno era finito. Presto allora: **togliersi le maschere**, respirare a fondo, richiamare le superstiti energie. Difatti, a poco a poco, quel terribile malessere scomparve».

È chiaro, dal racconto, che anche stando fermi non potevano respirare senza togliersi dalla faccia le maschere ormai inutili. Quanto ad arrampicare, neanche a parlarne. Una volta esaurito l'ossigeno la maschera andava tolta; e la vetta era ancora 200 metri sopra di loro e a due ore di distanza (secondo quanto da loro dichiarato).

Non è difficile immaginare perché la foto apparsa su «The Mountain World» è stata scartata.

Ecco dunque, al di là di ogni aspettativa, la prova definitiva che Bonatti ha ragione: l'ossigeno durò fino all'arrivo in vetta, alle ore 18. Ciò conferma che i due alpinisti non possono essere partiti dal loro ultimo campo prima delle 8.30, esattamente come sostiene Bonatti. È un'ironia della sorte che proprio le loro fotografie debbano costituire la più dannata prova immaginabile! Altro che «parole e fandonie»!

Ci si domanda tuttavia che bisogno potesse avere Compagnoni di inventarsi questa favola. La sua salita non era stata abbastanza eroica? E cosa dobbiamo pensare dell'altra accusa, secondo la quale Bonatti avrebbe tentato di arrivare in vetta per primo, avrebbe usato parte dell'ossigeno e avrebbe abbandonato Mahdi? Quando è cominciata questa storia e perché? Sembra impossibile districare l'intreccio complicato di bugie e mezze verità, e lo stesso Bonatti, quando scrisse *Processo al K2* trent'anni dopo, era ingannato oltre che irato. Lui sapeva perfettamente quello che era successo e quello che non era successo sul K2, ma non riusciva a spiegarsi il perché della sordida falsificazione, e in particolare confessò di essere sconcertato dalla deposizione di Mahdi. A questo riguardo il Tribunale decise che Bonatti diceva la verità e che le accuse erano false. Accettò la logica dell'esposto dell'avvocato Ferrari, il patrocinatore di Bonatti, ma non si curò di spiegare come fosse nata la diceria che stava all'origine dell'articolo diffamatorio: non era compito della Corte. Rimangono pertanto delle domande che non hanno mai avuto risposta:

- Bisogna accettare integralmente la versione di Bonatti? Non ci sta nascondendo niente? È un bugiardo? Impossibile! La sua carriera alpinistica parla per lui. Ha dedicato tutta la sua vita a una lotta senza compromessi sforzandosi di esplorare i propri limiti fisici e morali. Nessun uomo di quella tempra avrebbe potuto mentire e continuare a mentire per anni se fosse stato colpevole. La sua indignazione è evidentemente genuina: ogni sua parola lo grida a chiare lettere. E ora ci sono anche le prove fornite dalle fotografie sulla vetta. Dobbiamo accettare, come la Corte, che egli dica la verità, ma allora dobbiamo chiederci alcuni perché.

• Perché non solo Compagnoni ma anche il colonnello Ata Ullah hanno dichiarato il falso accusando Bonatti di aver cercato di raggiungere la vetta per primo? Non poteva esserci una cospirazione tra una guida alpina italiana e un ufficiale dell'esercito pakistano? Che motivo poteva avere un rispettabile ufficiale per raccontare bugie su Bonatti a un giornalista italiano nel 1964?

• Perché anche la deposizione di Mahdi, confusa o meno, resa in un'occasione diversa, riporta esattamente le stesse accuse a Bonatti? Chi gli può aver messo in mente quell'idea?

• Perché Desio non ha interrogato Bonatti dopo aver deciso che era colpevole di slealtà o peggio? Perché non ha mai chiesto a Bonatti la sua versione degli avvenimenti che lo hanno portato al famoso bivacco? Perché il ruolo di Bonatti nella prima ascensione del K2 è stato minimizzato, falsato e poi ignorato per quarant'anni? In particolare, perché nel film ufficiale in un primo tempo non si è fatto riferimento al suo bivacco? Perché nessuno ha risposto alle sue lettere? Perché il muro di silenzio da parte del Club Alpino?

Dopo la salita Mahdi scese al campo base con la convinzione che Bonatti avesse tentato di precedere Compagnoni e Lacedelli in vetta. Ma come avvenne che questa storia venisse ripresa da Compagnoni e da Ata Ullah? Furono loro, non Mahdi, che la riportarono al giornalista Giglio dieci anni dopo. Sicuramente Ata Ullah subito dopo il rientro degli alpinisti al campo base interrogò l'infortunato Mahdi come era suo dovere di ufficiale di collegamento. Mahdi gli avrà detto che Bonatti aveva tentato di arrivare in vetta per primo e che ciò aveva causato il loro bivacco. (...)

Di fatto la controversia che esplose poche settimane dopo sui giornali pakistani parlava di Compagnoni (non di Bonatti) come responsabile dei congelamenti di Mahdi. Può essere che il tutto sia nato da una versione confusa – o interpretata confusamente – della storia riferita da Mahdi agli altri portatori. Il fatto inesplicabile per i pakistani era che tre italiani fossero tornati indenni da quell'altezza mentre il loro fortissimo connazionale aveva perduto le dita delle mani e dei piedi – e per poco non aveva perso la vita. Nessuno si preoccupò del fatto che anche Bonatti per poco non avesse perso la sua. (...)

Il professor Desio aveva 57 anni quando fu messo a capo della spedizione al K2. Era un professore universitario aristocratico e autocratico, con l'atteggiamento verso i sottoposti comune a tutti gli autocrati del mondo. (...)

Il suo libro *La conquista del K2* mostra chiaramente il suo atteggiamento autoritario nei confronti della sua squadra. (...)

Dal libro emerge il ritratto di un personaggio egocentrico, un bulldozer che non avrebbe accettato alcuna critica alle sue decisioni. (...)

La sua prima e unica preoccupazione sarebbe stata per l'onore della spedizione e dell'Italia e non certo per i sentimenti dei suoi sottoposti. L'atteggiamento di Desio è bene illustrato nel suo «ordine di Servizio» apparso nel suo

Libro Bianco, che riguarda precisamente quello che poi successe sotto la vetta del K2: Desio dichiarò che non avrebbe tollerato alcun contrasto con i suoi ordini e che se qualcuno avesse anche solo ritardato il successo della spedizione lo avrebbe radiato. Nel caso di Bonatti mantenne la promessa per quarant'anni. (...)

La reazione di Desio alle rimostranze di Ata Ullah fu quella che ci si poteva aspettare da un personaggio come lui: non esitò a gettare Bonatti in pasto ai lupi. Con un colpo maestro di diplomazia diede tutta la colpa all'irresponsabile alpinista ventiquattrenne e poiché non vi era stata colpa configurabile in reato poté insistere che l'intera faccenda venisse messa a tacere nell'interesse delle relazioni amichevoli tra l'Italia e il Pakistan. Probabilmente promise ad Ata Ullah di punire il «colpevole» Bonatti e non si può dire che non l'abbia fatto.

Quando la storia arrivò sui giornali di Karachi, il ministro d'Acunzo e Amedeo Costa, il vicepresidente del Club Alpino Italiano, appresero tutta la storia da Desio, e il biasimo fu riversato su Bonatti. L'inchiesta dell'ambasciatore fu condotta per assolvere Compagnoni dall'accusa di aver abbandonato Mahdi, mentre il presunto comportamento colpevole di Bonatti fu messo a tacere per non nuocere alla reputazione della spedizione e di Desio. Fu messo a tacere così bene che Bonatti stesso rimase all'oscuro di questo processo segreto fino a dieci anni dopo, quando comparve in Italia l'articolo di Giglio. (...)

Non ci sono ragioni di dubitare che Desio era convinto della colpevolezza di Bonatti. Probabilmente ne è convinto ancora adesso: non c'è altra spiegazione per la sua ostinazione. E il Club Alpino accettò la sua versione senza porre domande.

Ecco perché a Bonatti non è mai stato chiesto di raccontare la sua versione. Era più comodo così. Mahdi aveva subito congelamenti e Bonatti era stato segretamente dichiarato colpevole, ma la spedizione poteva vantare un successo pieno e la gloria dell'Italia era intatta. Perché mai ci si sarebbe dovuti preoccupare del giovane Bonatti? Era solo un giovane idealista che si poteva strumentalizzare.

Il ruolo di Compagnoni

Il professor Desio era un maniaco dell'ordine e del protocollo. È inconcepibile che abbia accettato le dichiarazioni di Mahdi che accusavano Bonatti, senza verificarle. Deve aver interrogato subito Compagnoni per un confronto con la versione di Ata Ullah. Non sarebbe stato nel suo carattere omettere questa elementare verifica.

E qui sorge una domanda: perché Compagnoni non difese subito Bonatti dicendo che le accuse di Mahdi erano assurde? Nessuno meglio di lui poteva sapere che Bonatti e Mahdi non avevano le maschere e i regolatori per l'ossigeno: li aveva lui! E sapeva benissimo che Bonatti non avrebbe potuto usare l'ossigeno nemmeno se avesse voluto. Sapeva anche che un bivacco senza attrezzatura idonea a quell'altezza poteva essere mortale. Solo un pazzo avrebbe potuto progettare deliberatamente di passare la notte all'aperto sopra gli 8000 metri con l'intenzione di attaccare la vetta il giorno seguente.

Perché non lo disse a Desio? La risposta si può solo cercare nel carattere di Compagnoni come lo si può giudicare da quel che disse e fece durante l'ascensione del K2 e dopo. Compagnoni dichiarò ripetutamente alla stampa e in televisione che Bonatti non solo cercò di arrivare in cima prima di lui facendo conto di usare l'ossigeno, ma che l'aveva effettivamente usato in parte durante il bivacco e che aveva abbandonato Mahdi per salvare la propria pelle. E a parte questo, insistette nel dichiarare che lui e Lacedelli lasciarono il nono campo alle 4.15 circa del mattino e che scesero più di 100 metri per prendere le bombole dell'ossigeno, che l'ossigeno si esaurì alle 4 del pomeriggio, 200 metri di dislivello sotto la vetta. Ha sempre detto inoltre che lui e Lacedelli salirono gli ultimi 200 metri con le bombole di ossigeno in spalla, ma senza respirare ossigeno, in sole due ore. Ora c'è l'evidenza della fotografia in vetta a conferma che l'ossigeno bastò fino in cima come Bonatti ha sempre sostenuto. Perciò Compagnoni ha mentito – ma perché ha accusato Bonatti? La storia di Bonatti che voleva arrivare in cima per primo può derivare dall'interpretazione di Mahdi. Ma Mahdi non ha mai detto che Bonatti aveva usato l'ossigeno la notte del bivacco; anzi, dieci anni dopo (Mahdi) lo negò esplicitamente. Perciò la fonte di quest'ultima accusa non può essere che Compagnoni stesso. Apparentemente, quando Desio l'interrogò, Compagnoni confermò le accuse di Mahdi, e arricchì la storia di quest'altra trovata: Bonatti aveva usato parte dell'ossigeno e poi aveva abbandonato Mahdi. Ma perché aggiungere altre accuse? Che motivo poteva avere? (...)

Lo spostamento del nono campo rispetto al luogo concordato non sembra stato fatto per facilitare Bonatti! Ancor peggio: Compagnoni e Lacedelli ignorarono i richiami sempre più concitati di Bonatti, e quando risposero, invece di andargli incontro gli dissero bruscamente di scendere, e rientrarono nella tenda – spegnendo la pila e lasciando Bonatti e Mahdi in balia degli elementi. (...)

Come possono due guide alpine essersi comportate così male? E perché avevano cambiato il programma e piazzato la tenda sul lato più lontano delle placche? Una ragione è quella che dichiararono, del rischio di valanghe, ma poiché sapevano che i due compagni avrebbero cercato di raggiungerli, perché non ascoltarono le grida di Bonatti? Ci misero molto tempo a rispondere. Sembra evidente che non volessero che Bonatti passasse con loro la notte al nono campo; non gli diedero altra scelta che depositare le bombole di ossigeno e ridiscendere all'ottavo campo. Lo fecero per assicurarsi di essere i soli il giorno dopo a salire in vetta? (...)

Tutto considerato, è difficile evitare la conclusione che la presenza di Bonatti non era desiderata al nono campo. (...)

La dichiarazione di Mahdi, che Bonatti aveva tentato di arrivare in vetta per primo, dovette produrre una reazione esplosiva. Ecco che Compagnoni aveva una scusa perfetta per dare tutte le colpe a Bonatti e dichiararsi un innocente testimone. (...)

Compagnoni, invece di difendere Bonatti, rincarò la dose e non solo confermò la storia di Mahdi ma disse a Desio che Bonatti aveva usato parte dell'ossigeno durante il bivacco per evitare congelamenti e che poi aveva abbandonato l'*hunza*. Quindi abbellì il suo racconto drammatico sull'esaurimento dell'ossigeno portandolo indietro dalle 6 alle 4. Senza dubbio un dettaglio come quello dell'ossigeno esaurito e il trasporto in vetta delle bombole vuote arricchiva la storia e la rendeva più eroica. Con questo colpo maestro, Compagnoni marchiò Bonatti come un concorrente disonesto per la vetta, un imbroglione che aveva sottratto prezioso ossigeno ai veri salitori, un egoista che non ne aveva dato a Mahdi e un codardo che aveva abbandonato il compagno. Bella ricompensa per l'uomo che aveva rischiato la vita e compiuto sforzi sovrumani per portargli l'ossigeno che gli era stato essenziale per il successo. E poiché questa è la storia che Compagnoni raccontò a Giglio nel 1964, deve essere la stessa che aveva raccontato a Desio dieci anni prima.

Qualche settimana dopo il caso scoppiò sui giornali di Karachi con l'accusa che Compagnoni aveva ordinato a Mahdi di fermarsi pochi metri sotto la vetta, causandogli così i congelamenti. Compagnoni dovette comparire davanti all'ambasciatore italiano per confutare l'accusa. A quel punto era già stato deciso di mettere tutto a tacere e Compagnoni non poté fare menzione del «tradimento» di Bonatti. Dal canto loro Desio e il Club Alpino Italiano avevano già deciso (senza interrogarlo) che Bonatti era colpevole di slealtà, comportamento irresponsabile e peggio. (...)

Le accuse di Compagnoni non vennero rese pubbliche fino a che non apparve l'articolo di Giglio dieci anni dopo, ma è possibile che altri membri della spedizione venissero informati del «tradimento» di Bonatti dopo il rientro in Italia. (...)

La ricostruzione più benevola dell'affare è che Compagnoni abbia egoisticamente piazzato il nono campo fuori dalla portata di Bonatti e ignorato i suoi richiami senza rendersi conto delle conseguenze. (...)

Rimane da capire perché Compagnoni abbia raccontato la stessa cosa a Giglio dieci anni dopo. (...)

Compagnoni fu molto irritato quando comparve nel '61 l'autobiografia di Bonatti, *Le mie montagne*, in cui raccontava che Compagnoni e Lacedelli l'avevano abbandonato fuori portata del nono campo. Con Ata Ullah presente in Italia, Compagnoni si deve essere sentito protetto a dare addosso a Bonatti con i giornalisti. Sapeva che Lacedelli l'avrebbe sostenuto e che Desio era dalla loro parte. (...)

È chiaro che il resoconto di Bonatti è veritiero e la versione ufficiale contiene troppe «parole e fandonie». Che triste commento per un'impresa così bella.

Conclusione

Ecco l'intera triste faccenda. Povero Bonatti. I condannati senza udienza non si possono difendere perché non sono nemmeno accusati direttamente. Bonatti era il capro espiatorio ideale, all'establishment non interessava nulla della sua depressione dopo essere stato ripagato della sua abnegazione con una condanna senza processo. Non interessava a un governo che appagava col successo il suo orgoglio nazionale, né al Club Alpino Italiano, né all'Istituto Geografico Militare, tutti uniti contro le proteste di un giovane principiante. (...)

Quando la squadra di Desio rientrò in Italia nel '54, c'erano 40.000 persone ad accoglierla a Genova e il Paese intero si crogiolò nella gloria della conquista. Desio, Compagnoni e Lacedelli divennero eroi nazionali, e qualsiasi tentativo di denigrarli sarebbe stato molto impopolare, anche negli anni successivi. Per un altro verso, Bonatti era il bersaglio ideale per quel genere di persone che godono a sminuire personaggi celebri. E alla fine la spedizione al K2 risultò un triste affare, «miserabile e sordido», proprio come scrisse Bonatti, e il seguito doveva essere ancor peggio. (...)

Compagnoni cambiò di proposito il luogo per il nono campo non solo per il rischio di valanghe, ma anche perché così Bonatti non sarebbe stato in grado di raggiungerlo. Lui e Lacedelli non si preoccuparono di quello che sarebbe potuto succedere a Bonatti e meno ancora di come sarebbe rientrato all'ottavo campo. Perciò ignorarono i suoi richiami di soccorso e lo abbandonarono al suo destino. (...)

D'altra parte Compagnoni voleva anche ridimensionare il giovane Bonatti, e così disse a Desio che Bonatti aveva usato parte dell'ossigeno durante la notte e abbandonato Mahdi il giorno dopo. Falsò i fatti della sera precedente, insistendo che il bivacco era 100 metri di dislivello più in basso della sua posizione effettiva. In questo modo era credibile che non avessero sentito i richiami di Bonatti. (...)

Compagnoni disse che avevano lasciato il nono campo alle 4.15 e che l'ossigeno si era esaurito alle 4 del pomeriggio perché Bonatti ne aveva usato in parte la sera prima per evitare congelamenti. Questa rete di bugie costituì la base della versione ufficiale della salita.

Così fin al suo arrivo al campo base, Bonatti fu giudicato *in absentia* da Desio e ritenuto colpevole. Tutti e tre i suoi compagni lo avevano accusato: Mahdi, poi Compagnoni e Lacedelli. Come avrebbe potuto essere altro che colpevole?

Desio avrebbe dovuto almeno ascoltare Bonatti. Preferì decidere che il giovane alpinista era un traditore e un bugiardo. Quando tornarono in Italia, Bonatti venne ostracizzato, perché l'ultima cosa che Desio avrebbe voluto era una polemica che oscurasse la sua preziosa spedizione. (...)

Probabilmente accantonò il contenuto del libro di Bonatti come una sfacciata bugia, sebbene il Tribunale di Torino gli desse poi ragione. Il Club Alpino Italiano, prestando fede all'anziano capospedizione, fece di tutto per minimizzare la questione, sperando che Bonatti la smettesse di agitarsi e sparisse. Di fatto, le sue proteste vennero ignorate dal CAI e dai cartografi. Se gli avessero risposto avrebbero riaperto le diatribe con tutto il marcio dentro. Molto meglio non fare niente. (...)

Ora Compagnoni è stato smascherato come bugiardo, e un bugiardo che con le sue menzogne intendeva deliberatamente distruggere proprio l'uomo che a rischio della sua vita gli aveva reso possibile la salita al K2. (...)

L'ipotesi più inquietante: cosa sarebbe successo se Compagnoni e Lacedelli avessero trovato Bonatti e Mahdi morti congelati nel bivacco, quella mattina, e che cosa avrebbero fatto? Avrebbero preso le bombole dell'ossigeno e sarebbero saliti? O no? E cosa si penserebbe adesso di Walter Bonatti? Traditore o eroe?

WALTER BONATTI

Monte Argentario, 18 aprile 2001

Al Presidente della Repubblica CARLO AZEGLIO CIAMPI
Palazzo del Quirinale – Roma

Signor Presidente

Ho appena visto al telegiornale la cerimonia svoltasi al Quirinale in onore del prof. Ardito Desio per il suo 104° compleanno. Lei lo ha premiato con un prestigioso riconoscimento che assume il massimo valore proprio perché consegnato dalle Sue mani.

Anch'io come tanti rispetto il traguardo anagrafico del professor Desio e la sua opera di studioso; ben diverso credo sia invece il suo merito come Capo della riuscita Spedizione Nazionale Italiana per la conquista del K2, nel 1954.

La stimo moltissimo, Signor Presidente, ed è la ragione per cui mi permetto di inviarLe questo mio libro sperando che trovi il tempo per sfogliarlo: è la storia postuma di questa grande Spedizione Nazionale, di cui ho fatto parte.

Non è tanto la mia vicenda personale che intendo portare alla Sua conoscenza, essendo essa complementare all'impresa, bensì voglio informarLa sul falso storico contenuto, tuttora, nelle relazioni e nei documenti ufficiali della conquista del K2; un falso storico ormai riconosciuto come tale nel mondo intero.

Vorrei dunque che una persona come Lei fosse totalmente informata sull'argomento, poiché la posizione ufficiale di questo fatto non fa certo onore al nostro Paese.

Grazie per avermi ascoltato.

Con il massimo rispetto e ammirazione

(Walter Bonatti)

Ribelle con ragione

di Rob Buchanan

(«Climbing» del 15 giugno 2002)

(...) «*Walter aveva fama in Italia di essere una mina vagante*», mi dice Robert Marshall, un chirurgo gastrico in pensione e alpinista in poltrona che ha studiato questa storia per anni, quando lo chiamo a Melbourne, «*e, francamente, la gente era stanca della storia del K2. Ma non io. Ho una personalità compulsiva-ossessiva, amo i puzzle e la ricerca di una soluzione.*» Nel 1963 la moglie di Marshall gli regalò una copia di *Karakoram* (edizione inglese di *Gasherbrum 4°*), il racconto di Fosco Maraini della campagna del 1958 sul Gasherbrum IV (durante la quale Bonatti e Carlo Mauri scalarono per la prima volta quella montagna, notoriamente difficilissima). Un passaggio particolare colpì Marshall.

«*Un uomo chiuso e complesso*», scrisse di Bonatti Maraini, che era vicecapo di quella spedizione. «*Puoi restargli settimane vicino come compagno, e allora è d'una gentilezza costante e uguale, talvolta squisita, che si frappone però come un velo d'acciaio tra lui e il mondo. Forse la vita è stata dura con Walter in segrete maniere, attraverso i lontani paesaggi dell'infanzia.*»

Intrigato, Marshall comprò i libri di Bonatti, prima in inglese e poi in italiano, lingua che da tempo desiderava imparare per poter allargare la sua clientela alla vasta popolazione di immigrati a Melbourne. In quattro anni, in gran parte attraverso la lettura e la traduzione di quei libri, riuscì a imparare l'italiano da autodidatta. Come Maraini, Marshall giunse a credere che la vita fosse stata davvero dura per Bonatti, e non soltanto nell'infanzia ma anche al tempo della sua prima spedizione.

Nel 1987, Marshall trovò un esemplare di *Processo al K2*. «*Lo lessi, e con il mio debole per le storie poliziesche, mi colpì quello che stava succedendo, e come le deposizioni apparentemente contraddittorie di Mahdi sembrassero in realtà coerenti.*» Marshall mi disse che scrisse a Bonatti: «*Ho appena letto il suo libro e ho capito all'improvviso tante cose che mi ronzavano in testa da anni... Mi sento oltraggiato per lei*».

Alla lettera era accluso un commentario di 26 pagine che analizzava le testimonianze di tutti i protagonisti del dramma sul K2. Può darsi che si trattasse dell'esercizio presuntuoso di un uomo che, come Marshall ammette tranquillamente, non ha «*mai scalato una montagna nella sua vita*», ma diversamente da tutte le altre versioni dei fatti date fino a quel momento offriva la spiegazione più plausibile di quegli eventi. («*Marshall*», mi disse Bonatti, «*era in grado di comprendere delle cose che le persone coinvolte non riuscivano a vedere.*») Per esempio, quando Bonatti e Abram avevano «*lasciato intravedere la cima come un premio*» a Mahdi, nella mattina del 30 luglio, per motivare l'*hunza* che aiutava a trasportare gli equipaggiamenti per l'ossigeno fino al nono campo, «*lo stratagemma funzionò fin troppo bene*» – Mahdi credette che lui e

Bonatti potessero avere una chance di andare in cima da soli, in special modo quando non riuscirono a rintracciare gli altri due compagni.

Per quanto riguarda il silenzio e la mancata assistenza da parte di Compagnoni e Lacedelli, Marshall suggerì che quei due «*potessero temere che, se Bonatti fosse arrivato fino al nono campo, avrebbe tentato di emulare l'exploit di Buhl* (sul Nanga Parbat, quando l'austriaco disobbedì agli ordini del suo capo spedizione e si spinse in vetta da solo) *e potesse raggiungere la cima del K2, il giorno dopo, pur senza ossigeno. Se un altro scalatore (Bonatti) fosse riuscito a raggiungere la vetta senza ossigeno nello stesso giorno in cui loro (Compagnoni e Lacedelli) erano saliti usando i respiratori, il loro successo sarebbe stato completamente oscurato*».

«*Quanto più* (Compagnoni) *si mostrava indignato nei confronti di Bonatti, tanto meno avrebbe avuto da biasimare se stesso per il ruolo che stava assumendo*», scrisse Marshall, riferendosi alla possibilità percepita da Bonatti che egli stesso e Mahdi potessero tentare la scalata alla vetta.

«*Come sempre accade in situazioni simili, più cresce il senso di colpa, più si aggrava l'oltraggio. È una conveniente difesa psicologica.*»

La lettera di Marshall rimase senza risposta per sei mesi, perché Bonatti era in viaggio in Patagonia. Ma alla fine, quando Bonatti lesse la lettera e il commentario, fu sicuro di aver trovato in lui un alleato fondamentale. Solo che ci sarebbero voluti ancora sei anni prima che la cosa venisse alla luce. «*Stavo sfogliando un articolo sul K2 in un vecchio annuario svizzero,* "The Mountain World"», ricorda Marshall. «*L'avevo già leggiucchiato, ma quella volta girata la pagina vidi la foto di Compagnoni sulla vetta, e dissi: "Buon Dio del cielo! Quest'uomo indossa una maschera per l'ossigeno!"*».

Era vero. La foto che per ovvie ragioni non era apparsa nel libro di Desio, *The Ascent of K2* (*La conquista del K2*), mostrava l'alpinista in cima, con la maschera in faccia e il tubo ancora attaccato al respiratore. Una seconda immagine presentava Lacedelli sulla vetta, senza maschera ma con un inconfondibile cerchio di particelle di ghiaccio intorno alla bocca. «*Aveva respirato con forza in uno spazio ristretto e il vapore del suo fiato si era ghiacciato*», così scrive Marshall in una nota inclusa in *Mountain of My Life* (*Montagne di una vita*). «*Ma aveva appena scalato il versante est della vetta del K2, rivolto verso il sole del pomeriggio per le precedenti due ore – se il suo viso fosse stato scoperto, il ghiaccio sulla barba sarebbe evaporato già da un po' di tempo. In altre parole, aveva appena tolto la maschera dal viso.*» Le conclusioni di Marshall: «*Questa era davvero una straordinaria prova oggettiva che la storia dell'ossigeno che finisce alle quattro del pomeriggio è una bugia... È buffo pensare che alla fine le loro stesse foto (di Compagnoni e Lacedelli) dovessero dare la prova più evidente per condannarli*».

Quella primavera, in occasione del quarantesimo anniversario della scalata del K2, la rivista «Alp» pubblicò in sintesi il commentario che Marshall aveva scritto otto anni prima, e in più le foto chiarificatrici. La stampa italiana riprese la storia con grande entusiasmo, rivelando l'ipocrisia dei suoi eroi nazionali. Desio si rifiutò di esprimere commenti, Lacedelli fece una dichiarazione conciliativa: «*Per quanto mi riguarda è come se Walter fosse arrivato anche lui in cima*». Compagnoni invece offrì una inverosimile spiegazione: aveva rimesso la maschera sul viso per riscaldarsi.

Il Club Alpino Italiano si rifiutò di condannare Compagnoni e Lacedelli, però accettò di pubblicare il resoconto della scalata di Bonatti. «*Oggi, per celebrare l'anniversario con piena dignità*», disse il presidente del CAI, Roberto De Martin, «*il Club Alpino Italiano vuole rimuovere l'ultima ombra da questa storia e vuole dare spazio a Walter Bonatti nelle sue pubblicazioni ufficiali, in omaggio a quelle "responsabilità morali" che lo stesso CAI si è assunto a suo tempo nei confronti degli aspetti tecnici della spedizione.*»

Di questa parziale e camuffata revisione del resoconto ufficiale della spedizione, Bonatti non sarebbe stato affatto soddisfatto. Nel 1996, pubblicò un nuovo libro, *K2 storia di un caso* (*K2: The Story of a Court Case*). Oltre al testo integrale del suo primo libro sull'argomento, *Trial on K2* (*Processo al K2*), questo includeva per esteso il commentario di Marshall, le nuove fotografie scattate in vetta, ed estratti della maggior parte degli articoli apparsi sulla stampa italiana. In breve: raccoglieva tutta la documentazione possibile. «*In qualsiasi modo andranno le cose in futuro*», concludeva con tono di appena malcelato disprezzo, «*per me la storia del K2 finisce su questa pagina.*» (...)

Via via che il tempo passa, i due della vetta sembrano sempre meno interessati a portare avanti la lotta. E in fondo, considerando la loro età, questo non sorprende: Lacedelli, il più giovane, ha 77 anni, e possiede un grande negozio di sci a Cortina, sulle Dolomiti. Quando ho provato a rintracciarlo, l'estate scorsa, suo nipote mi ha detto che né lui né Compagnoni parlano più con i giornalisti. Eppure, pochi mesi dopo, Lacedelli era citato in un articolo di «Le Monde». Aveva parlato con il reporter francese, recitando sostanzialmente la versione ufficiale della storia ma ammettendo che Bonatti avesse fatto «*un sacrificio, uno sforzo eccezionale*» quando portò le bombole di ossigeno al nono campo. Ma quando il giornalista lo pressò chiedendogli se l'ossigeno fosse realmente finito, Lacedelli perse la pazienza. «*Non mi interessa se non è più credibile*», esplose. «*È storia scritta!*»

Lo stesso reporter, Charlie Buffet, raggiunse anche Achille Compagnoni, che ha 88 anni ed è proprietario di un albergo a Cervinia. Parlando, con l'aiuto di sua moglie, anche lui si associa alla linea ufficiale. «*Se Bonatti avesse riflettuto un po', sarebbe stato in grado di tornare indietro*», disse con rabbia. «*Se fu obbligato a bivaccare all'aperto quella notte, è perché aveva sprecato troppo tempo per riposarsi all'ottavo campo.*» E continuò: «*Sono fiero di quello che ho fatto. Ancora oggi il K2 è una montagna italiana. Chi si crede di essere Bonatti per gettare fango su degli eroi?*»

Quando «Le Monde» chiese un'intervista con Ardito Desio, sua figlia rifiutò. «*Non potete disturbare una persona di 104 anni per una cosa del genere.*»

Desio è morto (a seguito di un traumatico ruzzolone) il 12 dicembre, non prima di essere stato invitato al Quirinale, e premiato con medaglia d'onore per «*aver reso un servizio straordinario al suo Paese*».

A Milano ho trovato un libro per bambini sulla scalata degli italiani sul K2. Un disegno raffigura i due che raggiunsero la vetta, Compagnoni e Lacedelli, con gli occhi dilatati e senza fiato mentre l'ossigeno finisce. Questo episodio sembra destinato a sopravvivere nell'immaginazione collettiva, malgrado tutto.

La cosa buffa è che la fama di Bonatti in Italia è immensa. Ci sono sempre grandi folle alle sue conferenze. Fuori dalla nazione è un eroe. I francesi lo hanno insignito del titolo di Ufficiale della Legione d'Onore, e i suoi libri sono stati tradotti in undici lingue straniere.

Ma quando gli dico che è lui ad aver vinto questa battaglia di pubbliche relazioni, e che non è poi così importante ciò che sta scritto in un paio di tomi polverosi del CAI, sono i suoi occhi a spalancarsi. «*Ciò che conta sono i registri storici ufficiali*», sibila a denti stretti. «*Alla fine, sono l'unica cosa importante. Fra cent'anni, quando qualcuno vorrà leggere della prima conquista del K2, cosa troverà? Una trama di ambiguità, di bugie, di silenzio.*»

«*Capisco perché è andata così*», continua. «*Questa spedizione divenne per l'Italia un simbolo di prestigio, e il governo e il Club Alpino riconobbero immediatamente questi cosiddetti eroi. È bello avere degli eroi, ma bisogna anche fare delle verifiche. In questo caso si è agito* all'italiana, *senza andare troppo a fondo. È possibile commettere degli errori, può succedere. Il vero coraggio è ammetterli e correggerli.*»

Tutti ci domandiamo se questo accadrà mai. L'attuale

presidente del CAI, Paola Peila, si è rifiutata di rispondere a una lettera in cui le chiedevo un commento, malgrado io l'abbia richiamata più volte in seguito.* (...)

* Non era effettivamente competenza di Paola Peila commentare la vicenda K2 in quanto la nominata signora è direttrice amministrativa del CAI, non presidente. Però questa lettera era intenzionalmente rivolta proprio al presidente del CAI, che si chiama invece Gabriele Bianchi. A lui quindi andava inoltrata dalla stessa direttrice Peila, per correttezza, e il presidente Bianchi a sua volta avrebbe dovuto rispondere al giornalista americano Buchanan.

Riepilogo e conclusione (luglio 2003)

Purtroppo sono ancora in molti a voler credere che mi consideri una vittima per non essere stato io a compiere l'ultimo balzo alla vetta del K2 – pur avendone avute buone possibilità e lo conferma la mia prestazione del 30 luglio '54. No, non è affatto così, non ho alcun motivo di considerarmi vittima a questo riguardo, come non ho alcuna inclinazione all'autocompatimento e ancor meno al tormento del martirio.

Tornerò a spiegare. Da oltre trentacinque anni, nella posizione che ho assunto già all'indomani del processo nel 1967, col quale ottenni giustizia per le calunnie rivolte alla mia persona nel decennale della conquista, non v'è più nulla di personale da reclamare. Perché a tal fine aveva già provveduto l'atto giudiziario appena ricordato, e anche perché fui io stesso, quel 29 luglio di estrema emergenza, a offrirmi volontario per compiere l'impellente trasporto in quota di quei trespoli di bombole d'ossigeno, innegabilmente indispensabili e urgenti per il successo finale. Era implicito dunque che questo mio spontaneo ruolo di gregario escludesse già a priori che io potessi giungere in qualche modo sulla cima del K2, tanto più dopo quella massacrante e folle performance appena conclusa.

A partire dal 1967 ho voluto invece impugnare energicamente lo scandalo emerso proprio dalle indagini da me portate in giudizio in quegli anni Sessanta. Si tratta precisamente del vergognoso falso storico riferito alle false quote, ai falsi orari del balzo finale, alle false posizioni del 9° campo e del mio bivacco, e infine attinente alla messinscena dell'ossigeno: niente affatto esaurito anzitempo a duecento metri di dislivello sotto la cima del K2. Quanto di architettato dai due della vetta fu insomma un concatenamento di più menzogne, che per essere maggiormente attendibili come verità – ancora lo ripeto – porterà i suoi artefici a calunniarmi mirando in tal modo ad abbattere la mia credibilità, dunque la mia testimonianza.

Ebbene la verità su questi fatti è oggi chiara, dimostrata e riconosciuta nel mondo intero. Però ancora non si è provveduto a rimuovere il falso da sempre rimasto impaludato nella storia ufficiale della conquista del K2.

Ora però devo tirare le somme, sia pur provvisorie poiché la questione, come ben si vede, si trova ancora assai lontana dalla dovuta e reclamata sua protocollare conclusione.

Alcuni autorevoli giornali stranieri che di fresco si sono occupati ampiamente dello scandalo K2, primi fra tutti «Le Monde» e successivamente l'americano «Climbing», hanno manifestato chiaramente, e con dura critica, la necessità di dover riscrivere la bugiarda storia ufficiale dell'ultimo balzo del 30 e 31 luglio alla vetta. Rob Buchanan nel suo esauriente articolo su «Climbing» (solo in parte qui riportato) arriva allibito a commentare: «È una storia di confusione, tradimento, e spudorata ipocrisia come nessun'altra negli annali dell'alpinismo. Mentre leggo (*Mountains of My Life*)* inizio a capire perché il tumulto debba ancora essere acceso dopo quarantotto anni».

Ma dalle domande poste da questi giornali ai responsabili autori dell'impostura ne sono venuti fuori, per tutta risposta, soltanto espressioni e atteggiamenti degni dello stesso inganno da questi operato. «Se Bonatti è stato costretto al bivacco», afferma Compagnoni nell'intervista telefonica di «Le Monde», «è perché ha passato troppo tempo a riposarsi all'ottavo campo.» (?) E conclude: «Io sono fiero di ciò che ho fatto (...). Bonatti si permette di gettare fango sugli eroi». Quando poi dallo stesso giornale vengono contestate anche le incoerenze di Lacedelli, egli tronca: «Poco mi importa se questo non è più credibile, ciò è scritto!» Non meno labile e sfuggevole è a sua volta Ardito Desio, che barricandosi dietro la propria veneranda età fa dire a sua figlia: «Non si disturba un uomo di 104 anni per queste cose». E poiché l'intervistatore di «Le Monde» insiste ricordando alla figlia di Desio la gravità delle accuse che sono in gioco, questa, sottraendosi, tronca spavaldamente: «Il Presidente della Repubblica ha risposto (invitandolo al Quirinale)». Ma Desio, per i suoi meriti e dunque anche per quelli riferiti al K2, non si era forse già «disturbato» pochi mesi prima recandosi al Quirinale, «invitato» appunto e insignito dal Presidente della Repubblica? Gran brutta «risposta» sarebbe stata quella del Presidente Ciampi se davvero – parafrasando l'ambigua uscita della figlia di Desio – egli avesse inteso con

* W. Bonatti, Random House, USA 2001.

quella «risposta» sopire, fors'anche cancellare le peculiari responsabilità del capo della spedizione nazionale al K2. In un'altra intervista apparsa tempo prima (il 22 giugno su «la Repubblica»), la figlia di Desio aveva dichiarato: «Mio padre non è mai stato alpinista, come fa a rispondere su ciò che è accaduto a ottomila metri?» Alpinista o non alpinista che fosse, Desio era il capo, dunque il responsabile della missione K2. Era perciò suo preciso dovere darne giusto conto!

Domando allora. È accettabile, quindi giustificabile, che il capo della spedizione nazionale per la conquista dell'inviolata seconda cima della Terra possa, e con dissennata ostinazione, ignorare le vicende della stessa? È ammissibile che mai si sia preoccupato di conoscere, e analizzare, il piuttosto imbrogliato epilogo pur trasparente nei suoi progressivi sviluppi? È dunque plausibile che della vicenda egli non abbia saputo prevenire i negativi effetti? Ebbene, a tutto questo Desio è venuto meno, pur sapendo che doveva poi risponderne nella stesura che soltanto a lui competeva, e che sarebbe stata la storia ufficiale del prestigioso evento di portata mondiale.

Come si vede, è una vicenda sempre più squallida questa dell'«orgoglio nazionale» di nome K2. Una storia i cui annebbiati e miserevoli sviluppi non lasciano certo incolpevoli i suoi artefici e i di loro sostenitori, come non restano immuni da responsabilità il Club Alpino Italiano e lo Stato italiano. Riferendomi proprio a quest'ultimo ne è di recente protagonista la voce, stonata, del segretario generale della Presidenza della Repubblica; e in difetto stavolta è anche, mi spiace doverlo dire, la totale indifferenza che il Presidente della Repubblica (pur messo a conoscenza dei fatti) ha riservato agli ultimi e significativi avvenimenti di questa da alcuni ormai ritenuta, per scagionarsene, un'antica storia. A tal punto è difficile pensare che il Presidente Ciampi, ammesso che in un primo tempo fosse stato all'oscuro della vicenda K2, possa esserlo rimasto anche più tardi, nonostante tutto lo scalpore fatto dalla stampa di mezzo mondo per sviscerare la questione. Ma almeno un'eco di questo scalpore, davvero può non essere giunta al Quirinale?

Oltre a custodire l'inno di Mameli, signor Presidente, intonando il quale – nell'indubbia elevata visione che Lei ha al riguardo – varrebbe come accostarsi alla fonte dell'amor patrio, perché con uguale spirito patriottico non compiere anche per la vicenda K2 un concreto e risolutivo intervento dall'alto del Suo podio, visto che in gioco è proprio l'onore del Paese posto di fronte al mondo? Ne saremmo fieri.

È dunque così che fin dall'inizio, e ancora oggi, il Club Alpino Italiano (ramificazione dello Stato) e lo Stato medesimo, eludono la vicenda K2 nei suoi conclusivi sviluppi del 30 e 31 luglio; senza mai concederle la minima considerazione non fosse altro per il rispetto dovuto alla verità, alla giustizia, agli ideali. Vuole il paradosso che l'assalto finale alla cima del K2, così come ancora oggi rimane ufficialmente notificato, sia considerato un vanto nazionale quando il resto del mondo lo ritiene ormai null'altro che una canagliata. Devo pertanto ripetere amaramente che questo K2, pur dando vittoria, non ha certo portato dignità all'impresa e ancor meno alla sua storia.

Fra cento anni, come già ho ricordato a Rob Buchanan, quando qualcuno vorrà sapere della prima ascesa al K2, prestigioso «fiore all'occhiello» sbandierato come tale nel nostro Paese, cosa apprenderebbe se ancora fosse rimasta immutata l'ingannevole storia ufficiale dell'ultimo balzo alla vetta? Null'altro che un intreccio di ambiguità, di bugie, di silenzio: un imbroglio, insomma, all'italiana. Qui l'ufficialità partendo da una realtà di fatto – il raggiungimento della cima del K2 – aveva stabilito e celebrato degli eroi, dei veri e propri simboli, senza compiere alcuna verifica, dunque irresponsabilmente. Quei simboli finirono per rivelarsi indegni. Eppure nei decenni che seguirono si continuò ad apprezzarli e a magnificarli come modelli cui ispirarsi. Ciò accadde anche quando al mondo intero giunse chiara l'impostura di quel disonesto assalto finale. E ancora nulla cambiò, qui da noi, persino quando lo stesso intero mondo, a tal punto disgustato da tanta indecenza, arrivò a qualificare i due della vetta niente di meglio che indegni acrobati della menzogna e della calunnia. Ma ancora una volta una certa Italia non rinunciò, e tutt'oggi non rinuncia, a mostrare quei suoi «miti»: autentici, esemplari, intoccabili. Quanto è vero che nel Paese dell'offuscamento, dove si arriva a scambiare il disonesto per un eroe, si può dire, e fare, di tutto.

Il cinquantesimo anniversario della vittoria K2 è ormai alle porte, non mancano che pochi mesi all'evento. Però l'onta che avvolge la storia di questa conquista, non soltanto permane ma si è fatta ancora più grave negli ultimi anni, come ben si vede. Allora, che dire ancora per indurre i preposti a provvedere alla dovuta e corretta conclusione, quando gli stessi restano inerti a ogni tesi di giustizia e di risoluzione? Ciononostante, e alla fine dei conti, siamo ancora in tanti, tantissimi a ritenere che sia più che doveroso sanare e risolvere le vergogne della storia ufficiale della conquista del K2: perché possa avere, finalmente, la meritata considerazione al giudizio del mondo. Ahimé di più non posso dire né fare, dopo questo completo e sofferto dossier. Qui dentro c'è tutto l'accaduto, durante e dopo il K2; compresi i moti d'animo che tali vicende hanno generato in me: impressioni estreme e traumatizzanti a partire proprio da quel bruciante 30 luglio. Giungeranno a cambiare tutto nel mio profondo: fiducia, carattere, l'intera mia vita incline fino a quel giorno a miti sentimenti.

È ormai ben chiaro, per chiunque possegga l'uso della ragione, che lo scandalo K2 appartenga soltanto a coloro che l'hanno creato; ma altrettanto chiaro è anche l'onesto dovere di tutti, indistintamente, di portare al mondo la verità storica di quell'evento. Perciò questo dossier sulla spinosa e mai risolta questione intendo ora consegnarlo in eredità a un futuro più attento ai valori, affinché con maggior responsabilità di quanto non ha avuto la mia epoca, possa dare compimento all'impegno che ha segnato gran parte della mia vita: dare verità e giustizia alla storia ufficiale della conquista del K2.

Per un definitivo chiarimento storico
(primi di giugno 2004)

Devo dire che gli storici Fosco Maraini, Alberto Monticone e Luigi Zanzi hanno dottrinalmente affrontato la questione K2. Così i luoghi, i tempi, gli strumenti e le modalità d'azione della vicenda sono stati studiati nei minimi dettagli, e poi voltati e rivoltati più volte come calzini, ipotizzando anche le cose più inverosimili, e direi inutili in quanto tali. Comunque i conti, in generale, sono sempre tornati, perché due più due faceva sempre quattro.

È dunque ottima e fondamentale la chiarificazione storica dei tre professori, anche se non del tutto ineccepibile, e purtroppo su un punto capitale. Più avanti ne vedremo i perché.

Al momento focalizziamo piuttosto una cosa che, apparentemente, si direbbe fuori argomento. Invece in argomento lo è, eccome, e costituisce il vero pericolo di fondo, latente e insidioso. È l'informazione generalizzata, quella dei media soprattutto, con i più vari e diabolici suoi metodi. Attenzione dunque. Si tratta di un circuito già visto troppe volte disattento o quanto meno superficiale, e, salvo buone quanto rare eccezioni, anche lacunoso e dalla memoria storica limitata, affievolita dai suoi contagi, dai suoi rimbalzi. Ne risulta così una memoria fragile che troppo spesso, e per anni e anni, può trascinarsi svisata, mistificata. È allora che il sistema può arrivare a superare il messaggio, il personaggio, la storia stessa. Nel mio caso, ad esempio, fu proprio questo circuito a essere tanto difettoso al punto da far credere che l'intera vicenda K2 si poteva risolvere concedendo al sottoscritto, udite udite, una sorta di delirante riabilitazione. Ed è ciò che avvenne. Ma per quali demeriti o colpe da me commesse non fu mai dato di conoscere. Prova di tutto questo, e artefice dell'intera questione, è lo stesso atteggiamento assunto fin dall'inizio dal CAI Centrale nella sua autorevole veste di «garante morale dell'impresa»; e ciò che questo vacuo CAI Centrale riesce a fare e non fare già in questi primi mesi del 50° anniversario della conquista, lascio ad altri giudicare. È stata una straordinaria e meritata vittoria di una squadra, tiene a rimarcare quel CAI, e nel tipico e ricorrente clima del «vogliamoci bene», a lui congeniale, distribuisce meriti e lodi a tutti e anche a se stesso. Del sottoscritto, lascia invece che nelle cronache si dica, e si ripeta (era già accaduto nel 40° della conquista), che il CAI ha rivalutato di Bonatti il compito che lassù si era assunto; e da lì appunto l'incredibile riabilitazione appena ricordata (e pure arrivata, guarda caso, con lo stesso ritardo di decenni come già era toccato a Sacco e Vanzetti dopo essere stati giustiziati). Ma che ne è dello scandalo delle vuote bombole di ossigeno con tutti i suoi annessi e connessi? Che ne è del dimostrato falso storico e del conseguente tormentone che ne è scaturito, su cui via via si sono scritti interi libri, e che per decenni si è tenuto, e ancora si tiene a questo riguardo mezzo mondo nella confusione?

Ebbene, ormai mancano solo due mesi alla celebrazione del 50° anniversario della conquista, ma, dall'aria che tira, già sembra di poter dire che ogni divergenza sui fatti del K2 verrà, maldestramente come sempre, insabbiata e dunque ignorata nei testi ufficiali. E con ciò quel siffatto CAI, commemorando l'impresa del 1954, ancora una volta vorrà farci credere di aver assolto totalmente i suoi obblighi, il suo dovere morale sulla tanto avversata – ma che rimarrà insoluta – questione K2.

Ebbene sì, questo modo ingannevole di far sapere può essere davvero fuorviante, e ancora più irritante se coadiuvato da una comunità sempre troppo tollerante, direi meglio passiva. Infatti è proprio con questa irresponsabilità, o quanto meno passiva tolleranza, che si lascia dire a un Compagnoni, pur già messo con le spalle al muro dalla conferenza stampa di Milano, e pur dopo che il Festival di Trento era stato di quella conferenza la cassa di risonanza, si è finito, ripeto, per lasciar dire a Compagnoni un'ulteriore grossa bugia, tanto più insopportabile perché è di oggi e non di cinquant'anni fa; inoltre mercanteggiata poi come in un suk tunisino: «*Trenta minuti senza ossigeno, poi la vetta*» («Corriere delle Alpi», 8 maggio 2004).

Ma torniamo al sorprendente e anche increscioso «punto capitale» cui sopra ho fatto cenno, e che emerge proprio dalle 37 pagine della chiarificazione storica dei Tre. Quel documento di Maraini-Monticone-Zanzi, laddove vorrebbe sviscerare a fondo il problema del presunto esaurimento delle risorse di ossigeno contenuto nelle bombole, parte dicendo, alla pagina 2, che riconoscendo «*alcune verità come incontrovertibili in base a documenti che prescindono da interpretazioni di parte*», si prende atto (alla pagina 22) che «*l'erogazione dell'ossigeno dalle bombole in questione, nelle condizioni tecniche del caso, era prevista della durata di 11-12 ore*». Infatti dette bombole erano state caricate a 220 atmosfere, una pressione – lo garantisce il tecnico Erich Abram – rimasta intatta fino al momento dell'erogazione. Poi via via, attraverso tutte le possibili e impossibili ipotesi e congetture esposte dai tre saggi a questo riguardo, ne esce una verità che non è più quella logica e netta supportata da precisi dati di fatto, di orari e di tempi di durata; diventa bensì velata, confusa, e in alcuni punti persino antitetica. Infatti alla pagina 23 e a proposito dell'appena esibita durata di 11-12 ore, si manifesta un «*contestuale riconoscimento che l'intera salita (o quasi) è stata effettuata con l'uso dell'ossigeno (erogato per una durata di dieci ore)*» (?). E ancora passando e ripassando attraverso i suddetti filtri, le incontrovertibili verità di nuovo si trasformano sino a far dire, qualche riga più sotto, che la cessazione dell'ossigeno «*nel quadro della nuova tempistica, qui proposta come unica accettabile in sede critico-storica, andrebbe situata, se vi fu, a non meno della quota di 8600 metri d'altitudine, cioè pochissimo tempo prima dell'arrivo in vetta (si tratta, forse, di minuti)*» (?).

È chiaro che tutto questo rischia, ma non soltanto all'occhio disattento, di confondere ulteriormente la verità in luogo di chiarirla. Addirittura si può qui pensare che si stia cercando una fuga dalla grande bugia madre sostituendola con altre mezze bugie. Sì meno gravi ma pur sempre bugie, e ancora avvoltolate nell'ingannevole nebbia delle ipotesi e delle congetture, che in buona parte io definirei fantasiose. Va aggiunto che un così combinato carosello di ipotesi favorirebbe persino, nel suo possibile intendimento, un avallo dei trenta minuti spudoratamente mercanteggiati dal Compagnoni.

Non me ne vogliano i Tre amici per questa decisa precisazione che sto facendo, poiché se loro sono, e meritatamente, i saggi e i tecnici dal CAI incaricati di giungere a una chiarificazione storica della vicenda K2; della stessa, e dopo tutto, io ne rimango pur sempre e più di tutti il testimone diretto. E a me pare che, almeno per quanto concerne gli orari, i tempi e ancora altri fatti concreti che da sempre ho testimoniato e anche lottato per affermare, poco se ne sia tenuto conto.

E ora, bando alle immaginative ipotesi e torniamo al sodo, ai puri e semplici dati di fatto. Alla necessità, ripeterò dunque ancora una volta quel che accadde sul K2 quel mattino del 31 luglio 1954.

Qui nel mio racconto sto discendendo dal luogo del mio bivacco e sono giunto in prossimità di quella balza crepacciata che precede l'ottavo campo, le parole sono qui le stesse – quindi ancora non sospettabili – della originale mia esposizione del 1961, ripresa in *K2 – La verità* alla pagina 45. «*Prima di calarmi dietro quell'ostacolo volgo ancora lo sguardo lassù al mio bivacco, e ai suoi dintorni, sperando di scoprirvi una presenza umana, ma invano. Sono esattamente le ore sette.*» E avanti nel libro, a pagina 73: «*...Basandomi su precisi dati che ho personalmente riscontrati e che già costituirono testimonianza probante in tribunale nel 1964 (come si vede non mi affido al labile ricordo, ipotesi che pure qualche giornale ha avanzato), asse-*

risco che Compagnoni e Lacedelli incominciarono a far uso delle bombole d'ossigeno non prima delle 8.30 del mattino. Supponiamo infatti che i due si siano mossi dalla loro tenda alle ore 7, cioè appena un attimo dopo essersi trovati fuori dal mio campo visivo e mentre ormai stavo per giungere all'8° campo; e consideriamo ciò che afferma lo stesso Compagnoni, ossia che impiegarono un'ora per arrivare alle bombole d'ossigeno; ebbene nella più ottimistica delle ipotesi è chiaro che essi poterono giungere sul luogo del mio bivacco soltanto alle 8 del mattino e assolutamente non prima. Ma altro tempo ancora, mezz'ora come minimo, dovette pur richiederlo, a quella quota, la somma delle piccole varie operazioni necessarie per disporsi a iniziare l'ultimo balzo. Come dunque ho affermato, i due non poterono partire verso l'alto, e quindi far uso dell'ossigeno, prima delle 8.30. E dando ormai per scontato che il prezioso gas venne effettivamente respirato per una durata di nove ore e mezza (vedere p. 328), diciamo allora che questo andò esaurito, se così fu, soltanto intorno alle 18.30. La vetta del K2 notoriamente fu raggiunta intorno alle 18...»*

Detto questo, devo però aggiungere e rimarcare che, sbagliandomi, avevo sempre ritenuto che tutte le bombole Dräger in nostra dotazione fossero arrivate dalla Germania al campo base con un pieno di ossigeno a 200 atmosfere di pressione. Ma non era così. Soltanto dal feb-

* *K2 – La verità* a p. 69, da *Uomini sul K2* di A. Compagnoni, edizioni Veronelli, 1958: (31 luglio). «*(...) Cominciammo a muoverci, traversando verso destra (...) mi trovai fermo e addosso ai respiratori (...) Era trascorsa appena un'ora dalla partenza (...)*».

braio di quest'anno (2004), e grazie alla perizia di Erich Abram quale tecnico di tali speciali apparati ho potuto accertare che, sì, vi era effettivamente una partita di quelle bombole a 200 atmosfere, ma restarono in blocco tutte al campo base adibite a usi minori. Le altre invece, destinate alle massime quote, lassù vennero portate in numero limitato; anche perché la fabbrica tedesca aveva garantito che sarebbero rimaste assolutamente invariate nella loro capacità di ossigeno e nella loro pressione. Una pressione quindi – e qui adotto la stessa definizione di Abram – di «*oltre 220 bar totall, circa dodici ore di autonomia*». E così fu, sino al momento del loro uso.

Assodato dunque che l'ora di inizio dell'erogazione dell'ossigeno è quella delle 8.30 (e non delle 8 come stabilito dai saggi), assodato che il raggiungimento della vetta avvenne alle 18, dopo 9 ore e trenta di scalata (e non dopo 10 ore), e ancora assodato che la pressione nelle bombole usate per l'ultimo assalto era di 220 atmosfere (e non di 200 atmosfere come erroneamente creduto anche da me in un primo tempo), pari dunque, quella pressione, a una quantità di ossigeno atta a favorire una erogazione normale e regolare di ben 12 ore; orbene, riepilogato il tutto, qualcuno dovrà spiegare per la storia della conquista di questa montagna il perché, con una disponibilità di ossigeno di 12 ore, i due della vetta lo esaurirono invece (lo dicono i saggi sia pure come congettura) nel tempo di 10 ore; e guarda caso «*pochissimo tempo prima dell'arrivo in vetta, si tratta forse di minuti*» (?). Anche qui va subito chiarito che le modalità d'uso di quegli speciali apparati ossigenatori consentivano di respirare una miscela composta di ossigeno puro e di aria esterna, una miscela corrispondente alle condizioni di aria esterna di 2000 metri di quota più bassa dell'altitudine reale in cui ci si trovava. Come dire che a 8000 metri si respirava l'aria dei 6000 metri.

Io, testimone diretto sul K2, e in base ai dati appena esposti, sostengo che i due giunsero sulla vetta con ancora nelle bombole una disponibilità di ossigeno di ben 2 ore e 30 minuti. Ma che ne fecero poi lassù dell'ossigeno? Davvero lo abbandonarono con le bombole che lo contenevano? O non potrebbe darsi invece che, scattate le note fotografie che conosciamo, i due si rimisero sulle spalle quelle bombole, e sul viso quelle maschere, avviandosi poi sulla via del ritorno? A ben vedere, nessuno di chi tornò a scalare il K2 dopo di noi trovò più le apparecchiature là sulla cima abbandonate. È vero, la neve negli anni potrebbe averle inghiottite; un giorno però un *metal detector* sarebbe facilmente in grado di localizzarle. E se invece lassù non ci fossero proprio, cosa si potrebbe allora ipotizzare, o congetturare? Sono termini, questi, piuttosto ricorrenti nelle 37 pagine del lavoro di chiarificazione tecnico-storica. Ma chissà, forse potrebbero suonare sgraditi, invece, in questa mia visione riferita allo stesso argomento ossigeno. Visto? Come una fantasia di ipotesi e congetture potrebbe galoppare attorno a giudizi e conclusioni non accompagnati da documentazione e testimonianza?! In quelle 37 pagine si è detto in definitiva che l'ossigeno andò esaurito dopo 10 ore di erogazione, ipotizzando però che ciò potrebbe essere avvenuto «*pochissimo tempo prima dell'arrivo in vetta (si tratta, però, di minuti)*». Invece io dico, a ragion veduta, concreta e or ora nuovamente testimoniata e dimostrata, che l'ossigeno non soltanto bastò fino alla cima, e parlo dell'autentica e precisa cima, ma ne avanzò ancora per oltre 2 ore e mezza di erogazione. Questi sono fatti e dati concreti e incontrovertibili, proprio come, senza ombre di ipotesi e congetture, mi sarei aspettato dai tre ricercatori per arrivare a una netta e indiscutibile chiarificazione storica. Ma se troppo poteva sembrare il pretendere tanto, si doveva almeno riconoscere l'assoluta verità che sulla cima del K2 si era arrivati indubitatamente con l'ossigeno.

Un promemoria adesso per focalizzare il giusto rapporto da considerare tra dislivello e tempo di marcia alle estreme altitudini. Tra quota 7900 (dove avrebbe dovuto trovarsi, ma non c'era, il nono campo) e la presunta quota 8150 (dove invece era stato posto quel campo) esiste un dislivello di 250 metri, che a risalirlo con un peso sulle spalle di almeno 20 chili e senza il beneficio dell'ossigeno a me avrebbe richiesto, teoricamente, 3 ore e 48 primi (perché a quel tempo e in quelle condizioni, lassù, si procedeva a non più di 66 metri di dislivello/ora). Ma in realtà, considerando la ragguardevole difficoltà che presenta l'ultimo dislivello di 50 metri, da farsi in traversata, quella durata di tempo si sarebbe ancor più allungata fino a 4 ore e 30 minuti circa. Naturalmente tali orari sono riferiti soltanto a una progressione fatta con luce diurna. Questo ho voluto dire per far capire come Compagnoni e Lacedelli resero impossibile a me e a Mahdi di raggiungerli al loro nono campo prima che calasse la notte. Il buio infatti ci colse alle 21.30 e ci costrinse al drammatico bivacco.

Esposto il quanto, e nonostante che io nutra nei confronti dei tre professori un dovuto rispetto riconoscendone valore e merito, e benché esista tra me e Maraini e Zanzi un buon rapporto di amicizia, mi domando tuttavia come i tre saggi possano aver pensato, e infine scelto, di sostituire la grande bugia dell'ossigeno con altre pur solo ipotizzate mezze bugie e scappatoie varie, già enunciate. Riconosco comunque il loro lavoro come un'ottima esecuzione nel suo insieme. Anche se, è evidente, accettarono quell'incarico conferito dal vecchio e finalmente tramontato CAI conformandosi, ahiloro i tre amici, alle sue aspettative, ossia «*facendo esplicito riferimento anche al documento a loro inviato in allegato, elaborato da un consigliere all'uopo designato e quale fatto proprio dal Consiglio Centrale a chiarimento delle attese del Club Alpino Italiano con riguardo all'incarico stesso*». Un documento, questo, in cui trovano spazio estrinsecazioni di questo significato e di questo livello: «*...Si deve però affermare il principio che l'accettazione della proposta di rivisitazione delle gloriose giornate del K2 non raffigura per il CAI l'aspettativa di clamorose rivelazioni da snocciolare a buon mercato o di appetitose verità utili a speculazioni di basso profilo...*» (da: «Il Consiglio Centrale ai tre saggi per il giudizio storico del K2», febbraio 2004, «emendato dai contributi di Brusadini, Sala, Salsa, Calvi, De Martin, Ricciardiello».) Meglio sarebbe stato che nessun documento del CAI «elaborato da un consigliere designato» ecc. ecc. fosse giunto a interferire in qualche modo, fors'anche a ingabbiare (ciò è pensabile) la spontaneità dei Tre incaricati nella ricerca e analisi finalizzate a stabilire, finalmente, una reale e asettica chiarificazione storica.

Ho troppa stima dei tre saggi per doverli ritenere tanto gratuitamente lacunosi, come purtroppo appaiono nelle loro congetture astratte e nebulose, quando ipotizzano che l'ossigeno potrebbe essersi esaurito «*pochissimo tempo prima dell'arrivo in vetta (si tratta, forse, di minuti)*». E la loro elucubrazione si fa ancor più appannata e sorniona quando dicono: «*Ciò non toglie che, in via congetturale, possa riconoscersi* (l'erogazione di 10 ore d'ossigeno) *come effettiva di fatto*».

Concludo col dire ancora che l'opera dei tre saggi è sicuramente un buon passo avanti verso la chiarificazione storica e dunque la risoluzione del problema. Ma quanto si è fatto ovviamente non basta, e ancor meno risolve la menzogna dell'ossigeno. Ciò avverrà soltanto quando la «madre» di tutte le bugie sarà realmente e totalmente chiarita. A esigerlo non può essere che la stessa dignità della storia del K2. È pertanto auspicabile – in questa appena iniziata e sperabilmente più responsabile gestione del CAI – che nessun'altra fronda di convenienza possa più limitare né subordinare la ricerca finalizzata al raggiungimento, completo e corretto e convincente, del chiarimento storico.

No, non sono arrabbiato, né frustrato e ancor meno piegato, come a qualcuno potrebbe far comodo che io fossi; ormai non ce n'è più ragione dopo che un tribunale mi ha fatto giustizia già quarant'anni fa per le calunnie e i torti ricevuti. Sono invece inarrendevolmente determinato e fedele all'impegno che ha segnato gran parte della mia vita, che è quello di dare verità e giustizia alla storia ufficiale della conquista del K2. Un impegno, questo, che a ben considerare non dovrebbe essere soltanto mio; perché nessuno più, civilmente, per l'onestà di un Paese intero, può esimersi dal ristabilire la verità, di fronte alla storia più che per i suoi protagonisti.

Questo testo, non ancora ritoccato ma sostanzialmente invariato, è stato inoltrato per conoscenza, in uguale data, al prof. Luigi Zanzi e al presidente generale del CAI prof. Annibale Salsa.

«Non rivendico diritti, mi batto per la verità»
di Walter Bonatti
(da «Rivista della Montagna», dicembre 2004-gennaio2005)

Sollecitato a esprimere un parere in margine al 50° anniversario della prima ascensione del mastodonte del Karakorum, Bonatti spiega le sue posizioni e ribadisce il suo impegno «per dare verità e giustizia alla conquista del K2».

«Giunti al 31 luglio 2004, data storica del 50° anniversario della conquista italiana del K2, la mia decisione, già dichiarata pubblicamente sul Monte Rite di Reinhold Messner, fu quella di astenermi dal ripetere per l'ennesima volta verità ribadite per cinquant'anni. Ma i giornali ancora continuano a occuparsene. Allora, mio malgrado, devo venir meno alla mia promessa e riaffermare la verità. Questo proprio perché i fatti di quella vicenda, pur chiariti e assodati il maggio scorso da una esperta e accreditata commissione d'inchiesta, ancora vengono passati nella macina dei media. E in tutto ciò v'è almeno il rischio, se non l'intento, di confondere il distratto lettore fino a indurlo a credere come verità riconosciute bugie, e come bugie accertate verità.

«Dopo cinquant'anni e quattro libri da me scritti sull'argomento K2, e specialmente il recente *K2 – La verità*, un dossier netto e conclusivo, ebbene chi ne scrive se ne esce ancora dicendo pari pari: "Bonatti continua a rivendicare i suoi meriti". "Polemica voluta da Bonatti al quale, secondo lui, non erano stati riconosciuti i meriti per la vittoria". E ancora: "Cinquant'anni di lotte per vedersi riconoscere i meriti negati". Questa, come minimo, è informazione disinformata! Eppure è così la visuale dei molti che dicono di aver letto i miei libri, e ne scrivono. No! Qui non si tratta di meriti negati, o non riconosciuti, o di rivalse personali di vario genere. Non sono io la ragione per la quale mi batto, è ben altro, e questo altro dovrebbe essere anche motivo di indignazione di tutti gli onesti che credono nei valori.

«Un tribunale, al quale necessariamente ho dovuto rivolgermi nel 1964, inoltrando una formale querela per le accuse e le calunnie ricevute nel decennale della conquista del K2, era giunto a farmi piena giustizia. Giustizia sul presunto furto d'ossigeno destinato ai due della vetta, Compagnoni e Lacedelli, e che, secondo la loro accusa, sarei stato io a consumare. Giustizia in quanto non avevo affatto cercato di precedere i due sulla cima; e giustizia per non aver abbandonato a 8100 metri il mio compagno, l'*hunza* Mahdi. Fu chiarito inoltre che il nono campo era stato posto da quei due fuori via, a una quota di molto superiore a quella convenuta, obbligandomi di conseguenza a un drammatico bivacco. Venne precisato infine che le bombole d'ossigeno, previste per una erogazione massima di 12 ore, non si erano assolutamente esaurite anzitempo. Mai dunque, a partire dal processo da me avviato e vinto nel 1967, si erano più avuti dubbi sul ruolo che avevo assunto, volontariamente, sul K2. Né dubbi vi furono mai sui relativi meriti che, da allora, mi furono sempre riconosciuti. E qui finisce la mia storia personale sul K2.

«Inizia invece, dalle testimonianze emerse dal processo, la questione scandalosa dell'ossigeno. Una questione storica e morale che da allora ho impugnato e porto avanti da quarant'anni, solo, con tutti più o meno contro, nel vecchio CAI, perché ipocriti, pavidi, o irresponsabilmente latitanti. Il mio scopo dunque è, e continuerà a essere, quello di dare verità e giustizia, quindi dignità alla storia del K2.

«Inoltriamoci ora nel labirinto delle menzogne ufficiali della storia della conquista di questa montagna, e facciamolo partendo dal successo ottenuto dagli inglesi che nel 1953 avevano conquistato la cima più alta del mondo, l'Everest, ovviamente con l'utilizzo delle bombole d'ossigeno. La fisiologia, il progresso dei mezzi tecnici in generale e per quanto concerne protezione, prevenzione, sopravvivenza, tutto era ancora molto lontano. Passa un anno dal successo degli inglesi e nel 1954 anche l'Italia entra in campo per la conquista di un "8000" himalayano. Così parte la spedizione nazionale italiana, della quale anch'io faccio parte. L'obiettivo è il K2, la seconda più alta montagna della Terra, 8611 metri d'altezza. Due fortissimi gruppi americani erano già stati respinti dal K2. Sulla cima si arrivò il 31 luglio dello stesso '54, e i due giunti sulla vetta, Compagnoni e Lacedelli, presto dichiareranno che, diversamente dagli inglesi sull'Everest, loro sul K2 erano arrivati senza più ossigeno nelle bombole (perché, lo diranno dieci anni dopo, io glielo avevo consumato).

Nel loro racconto aggiunsero anche che per ben due ore si erano portati addosso, e chissà mai perché, le pesantissime bombole ormai vuote e inutili. Questo attestarono, ed è ciò che si legge tuttora come storia ufficiale della conquista nel libro del capo spedizione Ardito Desio. Libro incredibilmente ristampato oggi in occasione del cinquantesimo anniversario.

«Pertanto Compagnoni e Lacedelli, nelle condizioni appena dette, avrebbero compiuto un vero miracolo salendo da 8400 metri sino alla vetta, coprendo un dislivello di 211 metri nel prodigioso tempo di appena 2 ore, dalle 16 alle 18. Anzi, in un tempo ancora inferiore alle 2 ore poiché quel preteso e improvviso esaurimento dell'ossigeno (e guarda caso, capitato a tutti e due contemporaneamente) di sicuro avrebbe provocato in loro uno scossone psicologico, uno sconvolgente turbamento per quanto stava accadendo, quindi, ragionevolmente, non avrebbe potuto che tradursi in una sosta, in uno scambio di vedute fra di loro, infine in un assetto di strategia e di azioni prima di riprendere la scalata. Tradotto in tempo, tutto questo, come dicono anche i tre saggi nel loro documento, avrebbe preso non meno di 15-20 minuti, così che il tempo residuo per la scalata alla vetta si sarebbe ancor più accorciato riducendosi presumibilmente a un'ora e 40-45 minuti in luogo delle dichiarate 2 ore. E lo stupore aumenta, se si confronta questo exploit con quanto ancora emerge dal racconto di quei due. Ossia, che per percorrere gli iniziali 300 metri di dislivello, dal mio bivacco e fino a quota 8400, ci sarebbero volute ben 9 ore e tre quarti. Se pure questa prima porzione di scalata comportò il vantaggio di venire effettuata a una quota inferiore, in stato di minor stanchezza, nonché giovandosi del prezioso ossigeno costantemente succhiato dalle bombole.

«Ma rivediamo il tutto nel succedersi cronologico delle cose, che sono in sostanza i fatti, i luoghi, i tempi, gli strumenti e il loro uso. Incominciamo allora col dire che nel 1954 si era entrati nella storia della conquista del K2 con una bugia. Una bugia matrice via via di altre bugie fino a divenire, il tutto, un vero e piratesco marchingegno di falsità teso a far quadrare, a sostenere, fino a pretendere di dimostrare come vera l'invenzione dell'arrivo sulla cima del K2 senza più ossigeno nelle bombole. Questa, dunque, è la menzogna madre trainante, e indubbiamente la più clamorosa dell'intero falso storico.

«Per rendere credibile questa impostura, i due della vetta hanno dovuto falsare l'orario di partenza dal nono campo (l'ultimo campo), l'orario in cui iniziarono a fare uso delle bombole, la posizione del nono campo e quella del mio bivacco. Poi, di quelle posizioni, hanno dovuto falsare anche le rispettive quote per far tornare i conti con le loro dichiarazioni. Mi hanno infine accusato e calunniato dieci anni dopo per distruggere la mia credibilità, dunque la mia testimonianza. Che si poteva fare di peggio?

«Ovviamente Compagnoni e il suo fedele succube Lacedelli sono stati dei disonesti, e Desio, complice, ha avallato le loro falsità. Per ciò che riguarda le accuse e le calunnie che i due, tramite i giornali, mi hanno rivolto, un tribunale, ripeto, mi ha assolto già quarant'anni fa. E Desio, per l'inganno da lui consegnato alla storia come verità, lo avevo messo alle corde circa dieci anni fa con il contenuto del mio *K2 storia di un caso*, ribadendo poi quel contenuto nel successivo *K2 – La verità*.

«Ma perché Compagnoni e Lacedelli, per cinquant'anni, hanno continuato a dire una verità che non era la verità? Semplicemente perché tutti gliel'hanno lasciata dire. Eppure il CAI – garante morale della storia ufficiale della conquista – aveva l'autorità e il dovere di mettere a fuoco, e risolvere, il falso storico. Invece non l'ha fatto. Ma perché non lo ha fatto? Me lo chiedo anch'io. Evidentemente perché era una verità scomoda quella che sarebbe venuta alla luce. Meglio lasciarla nel cassetto, prima o poi sarebbe stata dimenticata. Ma quanto invece sarebbe stato onesto e bello, se una revisione storica fosse partita spontaneamente dal CAI. Invece non fu così. Mezzo secolo dopo, lo ripeto, ben quattro miei libri ancora non basteranno a responsabilizzare il Club Alpino Italiano a tale riguardo. Ci sarebbero volute, e giunsero impetuose, cinquanta firme di influenti personaggi capaci finalmente di spingere il CAI a nominare tre saggi, e da questi dover accogliere poi una dichiarazione storica sulla vicenda. E dire che quanto oggi sta, forse, per essere riconosciuto formalmente era già ampiamente documentato nei miei libri.

«Va preso atto che i tre saggi, i professori Fosco Maraini, Alberto Monticone e Luigi Zanzi, hanno affrontato la questione K2 muovendosi con giusto criterio. Non affidandosi certo a quanto oggi, dopo cinquant'anni, i protagonisti potrebbero sbiaditamente ancora ricordare, oppure modificare la versione o addirittura inventarsela, bensì basando la loro ricerca e il loro studio su concreti e incontrovertibili dati di fatto, affermati e relazionati all'epoca dagli stessi protagonisti. Così tutto è stato passato sotto la lente dell'indagine, tutto è stato sviscerato nei minimi dettagli, e ancora voltato e rivoltato ipotizzando persino le cose più inverosimili. E i conti alla fine sono sempre tornati, perché due più due faceva sempre quattro. In definitiva dunque i tre saggi hanno elaborato una dichiarazione critico-storica di 37 pagine arrivando a talune conclusioni indubbie e innegabili, in punto alla verità storica della vicenda. È un risultato questo che mette al palo la cinquantennale versione ufficiale dei fatti, e anche le parallele e bislacche dichiarazioni dei due della vetta.

«Spetta ora al Club Alpino Italiano, anzi, è per lui doveroso, tassativamente doveroso, porre agli atti un definitivo documento a convalida della ricostruzione storica.

«Soffermiamoci ora sul punto critico dell'intera vicenda, la bugia madre che ha generato tutte le altre bugie, ossia il preteso e recitato esaurimento dell'ossigeno che oscilla, al dire dei due, su e giù da quota 8400 fin sotto la vetta, mai però sulla cima del K2.

«Assodato che l'ora di inizio dell'erogazione dell'ossigeno è quella delle 8.30 e non quella delle 6.15, e neanche delle 8, e tanto meno delle 7.30 come ancora si sostiene nel recente libro di Cenacchi-Lacedelli, che dice infatti: "Pur ricordando di non aver guardato l'orologio, [Lacedelli] effettua oggi un calcolo basato sulla luce percepibile (...). Secondo Lacedelli, i rubinetti dell'ossigeno furono aperti intorno alle 7.30". Pressappochismo non commentabile! E proseguiamo per meglio capire da che parte sta la verità. Gli orari riportati nella storia ufficiale e nel libro di Compagnoni sono questi: partenza facendo uso dell'ossigeno ore 6.15; presunto punto di esaurimento dell'ossigeno (a 8400 metri), ore 16; totale: 9 ore e 45 minuti. Una durata questa che trasposta nei reali e ormai assodati tempi effettivi, ossia partenza facendo uso delle bombole, ore 8.30, arrivo sulla cima, ore 18, danno una risultanza di 9 ore e 30 minuti. Dunque, le 9 ore e 30 minuti richiesti dall'intera scalata compiuta respirando ossigeno dalle bombole, se poste a confronto con le 9 ore e 45 minuti dichiarate ufficialmente, ne risulta che i due sono giunti sulla cima del K2 con ancora un buon quarto d'ora di riserva di ossigeno nelle bombole, Ed è già un sovrappiù. Se poi si considera, giustamente, che queste bombole non erano caricate a una pressione di 200 atmosfere, come tutti e io compreso avevamo creduto in un primo tempo, ma erano bensì caricate a 220 atmosfere, equivalenti a 12 ore di regolare erogazione di ossigeno, ebbene questo significa che l'effettiva riserva di ossigeno in attivo, quindi ancora a disposizione una volta raggiunta la vetta, sale ulteriormente a 2 ore e 15 minuti. E diventa ancora maggiore, fino a 2 ore e 25 minuti, se si considera il dettaglio ultimamente esposto da Lacedelli parlando del suo arrivo sulla vetta. Egli dice infatti nel suo libro: "A quel punto sì che abbiamo guardato l'orologio. Di quel giorno è l'unico orario di cui sono sicuro: mancavano 10 minuti alle 18".

«Allora, di fronte alle ufficiali 9 ore e 45 minuti di erogazione dell'ossigeno – chiaramente in mostra nella storia ufficiale – e se anche volessimo trascurare il piccolo conteggio appena evidenziato, ebbene la verità sull'uso, sulla quantità e sulla durata dell'ossigeno, è incontestabilmente quella accertata: 12 ore. Bando dunque a ogni chiacchiera ricorrente, mirata soltanto a tramutare, come ho già detto, bugie in verità e verità in bugie.

«Si è persino manifestato, in queste chiacchiere a difesa del ritenuto precoce esaurimento delle bombole, che i due, respirando affannosamente, abbiano consumato ossigeno a oltranza. Ma ciò non può essere, perché il dosaggio dell'ossigeno puro è, e rimane fisso, sia che si respiri più forte e con maggior frequenza, sia che si respiri normalmente e con frequenza regolare. L'emissione dell'ossigeno in ogni caso non cambia né come quantità né come pressione. Cambia invece l'immissione dell'aria esterna, ricevendone quanta se ne vuole dall'apposita valvola. Aria che va subito a miscelarsi con la dose fissa dell'ossigeno puro, attraverso il cosiddetto "polmone meccanico". Dunque la taratura fissa dell'ossigeno, che viene in giusta e normale misura mescolato nel lungo tubo miscelatore con l'aria esterna, produce una condizione d'aria mista corrispondente a quella di 2000 metri più in basso rispetto all'altitudine reale in cui ci si trova. Come a dire che a 8000 metri si respira l'aria dei 6000 metri. Per cui, a conti fatti, i due arrivarono sulla cima del K2 pochi minuti prima delle ore 18. E nelle bombole c'era ancora ossigeno.

«Anche con tutta l'indulgenza possibile, non si può stendere un velo su ciò che Compagnoni e Lacedelli hanno dichiarato sin dall'inizio, e cioè che rimasero senza ossigeno a 8400 metri. No, questo non si può accettare. E non soltanto per la calunnia che io avrei sottratto loro l'ossigeno, ma proprio perché l'esaurimento dell'ossigeno è cosa non vera. Ma altrettanto inammissibile divenne poi, è cosa di ieri, il balletto che si avvicendò sulle quote, fra loro diverse, in cui l'ossigeno si sarebbe esaurito. Prima i due dissero a 8400 metri, quota poi spostata a 8500, poi, nel nuovo volteggio, innalzata a 8550, e infine ancora cresciuta a "20 minuti senza ossigeno, e poi la vetta". E a dirlo stavolta è solo Compagnoni.

«Tutta questa contraddittoria discordanza di quote è assurda quanto cialtrona. Poiché, se davvero consideriamo quest'ultima versione dei 20 minuti, minimizzati con tanta facilità come se si trattasse di tempi e dislivelli alpini, ebbene lassù nei pressi della vetta del K2 senza più ossigeno, in stato di estrema stanchezza dopo 9 ore e mezza di scalata e, in più, con sulle spalle un massacrante carico di vuote e inutili bombole, davvero sarebbe divenuto un prodigio il loro giungere in vetta.

«A questo punto credo sia opportuno focalizzare il giusto rapporto che esiste, e va considerato, tra dislivelli e tempi di marcia a quelle estreme altitudini. Ripeto allora, tra la quota 7900 (dove avrebbe dovuto trovarsi, ma non c'era, il nono campo) e la presunta quota 8150 (dove invece era stato posto quest'ultimo campo) esiste un dislivello di 250 metri che, risalito con un peso sulle spalle di oltre 19 chili e senza il beneficio dell'ossigeno, richiede teoricamente 3 ore e 48 minuti, poiché a quel tempo e in quelle condizioni si procedeva a non più di 66 metri di dislivello/ora (ed è quello che io stesso ho sperimentato, nonostante mi trovassi a 500 metri dalla vetta). Ma va anche considerata la ragguardevole difficoltà che presenta l'ultimo dislivello di 50 metri (tra gli 8100 e gli 8150 metri), da percorrere in difficile traversata. Allora quelle 3 ore e 48 primi aumentano fino a sfiorare le 4 ore e 30 minuti. Naturalmente sono tempi riferibili soltanto a una progressione con luce di pieno giorno. Tutto questo ancora una volta fa capire, chiaramente, come Compagnoni e Lacedelli abbiano reso impossibile a me e a Mahdi di raggiungere il loro nono campo prima del calare della notte. Il buio infatti ci colse, e alle 21.30 circa ebbe inizio un drammatico bivacco.

«E qui vorrei concludere con alcune considerazioni sugli ultimi avvenimenti, partendo dalla recente pubblicazione del libro-intervista scritto da Cenacchi-Lacedelli. Premesso che la verità, se pur tardiva, è sempre ben accolta, e quindi anche la presunta buona intenzione di Lacedelli nel dire ciò che finalmente avrebbe sentito il bisogno di comunicare; ma perdio, dopo cinquant'anni!, dopo essere stato per mezzo secolo succube di Compagnoni e Desio, soprattutto loro complice, nonché cassa di risonanza di tutto ciò che di falso e disonesto è uscito da quei due. Più che stupirmi mi verrebbe da chiedere perché mai oggi, e non cinquant'anni fa, Lacedelli abbia deciso di "parlare". Io posso considerare e capire un suo pentimento, un suo bisogno di pulizia e il conseguente sollievo che può venirne; però, se lo avesse fatto allora, quanto avrebbe giovato a se stesso prima di tutto ma anche alla verità storica del K2? Quel "suo lungo silenzio", quasi ritenuto un merito da Cenacchi, credo sia invece un demerito, un irresponsabile e spregevole atteggiamento portato avanti per ben cinquant'anni. Ma a parte ciò, non mi giungono affatto chiare e ancor meno convincenti le ragioni, lo scopo per cui Lacedelli rompe oggi quel suo vantato silenzio. Sicuramente avrà i suoi buoni motivi per farlo.

«Sì, in questo teatrale suo sfogo di sincerità, pur così limitata e tardiva, c'è del vero. Ma non è che un vero già rivelato quarant'anni fa da un'indagine giudiziaria, come il fatto del loro nono campo posto fuori via, molto più in alto del convenuto e con intenzioni niente affatto generose. Comunque il suo sforzo in direzione della verità, anche se questa già era nota, è cosa per me sempre apprezzabile e gliene do merito. Gli resta però ancora da riconoscere, e l'attendiamo, la madre delle verità, quella che ha il potere di sfaldare ciò che di pesantemente falso e ipocrita ancora ristagna sulla vicenda del K2: mettere in chiaro finalmente e definitivamente la realtà dell'ossigeno. Fattore, quello dell'ossigeno, niente affatto di poco conto come invece valuta Lacedelli sui giornali. Riconoscere questa verità è dunque determinante perché, come sempre ho ripetuto e dimostrato, l'ossigeno durò almeno fin sulla cima del K2, e questa è una questione storica e morale!

«Va ancora ricordato, e sottolineato, che è proprio attorno a quelle famose bombole che si è consumata la fuga in avanti dei due, fuori via, allo scopo egoistico e criminale di isolarmi insieme al mio compagno, nella zona della morte. E questo è il peccato originale dell'intera storia!

«Finisco con un ultimo commento. Sbandierato dai media, c'è in Compagnoni e Lacedelli il desiderio, senza dubbio ipocrita, di volermi stringere la mano, pur rimanendo tuttavia barricati dietro la bugia che ci separa. Assurdo! Io, conti con me stesso non ho da farne. Altri, con loro stessi, sì! Pertanto quella patetica e coccodrillesca lagna che ancora riempie pagine di cronaca, ebbene è almeno di cattivo gusto.

«Visto che la verità che sto aspettando, senza ormai più pazienza né indulgenza, non viene detta, con quei due non può esserci transazione né avvicinamento. Né tantomeno una stretta di mano. Che ognuno se ne vada per la sua strada, se la veda con la propria coscienza, e soprattutto con la storia.

«Spero di essere stato chiaro ed esauriente. E poiché anche questo cinquantesimo anniversario della conquista del K2 in luogo di portare una responsabile, chiara e definitiva risposta ufficiale sulle menzogne della vicenda pare invece concludersi con un nulla di fatto, anzi, ancora peggio dando a tutti – ipocritamente – un po' di ragione, ebbene non mi resta allora che ripetere quanto ho già espresso in chiusura del mio *K2 – La verità*: "Consegno queste mie testimonianze in eredità a un futuro più attento ai valori, affinché con maggiore responsabilità di quanto non ha avuto la mia epoca, possa dare compimento all'impegno che ha segnato gran parte della mia vita: dare verità e giustizia, quindi dignità, alla storia ufficiale della conquista del K2".

«Al futuro, dunque, la sentenza.»

WALTER BONATTI

Natale, 25 dicembre 2004

Egregio
Dr. GAETANO GIFUNI
Segretario Generale Presidenza Repubblica
Palazzo del Quirinale
00187 ROMA

Egregio Segretario Generale

Giorni fa, il 21 dicembre, mi é stato consegnato al Quirinale, alla presenza del Presidente della Repubblica, il titolo di Cavaliere di Gran Croce.

La cosa in sè non può che onorare chi la riceve e suscitare gratitudine. Nel mio caso invece ha provocato sconcerto l'essermi dovuto incontrare al momento della premiazione faccia a faccia con Achille Compagnoni, anche lui lì a ricevere uguale onorificenza.

Interessante sarebbe conoscere a quale preciso titolo é stato concesso tale onore al merito.

Per conoscenza allego qui un testo nel quale difendo la verità della storia della conquista del K2: un dato di fatto ormai assolutamente acclarato, ma unanimamente riconosciuto soltanto fuori dal mio Paese.

Ne va che quel 21 dicembre, al Quirinale, si é visto premiare il sottoscritto appaiato a un Compagnoni che della sua vita ha fatto una costruzione falsa e denigratoria per l'Italia e per la mia persona. In altre parole, nella scala dei meriti sono stato collocato sullo stesso livello di un uomo assai lontano dai comuni valori. Ne consegue, ma lo dico con benevolo sorriso, che mai in passato si era arrivati in modo tanto formale a umiliarmi.

Colto di sorpresa al momento della consegna dell'onorificenza, ovviamente non l'ho rifiutata anche se d'impulso l'avrei fatto; mi sono astenuto soltanto per il rispetto che porto all'autorità del Presidente. Oggi però é diversa la condizione, e nel rispetto dei miei principii tengo ad affermare la coerenza che sempre mi ha accompagnato. Pertento, e pur con grande rincrescimento, restituisco questo titolo di Cavaliere di Gran Croce che, per quanto ho esposto sopra, per me non ha più valore.

Con tutta cordialità.

(Walter Bonatti)

accluso:
"Rivista della Montagna", dic.2004/gen.2005.

Solite e invariabili cose, all'italiana
(gennaio 2005)

Da decenni, da quando provatamente venne alla luce il falso storico dell'ossigeno sul K2, si discute, si scrive, si reclama verità e giustizia, e non solo nel nostro Paese, sul problema etico morale che ne è nato e che riguarda il modo in cui è avvenuta la conquista del K2 nel 1954. Tutto parte dal giorno che della vicenda non si è raccontata la verità, che non è solo la verità degli uomini ma anche la verità di un ente, il Club Alpino Italiano, che agli occhi dell'Italia e del mondo intero è garante morale di quell'impresa nonché depositario della storia ufficiale della conquista.

In sintesi, dunque, è questo il problema che si è creato sulla vicenda K2, una questione i cui sviluppi finiranno per coinvolgere il Quirinale. È dal Colle, infatti, che nell'anno del 50° anniversario della conquista del K2 parte l'iniziativa di conferirmi l'onorificenza di Cavaliere di Gran Croce.

Ma quale significato può avere un tale alto riconoscimento se viene assegnato indifferentemente ad altri protagonisti di quella vicenda, a prescindere dalla loro etica? E quale lettura darle, altrimenti, in assenza di una motivazione circostanziata che dovrebbe sostenere ogni benemerenza concessa dallo Stato a un suo cittadino? Non avendo io avuto modo di conoscere le ragioni, né potendo io immaginare che potesse trattarsi di un riconoscimento ai curricula e alle «...attività svolte ai fini sociali, filantropici e umanitari...» che la legge 178 del 3 marzo 1951 presuppone per l'onorificenza, come posso cogliere, non senza sconcerto, il senso dell'abbinamento con altri componenti di quella spedizione: Achille Compagnoni e Lino Lacedelli? Ha senso mettere tutto sullo stesso piano, dal momento che la presidenza della Repubblica era a conoscenza diretta del problema da me posto sulla verità da ristabilire in nome del buon nome e del prestigio della Nazione? La mia lettera datata 18 aprile 2001 (a p. 342) può essere ignorata (tenendo conto anche del ruolo esercitato dai consiglieri della presidenza)?

In più e ripetuti resoconti di stampa, di rilievo nazionale, durante tutto l'anno non si è parlato d'altro, anche se spesso in modo distorto, nel senso che si è finito per enfatizzare una ridistribuzione peraltro già acclarata a ogni livello, perfino negli amari risvolti di carattere giudiziario. Non è mancato nemmeno il giudizio storico dei tre saggi nominati dal CAI, un CAI che evidentemente ha sentito il bisogno di coprire una penosa lacuna che in mezzo secolo non ha fatto altro che alimentare la confusione.

Qualunque valutazione soggettiva sarebbe indelicata, ma risulta imbarazzante, e alla fine inaccettabile, vedere ricondurre sullo stesso piano due modi di essere, opposti. Anche un semplice rinvio, o la consegna dell'onorificenza per *motu proprio* in qualunque data, come consentono le prerogative presidenziali, avrebbe considerato questi aspetti, non avendo io mai cercato la ribalta, non avendo certo bisogno di un riconoscimento morale affrettato. Semmai, con la mia condotta, rappresentavo l'assoluto bisogno della verità e il rigore nel ricercarla, di chiederla all'ente che avrebbe dovuto tutelarla. Tutto ciò ha un senso, se l'essere Cavaliere di Gran Croce ha davvero una sua elevatezza e indica ai cittadini più giovani la strada maestra dei valori. Ma niente, qui, sembra indicare elevatezza.

La mia rinuncia all'onorificenza avviene a posteriori soltanto perché io non potevo immaginare il contesto in cui è stata assegnata. Non sembri dunque un gesto di ingratitudine o di disprezzo delle istituzioni, ma ciò che realmente è: l'unica conseguenza della coerenza di un uomo libero, quale io sono e rimarrò.

31 luglio 2005, commiato

Il presidente generale del CAI, ospite il 24 luglio 2004 al *TG2 – dossier storia*, sollecitato dalla conduttrice del programma, annuncia che entro l'anno in corso il problema K2 sarà risolto e la verità ristabilita. Ma niente di ciò ha un seguito. Cosicché anche quella pubblicamente annunciata risoluzione, tanto attesa, risultò essere soltanto un paravento per la doppiezza, la finta di affrontare il nodo K2 senza scioglierlo: una miserabile foglia di fico per coprire la vergogna di un CAI impotente ad assumersi le proprie responsabilità. Così dunque, con il concludersi del 2004, è svanita anche l'ultima opportunità che ancora rimaneva al CAI – garante morale dell'impresa e depositario della sua storia ufficiale – di ristabilire, pienamente e formalmente come di dovere, la verità storica della conquista del K2 nei suoi determinanti sviluppi del 30 e 31 luglio.

Ora io dico basta! E con ciò intendo cessare in modo radicale e definitivo qualsiasi rapporto con il Club Alpino Italiano. Mi riferisco ovviamente a quel CAI Centrale rivelatosi ogni volta fazioso e cieco, il cui messaggio sempre stemperato nella più vuota rappresentazione retorica ha ben poco di coinvolgente e giunge invece insincero. E devo anche dire che se quel CAI Centrale nei miei anni giovanili mi era sembrato niente più che una immagine essenzialmente simbolica, fin quasi virtuale nella sua inconsistenza, è stato poi nel tempo, quando lo stesso sodalizio venne a trovarsi di fronte a eventi divenuti per lui squalificanti – la scandalosa vicenda K2 appunto – che mi si mostrò in tutta la sua endemica slealtà e iniquità. Cinquant'anni di menzogne, accettate menzogne su quei fatti, pesano adesso come macigni sulla reputazione dell'ente e sono falsità da decenni ormai superdimostrate come tali, note in tutto il mondo, eppure permangono ancora ferme impaludate nella storia ufficiale della conquista del K2. Vergogna!

In questa mia manifestazione accusatoria assolvo invece le piccole sezioni di quel CAI, ma non tutte, che d'abitudine ho sempre frequentato e ancora frequenterò, perché sincere, coerenti nei principi basilari del sodalizio, e saggiamente rimaste incontaminate dall'oligarchia della Sede Centrale del CAI.

A mio avviso sono questi i grandi limiti del più autoritario e rappresentativo Club Alpino Italiano: la debolezza dei suoi principi, dei suoi doveri fondamentali, conseguentemente la sua incapacità di responsabilizzarsi, di scandalizzarsi nel caso specifico del K2 per tanta ipocrita, pavida e non da meno colpevole latitanza a questo riguardo. Tutto accumulato via via in cinquant'anni, seppure più volte sollecitata quell'associazione ad affrontare e a portare a soluzione la reiterata falsa storia della conquista di quella vetta. Un comportamento il suo, una connotazione (ahi noi italiani!) che ormai ci distingue al giudizio critico dei più attenti osservatori stranieri. Ebbene oggi è questa l'immagine del Club Alpino Italiano ai miei occhi, ma è anche sotto gli occhi di tutti; un sodalizio che ha sempre più deluso, sconcertato, e continua a farlo.

In definitiva, stando così le cose, si deve dire purtroppo che anche questa vicenda squallida del K2 è entrata a pieni voti nell'omertoso cerchio delle più basse storie nazionali che rimangono insolute. Però c'è ancora una qualche speranza di spezzarlo, quel cerchio, per risanarne il contenuto. Capace di infrangerlo sarà soltanto, lo ripeto, un futuro più attento ai valori e anche più responsabile di quanto non è stata la nostra epoca. Ci vorrà insomma un'Italia finalmente capace di far emergere con fermezza la parte migliore di sé, per uscire dal pernicioso declino in cui si trova. Ma questo, io, non arriverò a vederlo.

Estrapolazioni da «K2 una storia finita» (2008)

a cura di Luigi Zanzi (Priuli e Verlucca editore)

Oggi 31 ottobre 2007, il Club Alpino Italiano, mediante l'annuncio del suo presidente generale, ha fatto propria la necessità, da me rivendicata, di ripudiare le falsità e le scorrettezze contenute nei punti cruciali della Versione ufficiale del capospedizione Ardito Desio.

Finalmente dunque – ancorché a cinquantatré anni dalla conquista del K2 – si è ristabilita, in tutta la sua totalità, la vera storia dell'accaduto sul K2 nei giorni della conquista.

Dalla prefazione del prof. Annibale Salsa, presidente generale del CAI

(...) Definitivo chiarimento critico-storico di talune questioni, fonte di molteplici vertenze e contestazioni della versione ufficiale resa dal capo spedizione prof. Ardito Desio.

Tali dispute erano originate da alcune testimonianze documentate e rigorosamente argomentate da Walter Bonatti anche, ma non solo, in risposta ad accuse che gli erano state rivolte e alle quali aveva replicato in sede giudiziaria, ottenendo compiuto riconoscimento delle proprie ragioni.

I punti salienti di tale *verità storico-critica* che ora viene acquisita dal CAI a rettifica e integrazione della Versione ufficiale della spedizione italiana al K2 del 1954, si possono così compendiare:

– il campo IX venne arbitrariamente spostato da Compagnoni e Lacedelli da un punto programmato a un altro punto posto assai più in alto e difficilmente raggiungibile da Bonatti-Mahdi, incaricati di portare a quella quota le risorse d'ossigeno per la salita finale;

– vi fu inspiegabile carenza di comunicazioni tra Compagnoni-Lacedelli e Bonatti-Mahdi i quali si trovarono costretti, pertanto, a bivaccare di notte nella tempesta a circa 8150 metri d'altitudine a gravissimo rischio di sopravvivenza;

– la salita di Compagnoni-Lacedelli alla cima del K2 avvenne con l'uso dell'ossigeno fino in vetta (contrariamente a quanto dagli stessi affermato);

– a Bonatti-Mahdi va riconosciuto un ruolo risolutivo e imprescindibile nella riuscita dell'impresa.

Sono, questi, alcuni inequivocabili punti fermi della nuova Versione Ufficiale della salita al K2 compiuta dalla spedizione italiana nel 1954. Ho inteso formulare tale chiarimento, facendomi interprete dei timori di residue ambiguità espressi da Walter Bonatti.

Chiarimenti e conclusioni del prof. Luigi Zanzi

Occorre, a nostro parere, che il CAI faccia constare che, a fronte di tale relazione di Ardito Desio, che va lasciata come tale nella sua integrità di testimonianza storica di cui solo lo stesso Ardito Desio può essere responsabile (pur con l'avvertenza che il capitolo 8, «L'assalto alla vetta», è stato recepito da Desio come relazione di Achille Compagnoni e Lino Lacedelli) (...). Sui punti qui sopra esposti, si discosta profondamente dalla relazione del capospedizione Ardito Desio, in quanto su tali punti la versione Desio è o gravemente lacunosa o inaccettabile.

Ricapitolando la *verità storico-critica* che emerge in punto all'ultimo atto della salita al K2 a opera della spedizione italiana nel 1954, si possono fissare in breve i seguenti punti conclusivi, nel confronto dei quali occorre ribadire che nessun *racconto* interpretativo può pretendere di essere riconosciuto accettabile se non qualora rispetti un criterio di compatibilità con altri fatti inconfutabili e incontrovertibili. Si compendiano tali punti distinguendoli in *reticenze*, in *falsità storiche* e in *verità storico-critiche*.

Le reticenze riguardano:

a) l'arbitrario e ingiustificato spostamento, a iniziativa di Compagnoni e Lacedelli, del luogo programmato per il campo IX, dislocato di molto più in alto, di circa 250 metri (da 7900 metri a 8150 metri) e in una zona al di là di una difficile attraversata rocciosa e invisibile a Bonatti e Mahdi, che sarebbero saliti provenendo dai campi VII e VIII trasportando le imprescindibili scorte di ossigeno per la salita terminale;

b) l'incomprensibile mancanza di congiungimento tra Compagnoni-Lacedelli e Bonatti-Mahdi, che stavano compiendo l'incredibile impresa di una salita dal campo VII, a cui Bonatti era disceso dal campo VIII, per trasportare sulle spalle il grave peso – circa 19 chili – delle risorse di ossigeno senza le quali sarebbe stato impossibile per Achille Compagnoni e Lino Lacedelli raggiungere la vetta;

c) l'ancor più incomprensibile mancata comunicazione di intese tra Compagnoni-Lacedelli e Bonatti-Mahdi per un intervallo di circa cinque ore, in cui Bonatti e Mahdi erano perfettamente visibili a Compagnoni e Lacedelli mentre salivano lungo la «spalla» del K2 con il loro pesante carico di ossigeno: incomprensibile mancata intesa che ha provocato a Bonatti-Mahdi il rischio estremo dell'avventura di un pernottamento a 8150 metri di quota, nella tempesta, senza alcuna protezione;

d) lacunosa e inaccettabile è la versione dei contatti intervenuti il giorno 30 luglio tra Compagnoni-Lacedelli e Bonatti-Mahdi mentre questi ultimi salgono lungo la «spalla»: il primo contatto avviene alle ore 16.00; alle ore 17.30 Abram testimonia un nuovo contatto prima che egli lasci Bonatti e Mahdi; da allora fino alle 22.00 più nulla; alle 22.00 l'invito a scendere lasciando le bombole, in risposta a insistenti richieste di Bonatti. Tale lacuna di contatti rimane misteriosa e comunque non va occultata, come avviene di fatto nel *racconto* accolto invece da Desio in poco più di 3-4 righe nella sua versione.

Le falsità storiche sono:

a) il preteso orario di partenza di Compagnoni-Lacedelli dal campo IX alle ore 4.30/5.00, mentre invece essi partirono non prima delle 7.00 circa, raggiungendo le bombole d'ossigeno lasciate da Bonatti-Mahdi attorno alle 8.00, ripartendo per la vetta tra le 8.00 e le 8.30, più probabilmente attorno alle 8.30, e non già attorno alle 6.00/6.30, come da loro affermato;

b) la pretesa di Compagnoni e Lacedelli di essere saliti da circa quota 8400 metri alla vetta senza ossigeno a seguito di una presunta interruzione dell'erogazione dell'ossigeno per esaurimento delle riserve, che sarebbe avvenuta, contestualmente a entrambi (una contestualità che, di per se stessa, è del tutto improbabile al punto da considerarsi inaccettabile e da inficiare l'intera versione della vicenda), attorno alle ore 16.00 del pomeriggio, così che gli stessi che, a loro dire, avevano impiegato dieci ore a salire da circa 8150 metri a 8400 metri, avrebbero compiuto l'incredibile *miracolo* di salire da 8400 a 8616 metri in due ore, senza ossigeno, pur con 19 chili di bombole sulle spalle, un inutile peso stante che, a loro dire, nei basti non vi era più ossigeno.

A fronte di tali *falsità storiche* la critica storica può affermare che, in sede rigorosamente scientifica, risultano incontrovertibili e documentabili soltanto le seguenti *verità storico-critiche*:

a) il fatto che Compagnoni e Lacedelli hanno iniziato la loro azione il 31 luglio mattina attorno alle ore 6.30/7.00, raggiungendo attorno alle ore 8.00 le bombole di ossigeno, iniziando la salita con tutta probabilità attorno alle 8.30 (tali riscontri d'orario si ottengono attraverso documentazioni fattuali indipendenti e incontrovertibili);

b) la piena integrità delle riserve d'ossigeno utilizzate da Compagnoni-Lacedelli e portate a loro disposizione da Bonatti-Mahdi con un'impresa che risulta decisiva per l'esito del raggiungimento della vetta del K2, che non avrebbe potuto effettuarsi, da Compagnoni-Lacedelli, senza quelle riserve d'ossigeno (che, tra l'altro, Bonatti-Mahdi non avrebbero in alcun modo potuto utilizzare, non avendo a disposizione le maschere munite dell'apposito congegno di innesto alle bombole per respirare ossigeno);
c) il fatto che Compagnoni e Lacedelli hanno raggiunto la vetta utilizzando le risorse di ossigeno fino in cima;
d) il fatto che la salita di Achille Compagnoni e Lino Lacedelli è durata circa nove ore e trenta minuti, dalle 8.30 circa alle 18.00 circa, così che non è accettabile, da un punto di vista storico-critico, che si pretenda di giustificare con una durata d'utilizzo più lunga nel tempo il preteso esaurimento delle riserve d'ossigeno.

Tutte tali *verità storico-critiche* assumono una portata rilevante in quella parte della storia della spedizione italiana del 1954 al K2 che riguarda la fase decisiva della salita alla vetta; come tali esse incidono sulla formazione di una Versione Ufficiale della storia di quel che accadde nel corso di quell'impresa alpinistica che conseguì quell'esito straordinario.

Tale *verità storica*, pur riconoscendo l'intervento di fatti *umanamente* ambigui e di difficile comprensione per alcuni aspetti della salita, restituisce piena dignità e pieno rispetto alla memoria storica di tale grandiosa salita alpinistica, in cui viene a risaltare, tra l'altro, uno spirito «di squadra» di grandissimo valore, quale ispirò Walter Bonatti a offrirsi per quell'impresa straordinaria da lui compiuta con l'aiuto di Erich Abram e l'hunza Amir Mahdi il 30 luglio 1954 (testi riferiti alle pagine: 59, 60, 104, 105, 106, 124).

Un giusto riconoscimento

Onore e merito vada, primo di tutti, al professor Annibale Salsa presidente generale del CAI, per il cui fine, coraggiosamente datosi per rimuovere la bugiarda Versione Ufficiale sostituendola con la verità, ha dovuto battersi persino contro una certa perdurante resistenza presente anche nello stesso consiglio centrale del sodalizio.

Altrettanta lodevole stima voglio manifestare al professor Luigi Zanzi, già membro nel 2004 del comitato «tre Saggi», ma che nei successivi tre anni, con la stessa perseveranza del professor Salsa, ha continuato ad approfondire le ricerche fino a poter stabilire, in tutta la sua compiutezza, la verità storica di ogni momento o condizione dell'assalto finale al K2.

Anche a Reinhold Messner intendo riconoscere un particolare e significativo merito, nonché desidero ringraziarlo per aver voluto manifestare pubblicamente, già nel 2004 a Trento, alcuni apprezzamenti pertinenti alla verità storica del K2, nel corso della serata celebrativa del Filmfestival da lui condotta.

Ecco di Messner alcune frasi dette a viva voce o apparse in seguito su alcuni giornali: «Se la conquista del K2 ha il proprio padre in Ardito Desio, ha certamente il secondo padre in Walter Bonatti»; e spazzando via le polemiche ha ancora detto: «Bonatti era senza maschera e non poté quindi usare l'ossigeno, ma tanto meno aveva in testa l'assalto alla vetta. Inoltre, anche se avesse voluto tentare di arrivare sulla cima, non sarebbe sceso al campo settimo per recuperare le bombole d'ossigeno, compiendo uno sforzo fisico immane. Lui invece ha dato tutto, ha rischiato la vita per consentire la vittoria della spedizione italiana»; e ancora: «tutte cose che i veri alpinisti hanno sempre saputo. Sono contento per Bonatti, ma il suo valore non è mai stato in discussione. Oggi lo scritto del presidente Salsa è più importante per l'immagine dell'Italia all'estero: il CAI era il solo a difendere la Relazione Ufficiale, chiaramente non credibile». Parlando poi di sé, Messner aveva ancora ricordato: «la stessa porcata fatta a me la fecero anche a Bonatti sul K2, lo fregarono due volte, prima e dopo. Lo intrappolarono e lo offesero. E adesso il CAI dopo cinquantatré anni gli ha dato ragione. Ma noi alpinisti lo sapevamo già. Desio e Compagnoni erano fascisti, per questo si allearono. Bonatti era il più bravo e il più ragazzino, quello da sacrificare. Karl Herrligkoffer, capo della spedizione tedesca, che dubitò della mia versione (sul Nanga Parbat), era un nazista».

Il signor Marco Onida, segretario generale della *Convenzione delle Alpi*, invia da Bolzano il 19 marzo 2008 un Comunicato Stampa presentato come «Atto di grande responsabilità che restituisce credibilità al nostro Paese». Così manifesta: «Con la pubblicazione di *K2 una storia finita* il Club Alpino Italiano ha compiuto l'ultimo passo che restava da effettuare per correggere gli errori e le omissioni contenute nella relazione di Ardito Desio, capo della spedizione italiana che nel 1954 ha conquistato per la prima volta la seconda vetta del pianeta (K2, 8616 m).

A Walter Bonatti viene riconosciuto definitivamente e inequivocabilmente il ruolo chiave che ha consentito a Compagnoni e Lacedelli di dare l'assalto alla vetta muniti di bombole di ossigeno (trasportate appunto da Bonatti scendendo dal campo VIII al campo VII e risalendo poi al campo IX, che tuttavia era stato posto da Compagnoni e Lacedelli in luogo diverso da quello convenuto, costringendo Bonatti e Mahdi a un bivacco all'aperto nella tormenta a circa 8100 metri di quota; Bonatti superò illeso la prova, mentre Mahdi dovette subire varie mutilazioni agli arti inferiori e superiori.

Oltre al danno la beffa, Bonatti fu oggetto di assurde accuse e sospetti riguardo alle sue "presunte vere intenzioni", costringendolo ad adire (con successo) anche le vie giudiziarie».

Espone ancora cose, e termina infine ripetendo l'importanza dell'assunzione di responsabilità del CAI che «con questo gesto si pone non a difensore di presunte "verità" che avrebbero fatto comodo in un periodo storico nel quale l'Italia cercava di riguadagnare la stima internazionale perduta nella prima metà del secolo, bensì a custode di una *verità storico-critica dimostrata e documentata*». «Non bisogna dimenticare», ha aggiunto il Segretario generale Onida, «che le aspettative di una rettifica della versione ufficiale, nella direzione da tempo richiesta da Bonatti, hanno da sempre varcato i confini italiani. La pubblicazione del CAI pertanto serve a dare credibilità all'Italia nel mondo dell'alpinismo e della cultura di alta montagna di tutto il pianeta».

31 marzo 2008. Conclusione

Farò un riepilogo per rendere più comprensibile quanto segue.

Nel 1994, in occasione del quarantennale della conquista del K2, il Club Alpino Italiano fece suo il seguente annuncio: «Bonatti è stato riabilitato». Un'ammissione questa apparsa agli occhi di tutti intenzionalmente accomodante, per il sodalizio naturalmente, che con quella bella sortita puntava evidentemente a risolvere, a buon mercato, l'annosa e scottante questione del K2. Ma se vogliamo analizzare la trovata, viene subito da chiedersi: Bonatti riabilitato per che cosa? Per quale colpa, per quale cattiva sua azione compiuta?

Due sono le ipotesi. Diciamo subito che se oggi, ma fu così anche ieri, nel quarantennale del K2, il CAI a suo dire mi «riabilita» è un po' come ammettere da parte sua di essere stato proprio lui a ritenermi colpevole di qualcosa; e l'avrebbe fatto senza neppure aver esposto ad alcuna critica la sua accusa; dunque infondatamente. Cosa questa quanto meno curiosa per quell'ente morale che esso rappresenta. L'altra ipotesi, fors'anche la più probabile ma pur sempre impropria, nascerebbe ancora dal CAI e riferita stavolta alla storia inventata da Compagnoni e Lacedelli, in cui mi si accusava di aver consumato una buona parte di ossigeno delle bombole a loro destinate. Fu una storia da me portata in tribunale e processata, con successo, quale calunnia subita. Ma qui, il CAI, che c'entra? Non può fare suo ciò che è stato di un tribunale per risolvere un'infamia. In più non è cosa di oggi e neppure del quarantennale, ma di ben quarantaquattro anni fa. Tempi in cui il CAI già mi riservava tutt'altro che sostegno (vedere ad esempio, alle pagine 77-78-79 di *K2 la verità, 1954-2004*).

Ma al di là dell'utilizzato espediente «riabilitato», perdurava nel contempo, irrisolta, la falsa storia dei due della vetta che da questi, ma anche dalla stessa Storia Ufficiale, si era continuato gravemente a mantenere. Era, lo ripeto, la bugiarda assurdità dei due che appigliandosi al fatto, inesistente, di aver esaurito l'ossigeno a 8400 metri, durarono a salire con i loro soli mezzi fino alla cima. Questa è la grande menzogna di base ancor più accresciuta da tutti i suoi annessi e connessi di fatti, luoghi, tempi, orari, strumenti e loro uso. Ed è proprio questo che io ho impugnato, dal 1967, e portato avanti inarrendevolmente. Ciò che opponevo non erano certo mie rivalse personali, come scioccamente ancora oggi si continua ad addebitarmi, avendo sempre agito perseguendo verità e giustizia unicamente allo scopo di ridare dignità allo storico evento della conquista del K2. Sono valori questi oggi finalmente raggiunti, ma soltanto grazie alla ferma volontà di uomini di retta ragione, i professori Annibale Salsa e Luigi Zanzi, autori del documento testé qui riportato.

Dirò che il commento più frequente che mi è giunto in questi giorni è di coloro che si complimentano con me per essere stato, dopo cinquantaquattro anni, riabilitato dal CAI. Tante grazie, gentili signori, anche se, è evidente, a causa di una cattiva informazione operata dai media non avete potuto captare la vera e rivelatrice notizia esposta in *K2 una storia finita*. Di questo libro è bene allora rimarcare ancora il vero contenuto. È il franco e definitivo riconoscimento di quanto realmente accaduto sul K2 nei giorni 30 e 31 luglio 1954. Qui si denuncia e si biasima, senza mezzi termini, la menzogna dell'ossigeno esposta come verità nel libro ufficiale di Ardito Desio. Si accerta che le bombole non andarono esaurite lungo il tragitto. E si stabilisce, spazzando via ogni dubbio, che sulla vetta del K2 Compagnoni e Lacedelli vi giunsero usando l'ossigeno per tutta la durata della scalata, dunque per nove ore e trenta minuti, essendo partiti dal luogo del mio bivacco alle otto e trenta di quel 31 luglio. Ma sentiamo che cosa invece si è letto in questi giorni su buona parte della grande stampa nazionale; su giornali come la «Stampa», la «Repubblica», il «Resto del Carlino» e associati, il «Messaggero», il «Giornale», il «Gazzettino del Nord Est» e altri ancora dalle province italiane, nonché da alcuni confusi e inesatti comunicati ANSA.

Sempre uguali e ripetuti, eccone i contenuti.

«Bonatti riabilitato, non sfruttò l'ossigeno delle bombole che aveva portato in quota a Compagnoni e Lacedelli».

«Bonatti ha continuato a dire, fino a sgolarsi, che il suo contributo fu più che determinante per il balzo finale».

«Bonatti è stato riabilitato dal CAI. Gli viene riconosciuto il ruolo chiave che consentì a Compagnoni e Lacedelli di riuscire nell'impresa».

«Dalle relazioni dei tre Saggi emerge che le bombole furono trasportate da Bonatti.»

«In questi anni Bonatti ha lottato, anche nei tribunali, per vedere riconosciuta la sua impresa.»

«Finalmente Bonatti ha avuto la sua rivincita. Il CAI ha riconosciuto ufficialmente il suo contributo alla conquista del K2.»

Alla resa dei conti però, e ciò sconcerta ancor più, mai si è fatto un minimo accenno all'ossigeno usato per tutto il tempo della scalata. Non un solo rigo sulle scandalose bugie che hanno accompagnato i due fin sulla cima. Mai un appunto sulle menzogne di un resoconto considerato fino a ieri la vera storia ufficiale. Ecco invece, per l'ennesima volta, un'errata opinione trasfusa nel lettore da un'informazione che, ancor più che disattenta, dimostra essere ignorante; ma non è che l'opinione di un'Italia che non smentisce mai la sua superficialità. Conta invece che si sia dato finalmente, dopo cinquantatré anni, la completa verità storica e la dovuta dignità a quel successo italiano che ha saputo risvegliare, dopo gli anni bui, il vanto e l'orgoglio nazionale.

Chiude, e suggella l'intera vicenda K2, l'avvenuto riconoscimento proveniente dalla Società Geografica Italiana; alla quale invio, in tempo utile per l'annuale congresso, questo particolare messaggio.

WALTER BONATTI

Dubino, settembre 2008

Alla Illustre
Società Geografica Italiana

A cinquantatre anni dalla conquista del K2, sono state finalmente ripudiate le falsità e le scorrettezze contenute nei punti cruciali della versione ufficiale del capospedizione prof. Ardito Desio. Si é così ristabilita, in tutta la sua totalità, la vera storia dell'accaduto in quell'impresa nei giorni della vittoria . Si é dunque dato completa verità e dovuta dignità al grande successo italiano, una affermazione che ha saputo risvegliare, dopo gli anni bui, il vanto e l'orgoglio di tutti noi.
Più di tutti meritevoli, per questa conseguita revisione storica-morale, sono certamente i professori Annibale Salsa, attuale presidente generale del CAI, e l'amico Luigi Zanzi membro del comitato "Tre Saggi". Due uomini di retta ragione e ferma volontà, ai quali già ho espresso stima e gratitudine. Ma altrettanto lodevole é la Società Geografica Italiana che oggi partecipa e condivide questa raggiunta risoluzione. All'intero suo Consiglio Direttivo, e a tutti i presenti convenuti, giunga il mio sentito grazie e viva cordialità.

Walter Bonatti

(Walter Bonatti)

I miei ricordi fotografici

Il Grand Capucin (3838 m), gruppo del Monte Bianco (1951).

Nella pagina precedente: Superamento di un seracco con un salto (anni Sessanta).

Ripresa di una scalata sul Grand Capucin (1951).

Le pareti Nord delle Tre Cime di Lavaredo (1953).

Il *Pilastro Bonatti* del Dru, 3733 m (1955).

Il profilo del *Pilastro Bonatti* sul Dru (1955).

Sono sulla *brèche* delle Flammes de Pierre, durante la discesa del Dru per la via normale (1955).

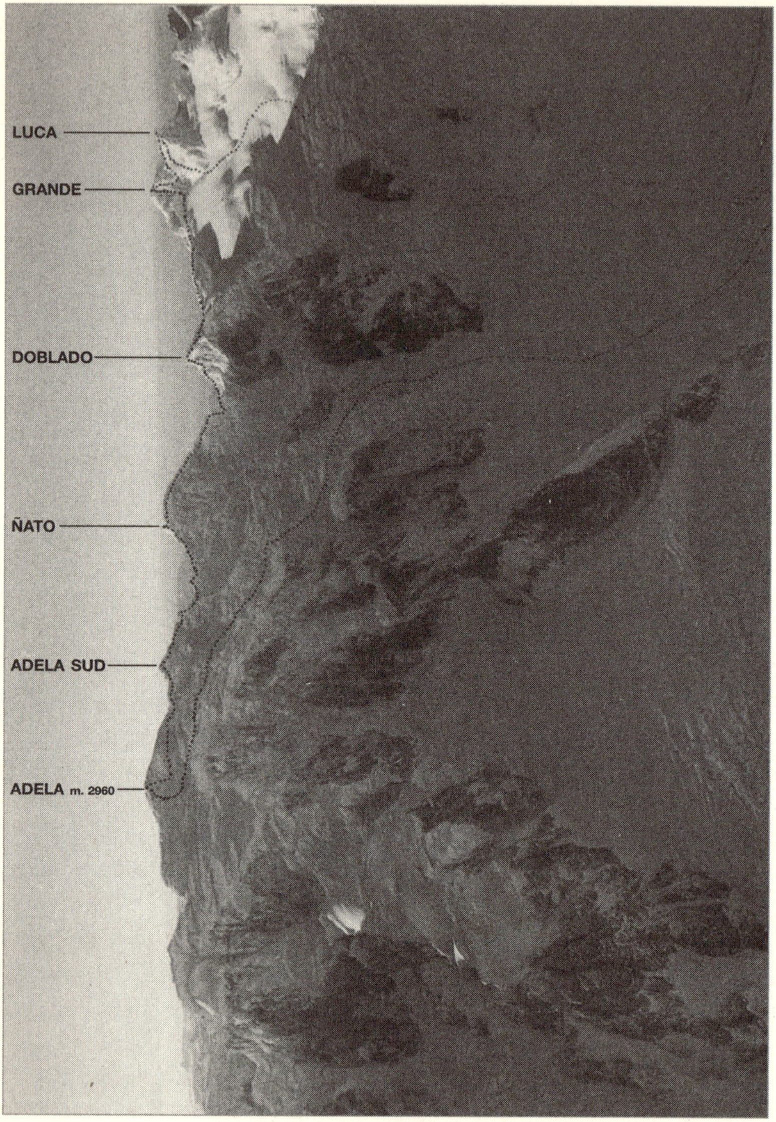

Patagonia, concatenamento delle sei cime del Cordon Adela (7 febbraio 1958).

Il Gasherbrum IV, o G4 (7925 m) Himalaya/Karakorum (1958).

A sinistra: Sto per raggiungere l'ancora inviolata vetta del G4.

A destra: Sono sulla cima del G4, a 7925 metri. Sta arrivando il maltempo.

Verso mezzogiorno dell'11 luglio 1961, a 4500 metri sul Pilone Centrale del Monte Bianco, è cominciata la mortale tempesta che, senza tregua, durerà otto giorni. Robert Guillaume, Pierre Mazeaud e Pierre Kohlmann appaiono qui all'inizio del violento temporale. Dei sette che eravamo, soltanto in tre sopravviveremo alla disperata ritirata che richiederà cinque giorni di lotta estrema, affidati alle nostre sole forze.

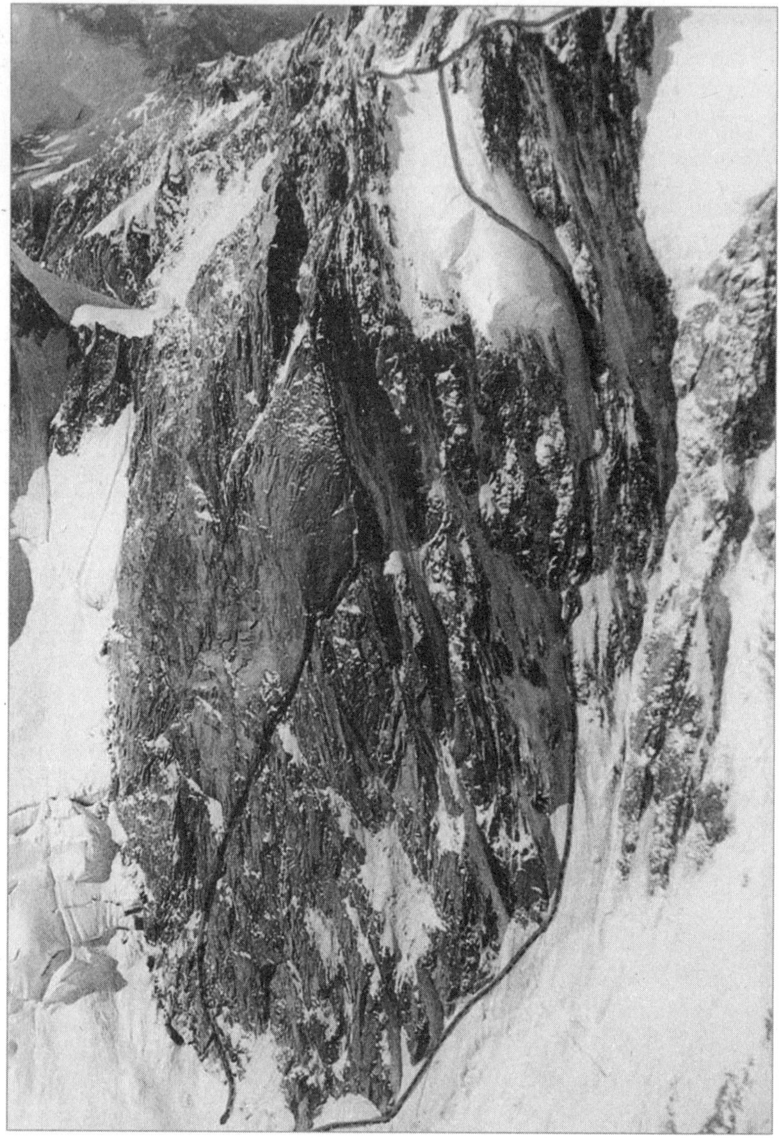

Parete Nord del Grand Pilier d'Angle (4243 m). Sono segnate le due vie Bonatti (a sinistra 1957 e a destra 1962).

Zappelli mi segue sulla parete Nord del Grand Pilier d'Angle (1962).

Una cordata sulla parete Nord del Grand Pilier d'Angle.

Veduta invernale della parete Nord delle Grandes Jorasses 4206 m (1963).

Zappelli mi segue nel corso della prima scalata invernale della parete Nord delle Grandes Jorasses (gennaio 1963).

Parete Nord del Cervino (4477 m). Il tracciato della via Bonatti: in prima salita assoluta, solitaria, invernale e per via diretta (1965).

La *Traversata degli angeli* sulla parete Nord del Cervino. L'immagine si riferisce al precedente tentativo fallito per il sopravvenuto maltempo. Si vede Panei, in traversata, che sta per raggiungermi (1965).

22 febbraio 1965. Sono sulla vetta del Cervino. La fotografia è stata scattata da un pilota svizzero a bordo del suo piccolo aereo.

Il primo raggio di sole illumina la cima del Monte Bianco. Sulla destra: il Monte Rosa.

Veduta aerea del grande Hielo Continental Patagonico. In primo piano il Fitz Roy.

Una volubile e magica bolgia di vapori avvolge i satelliti attorno il Grand Capucin. Sullo sfondo l'imponente Dru.

Scalando il Monte Bianco di primo mattino appaiono nebbiose le basse catene dentellate della Valle d'Aosta. Sembrano accavallarsi e fondersi le une con le altre, creando una successione di quinte.

Massiccia e solenne, dal Dente del Gigante, si profila nel cielo la cima del Monte Bianco (4810 m). È il versante italiano, dalla grandiosa struttura glaciale.

Un Monte Bianco altrettanto maestoso si impone sul versante francese al di sopra delle verdi vallate della Savoia. È risalendo queste bianche colate di gelo che l'8 agosto 1786 Paccard e Balmat hanno raggiunto, primi fra tutti, la cima del «tetto» d'Europa. Proprio da quella data nascerà l'alpinismo.

Intorno ai vent'anni, le mie prime scalate sulle guglie della Grigna.

Negli anni delle mie grandi scalate.

Ultimi volumi pubblicati

Gigi Garanzini, *Il romanzo del vecio*
Alberto Mantovani, *I guardiani della vita*
Vincenzo Tessandori, *«Qui Brigate rosse»*
Mario Avagliano, *Il partigiano Montezemolo*
Lao-tse, *Il libro della saggezza*
Raul Montanari, *Strane cose, domani*
Diego Novelli, Nicola Tranfaglia, *Vite sospese*
Maria Tarditi, *La venturina* (2ª ediz.)
Dom Sagolla, *140 caratteri. La guida per essere brevi con stile*
Gian Luigi Paracchini, *Vita Prada*
Jonathan Ames, *Sveglia, Sir!*
Brunella Gasperini, *Più botte che risposte*
Walter Bonatti, *In terre lontane*
Brunella Gasperini, *Rosso di sera*
Rita Levi-Montalcini, *Senz'olio contro vento*
Brunella Gasperini, *Noi e loro*
Virginia Woolf, *Flush. Biografia di un cane*
Claudio Fava, *Il mio nome è Caino*
Aldo Busi, *El especialista de Barcelona*
Maureen e Bridget Boland, *Il giardino delle vecchie signore*
Meša Selimović, *Il derviscio e la morte*
René Prédal, *Cinema: cent'anni di storia*
L'istituzione negata, a cura di Franco Basaglia
Giorgio Faletti, *Io uccido*
Giorgio Faletti, *Io sono Dio*
Giorgio Faletti, *Pochi inutili nascondigli*
Rita Levi-Montalcini, *Elogio dell'imperfezione* (2ª ediz.)
Peter H. Duesberg, *Aids. Il virus inventato*
Che cos'è la psichiatria? a cura di Franco Basaglia
Francesca Ramos, *Una come me*
Francesca Romana Capone, *Quello che non ti ho detto*
Norberto Bobbio, *Dal fascismo alla democrazia*
Walter Bonatti, *I miei ricordi* (2ª ediz.)

Stampato nell'ottobre 2014
per conto di Baldini&Castoldi s.r.l.
da L.e.g.o. S.p.A. - Lavis (TN)